RADA LEČIČ
SLOVENSKI GLAGOL
SLOVENE VERB
OBLIKOSLOVNI PRIROČNIK IN SLOVAR SLOVENSKIH GLAGOLOV
A MORPHOLOGICAL MANUAL AND DICTIONARY OF SLOVENE VERBS

ZALOŽBA
Z R C

RADA LEČIČ
SLOVENSKI GLAGOL   Oblikoslovni priročnik in slovar slovenskih glagolov
SLOVENE VERB   A Morphological Manual and Dictionary of Slovene Verbs

2. natis / 2ⁿᵈ Printing 2005

© 2005, Založba ZRC, ZRC SAZU, Ljubljana

Recenzentki/Reviewers   Simona Kranjc
                        Andreja Žele

Prevod/Translation   DZS d.d.
Jezikovni pregled angleškega besedila/
English-language editing   Ksenija Leban
Redakcija/Copy editing   Tinka Selič
Oblikovanje in oprema/Graphic art and design   Milojka Žalik Huzjan
Prelom/Typesetting   Brane Vidmar

Založila/Published by   Založba ZRC/ZRC Publishing, Ljubljana
Za založbo/Represented by   Oto Luthar
Glavni urednik/Editor-in-Chief   Vojislav Likar

Tisk/Printed by   Littera picta, d.o.o., Ljubljana, Slovenija

CIP - Kataložni zapis o publikaciji
Narodna in univerzitetna knjižnica, Ljubljana

811.163.6'367.625(038)
811.163.6'374=111

LEČIČ, Rada
    Slovenski glagol : oblikoslovni priročnik in slovar slovenskih
glagolov = Slovene verb : a morphological manual and dictionary of
Slovene verbs / Rada Lečič ; [prevod DZS]. - 2. natis = 2nd printing.
- Ljubljana : Založba ZRC = ZRC Publishing, 2005

ISBN 961-6568-14-0
222304256

SLOVENSKI GLAGOL
SLOVENE VERB

OBLIKOSLOVNI PRIROČNIK IN SLOVAR SLOVENSKIH GLAGOLOV
A MORPHOLOGICAL MANUAL AND DICTIONARY OF SLOVENE VERBS

RADA LEČIČ

LJUBLJANA 2005

KAZALO
CONTENTS

UVOD

Priročnik je nastal na pobudo slušateljev slovenščine kot drugega/tujega jezika, ki so si želeli na enem mestu zbrane in urejene konkretne primere najosnovnejših oblikoslovnih značilnosti slovenskega glagola.

V priročniku so glagolske oblike, ki jih tuji uporabniki ne morejo dobiti v razpoložljivih dvojezičnih slovarjih, zato jim bo priročnik skrajšal in olajšal pot do nujno potrebnih slovničnih informacij pri študijskem ali prevajalskem delu. Ker so naslovniki – slušatelji različne starosti in profilov, so predstavitve kratke in jasne, tako da omogočajo čim hitrejši in sistematični dostop do želenega slovničnega podatka.

Priročnik je sestavljen iz dveh delov. V uvodnem teoretičnem delu so predstavljene oblikoslovne značilnosti glagolov. Skupine so določene glede na končaje v sedanjiku in velelniku. Znotraj petih osnovnih skupin je 75 podskupin. K vsaki je pripisano natančno število glagolov. Glagoli so v sedanjiku izpisani v prvi, v velelniku pa v drugi osebi ednine, zato so na koncu seznama dodane tabele s spregatvami v vseh osebah in časih. V drugem delu je seznam 2610 glagolov, izbranih na podlagi pogostostne liste v korpusu Fida*. Na začetku seznama je legenda simbolov. Vsi glagoli so opremljeni z osnovnimi oblikoslovnimi podatki (sedanji čas v prvi osebi ednine, velelnik v drugi osebi ednine in množine, deležnik na -l za moški in ženski spol ednine) in naglasom. Pri vsakem glagolu je zapisana dovršna ali nedovršna oblika, prav tako številka skupine, v katero sodi.

Pogostost glagola je označena z zvezdicami v štirih kategorijah. Če je glagol zelo pogost, je označen s tremi zvezdicami (v korpusu Fida ima več kot 10 000 zadetkov), če je dokaj pogost, ima dve zvezdici (od 5000 do 10 000 zadetkov), če se redko pojavi, je označen z eno zvezdico (od 1000 do 5000 zadetkov), in če je zelo redek, nima zvezdice (manj kot 1000 zadetkov). Krogec poleg oblike v sedanjiku ali velelniku pomeni, da je raba zelo redka ali celo nedopustna.

Ker imajo tuji uporabniki pogosto težave z razpoznavanjem nedoločnika glede na oblike v sedanjiku, je dodan seznam glagolov, kjer je najprej izpisana oblika v sedanjiku in šele potem v nedoločniku, sledi mu seznam nepravilnih deležnikov na -l (teh je 191), na koncu pa so izpisani še najpogostejši glagoli z dvema in s tremi zvezdicami (takih glagolov je 405, in sicer 194 z dvema zvezdicama in 211 s tremi). V vsakem seznamu so nedoločniki prevedeni v angleščino. Prevodi zajemajo le najosnovnejše pomene glagolov.

Priročnik je namenjen predvsem tujcem (študentom, ki na tujih univerzah študirajo slovenščino, prevajalcem, udeležencem tečajev slovenskega jezika v Sloveniji, kandidatom, ki opravljajo izpite iz znanja slovenščine, potomcem Slovencev po svetu ...), ciljne skupine pa so gotovo tudi učitelji slovenščine kot drugega/tujega jezika v Sloveniji, učitelji v osnovnih in srednjih šolah in dijaki srednjih šol in gimnazij, skratka rojeni govorci slovenskega jezika, saj so na enem mestu zbrane informacije o najpogostejših slovenskih glagolih.

---

* Korpus Fida je referenčni korpus slovenskega jezika, ki zajema vzorčni delež sodobnih slovenskih besedil v skupnem obsegu več kot 100 milijonov besed.

INTRODUCTION

This manual was written at the instigation of students of Slovene as a second/foreign language who wanted concrete examples of the most basic morphological characteristics of the Slovene verb gathered and classified in one book. The manual contains those forms of verbs which foreign users cannot find in the available bilingual dictionaries, and will therefore shorten and simplify the path to grammatical information needed for study or translation work. As the users will be of different ages and profiles, the presentations are short and clear, allowing a fast and most systematic access to grammatical data.

The manual consists of two parts. The introductory theoretical part presents morphological characteristics of the verbs. Groups of verbs are defined according to their endings in the present tense and the imperative. Five basic groups are divided into 75 subgroups provided with notes on the exact numbers of verbs belonging to each of them. Verbs are presented in the first person singular in the present tense, and in the second person singular in the imperative, with tables of conjugations in all persons and tenses added at the end of the verb list.

The second part of the manual introduces a list of 2610 verbs which were chosen on the basis of the frequency list in the Fida corpus*. The list begins with a legend of symbols. Basic morphological data (the present tense in the first person singular, the imperative in the second person singular and plural, the participle ending in -l for the masculine and feminine gender singular), as well as correct accents are provided for all the verbs. The information on whether a verb is perfective or imperfective, as well as the number of the group to which it belongs is also included.

The verb frequency is marked with asterisks in four categories. If the verb is very frequent, this is indicated with three asterisks (it has more than 10,000 hits in the Fida corpus), if it is fairly frequent, this is indicated with two asterisks (from 5,000 to 10,000 hits), if it is rare, this is indicated with one asterisk (from 1,000 to 5,000 hits), and if it is very rare (less than 1,000 hits), there is no asterisk. A small circle near the present tense or imperative form of the verb indicates that the use of the form is either very rare or not allowed.

With foreign users often incapable of distinguishing between the infinitive and the present tense forms, a list of verbs where the present tense form is followed by the infinitive form has been added. This list is followed by a list of 191 irregular participles, and by a list of 405 most frequent verbs with two or tree asterisk (194 with two and 211 with three asterisk).

Each list contains the English translation of the infinitives, focusing on the basic and most frequent meanings only.

The manual is designed above all for foreign speakers (students of Slovene at universities abroad, translators and interpreters, participants of the courses of the Slovene language in Slovenia, candidates taking exams in Slovene, descendants of Slovenes living abroad, etc.). However, as it contains most comprehensive information about the most commonly used Slovene verbs, it will be just as useful to many native speakers of Slovene, especially teachers of Slovene as a second/foreign language in Slovenia and elsewhere, teachers at elementary and secondary schools, and students at secondary and grammar schools.

---

* The Fida corpus is a reference corpus of the Slovene language with a sample share of contemporary Slovene texts. It contains more than 100 million words.

GLAGOLI GLEDE NA KONČAJE V SEDANJIKU IN VELELNIKU

Glede na končaje v sedanjiku in velelniku delimo slovenski glagol v pet osnovnih skupin:

		Sedanjik	Velelnik
1	Glagoli na -am	del-**am**	del-**aj**
2	Glagoli na -em	zapr-**em**	zapr-**i**
3	Glagoli na -im	govor-**im**	govor-**i**
4	Glagoli na -jem	kupu-**jem**	kupu-**j**
5	Glagoli na -m	ve-**m**	ved-**i**

V prvi skupini so glagoli, ki se v sedanjiku končajo na **-am**, v velelniku pa na **-aj**.
Podskupini sta 2, glagolov v sedanjiku je 935.

V prvo skupino sodijo tudi glagoli s pripono *-eva* in naglasom na *e* (seštévati, seštévam) v nasprotju s tistimi, ki imajo naglas na samoglasniku za pripono (poučeváti, poučújem). Ti glagoli so v 4. skupini.
Glagol *dati* podaljša v sedanjiku osnovo s *s* v 2. in 3. osebi dvojine in v 2. osebi množine.
Glagola *gledati* in *imeti* imata v velelniku *e* namesto *a*.

V drugi skupini so glagoli, ki se v sedanjiku končajo na **-em**, v velelniku pa na **-i**.
Podskupin je kar 51 s 516 glagoli v sedanjiku.
V velelniku imajo *e* namesto *a* glagoli s pripono *-je/jam* (objeti, objamem, objemi!) in tisti s pripono *-e/am* (vzeti, vzamem, vzemi!). Glagoli na *-ljem* in *-njem* (peljati, peljem; klati, koljem; žeti, žanjem; ...) so v drugi in ne v četrti skupini zaradi velelnika. Glagol ožeti ima v sedanjiku dve obliki (ožamem in ožmem), prav tako še glagoli jokati, zobati, dremati, kopati, pluti, rjoveti, treti, rasti ...* Pri glagolih na *-či* pride v velelniku do spremembe *č*-ja v *c* ali *z* (teči, tečem, teci! ali vreči, vržem, vrzi!).

V tretji skupini so tisti glagoli, ki se v sedanjiku končajo na **-im**, v velelniku pa na **-i**.
Podskupin je 8 z 873 glagoli v sedanjiku.
Glagola *bati se* in *stati* pa tudi *smejati se* s sedanjikom smejim se (smejem se sodi v 4. skupino), se v velelniku končajo na -j.

V četrti skupini so glagoli, ki se v sedanjiku končajo na **-jem**, v velelniku pa na **-j**.
Podskupin je 9, glagolov v sedanjiku pa 319.
Nekateri glagoli s pripono *-ja/je* se v velelniku končajo na *-aj* (dajati, dajem, dajaj).

V peti skupini so glagoli, ki se končajo na **-m** (jesti, jem), v velelniku pa na **-i** ali **-j**.
V sedanjiku imajo skrajšano osnovo (*iti* in *biti* sta popolnoma nepravilna), to pa podaljšajo s *s* v 2. in 3. osebi dvojine in v 2. osebi množine.
Podskupin je 5, glagolov v sedanjiku pa 17.

---

* Nedoločnikov je v seznamu 2610, glagolov v sedanjiku pa 2660; potemtakem ima 50 glagolov v sedanjiku dve obliki.

VERBS ACCORDING TO THE ENDINGS IN THE PRESENT TENSE
AND THE IMPERATIVE

According to the endings in the present tense and the imperative, Slovene verbs are divided into five basic groups:

		The present tense	The imperative
1	Verbs in -am	del-**am**	del-**aj**
2	Verbs in -em	zapr-**em**	zapr-**i**
3	Verbs in -im	govor-**im**	govor-**i**
4	Verbs in -jem	kupu-**jem**	kupu-**j**
5	Verbs in -m	ve-**m**	ved-**i**

The first group contains verbs with the present tense ending in -**am** and the imperative ending in -**aj**. There are two subgroups, the number of verbs in the present tense form is 935.

In the first group, there are also verbs with the suffix -*eva* and the accent on *e* (seštévati, seštévam; to count), as opposed to those that have an accent on the vowel after the suffix (poučeváti, poučújem; to teach). These verbs are in the fourth group.

The verb *dati* (to give) in the present tense prolongs its basis with *s* in the second and third persons dual and in the second person plural.

The verbs *gledati* (to look) and *imeti* (to have) have *e* instead of *a* in the imperative.

The second group consist of verbs that have the present tense ending in -**em** and the imperative ending in -**i**. There are as many as 51 subgroups, with 516 verbs in the present tense.

The verbs with the suffix -*je/jam* (objeti, objamem, objemi!; to hug) and those with the suffix -*e/am* (vzeti, vzamem, vzemi!; to take) have *e* instead of *a* in the imperative form. The verbs with the suffixes -*ljem* and -*njem* (peljati, peljem; to drive; klati, koljem; to butcher; žeti, žanjem; to reap, etc.) belong – because of the imperative – to the second rather than the fourth group. The verb *ožeti* (to wring) has two forms (ožamem in ožmem) in the present tense. Such verbs are also *jokati* (to cry), *zobati* (to peck), *dremati* (to doze), *kopati* (to bathe), *pluti* (to sail), *rjoveti* (to roar), *treti* (to crack), *rasti* (to grow), etc.* The verbs ending in -*či* change *č* into *c* or *z* in the imperative (teči, tečem, teci!; to run; or vreči, vržem, vrzi!; to throw).

In the third group, there are verbs that have the present tense ending in -**im** and the imperative ending in -**i**. There are 8 subgroups, with 873 verbs in the present tense form.

The verbs *bati se* (to fear) and *stati* (to stand) have the imperative ending in -*j*. Such is also the verb *smejati se* (to laugh) with the present tense form *smejim se* (smejem se belongs to the fourth group).

In the fourth group, there are verbs that have the present tense ending in -**jem** and the imperative ending in -**j**. There are 9 subgroups, with 319 verbs in the present tense form.

Some of the verbs with the suffix -*ja/je* have the imperative ending in -*aj* (dajati, dajem, dajaj!; to give).

In the fifth group, there are the verbs that have the present tense ending in -**m** and the imperative ending in -**i** or -**j**.

In the present tense form, they have a shortened basis (with the exception of the verbs *iti* (to go) and *biti* (to be) which are completely irregular), which is prolonged with *s* in the second and the third persons dual and in the second person plural (the verb *deti* (to put) is not prolonged in the plural). There are 5 subgroups, with 17 verbs in the present tense form.

---

* The manual contains 2610 infinitives and 2660 verbs in the present tense. Thus 50 of them have two forms in the present tense.

RAZVRSTITEV GLAGOLOV PO SKUPINAH
VERB CLASSIFICATION

° Krogec poleg oblike glagola v sedanjiku ali v velelniku pomeni, da je raba zelo redka ali celo nedopustna.
° A small circle near the present tense or the imperative form of the verb indicates that its use is either very rare or not permissible.

1. GLAGOLI NA -AM (nedoločnik, sedanjik: 1. oseba ednine) Verbs ending in -am (the infinitive, the present tense: the 1st person singular)	Št. glagolov No. of verbs	Velelnik na -aj (2. oseba ednine) The imperative in -aj (the 2nd person singular)	Prevod v angleščino Translation into English
1.1. $a > a$ délati, délam glédati, glédam	(934)	délaj! glêj!	to work to look, to watch
1.2. $e > a$ iméti, imám	(1)	imêj!	to have

2. GLAGOLI NA -EM Verbs ending in -em		Velelnik na -i The imperative in -i	
2.1. $e > e$ razuméti, razúmem	(7)	razúmi!	to understand
2.2. Soglasnika *m, n*: Consonants *m, n*:			
2.2.1. a > an postáti, postánem vstáti, vstánem	(12)	postáni! vstáni!	to become; to stop to rise, to stand up
2.2.2. je > m prijéti, prímem	(3)	primi!	to hold; to arrest
2.2.3. e > am ožéti, ožámem + ožmèm vzéti, vzámem	(17)	ožêmi + ožmì! vzêmi!	to wring to take
2.2.4. e > an méti, mánem	(1)	máni!	to rub
2.2.5. e > anj žéti, žánjem	(2)	žánji!	to reap
2.2.6. e > en prizadéti, prizadénem zadéti, zadénem	(5)	prizadêni! zadêni!	to hurt to hit, to strike

10

2.2.7.	e > m	(3)	ožmì + ožêmi!	to wring
	ožéti, ožmèm + ožámem		sprêjmi!	to accept, to receive
	sprejéti, sprêjmem			
2.2.8.	e > n	(15)	začnì!	to begin, to start
	začéti, začnèm		počnì!	to do
	počéti, počnèm			
2.2.9.	ni > ne	(95)	krêni!	to set off, to set out
	kreníti, krénem		sklêni!	to decide, to conclude
	skleníti, sklénem			

2.3.   a > e za k, g, j
       a > e after k, g, j
2.3.1. za k, g   (7)
       after k, g

	tkáti, tkèm		tkì!	to weave
	žgáti, žgèm		žgì!	to burn
2.3.2.	za j	(10)		
	after j			
	peljáti, péljem		pêlji!	to drive, to give a lift

2.4.   Soglasnik l:
       The consonant l:
2.4.1. la > elj   (1)
       postláti, postéljem   postêlji!   to make the bed
2.4.2. la > olj   (2)
       kláti, kóljem   kôlji!   to butcher, to slaughter
2.4.3. le > elj   (2)
       mléti, méljem   mêlji!   to grind
2.4.2. le > oln   (3)
       kléti, kôlnem   kôlni!   to swear

2.5.   Soglasnik r:
       The consonant r:
2.5.1. ra > er   (11)
       bráti, bêrem   bêri!   to read
       práti, pêrem   pêri!   to wash
2.5.2. re > ar   (2)
       potréti, potárcm ı potrèm   potrì!   to depress
2.5.3. re > er   (6)
       dréti se, dêrem se   dêri se!   to yell
2.5.4. re > r   (34)
       odpréti, odprèm   odprì!   to open
2.5.5. ra > rj   (2)
       oráti, órjem   ôrji!   to plough
2.5.6. ra > erj   (2)
       sráti, sérjem   sêrji!   to shit, to excrete

11

2.6. Sprememba soglasnika, *a* > *e*
The change of the consonant, *a* > *e*

2.6.1.	c > č	(6)		
	klícati, klíčem		kliči!	to call
2.6.2.	k > č	(5)		
	jókati, jóčem + jókam		jóči + jókaj!	to cry
	skakáti, skáčem		skáči!	to bounce, to jump
2.6.3.	t > č	(7)		
	metáti, méčem		méči!	to throw
2.6.4.	g > ž	(2)		
	lagáti, lážem		láži!	to lie
2.6.5.	gn > žen	(7)		
	gnáti, žênem		žêni!	to move, to drive
2.6.6.	s > š	(28)		
	pisáti, píšem		píši!	to write
	plesáti, pléšem		pléši!	to dance
2.6.7.	z > ž	(33)		
	kazáti, kážem		káži!	to show, to indicate
	rézati, réžem		réži!	to cut, to slice
2.6.8.	sk > šč	(5)		
	iskáti, íščem		íšči!	to seek, to look for
2.6.9.	b > blj	(2)		
	zóbati, zóbljem + zóbam		zôblji + zóbaj!	to peck
2.6.10.	m > mlj	(5)		
	jemáti, jêmljem		jêmlji!	to take
2.6.11.	p > plj	(10)		
	kópati, kópljem + kópam		kóplji + kópaj!	to bathe
2.6.12.	sl > šlj	(1)		
	posláti, póšljem		pôšlji!	to send

2.7. Sprememba vokala v *ev, ov*:
The change of the vowel into *ev, ov*:

2.7.1.	e > ev	(1)		
	pléti, plévem		plévi!	to weed
2.7.2.	u > ov	(4)		
	plúti, plôvem + plújem		plôvi + plúj!	to sail
	rjúti, rjôvem + rjújem		rjôvi + rjúj!	to roar
2.7.3.	va > ov	(3)		
	odzváti se, odzôvem se		odzôvi se!	to react, to respond

2.8. Skupina na *-iti/jti*
The group ending in *-iti/jti*

2.8.1.	it > id	(8)		
	odíti, odídem		odídi!	to go, to leave
	príti, prídem		prídi!	to come
2.8.2.	jt > jd	(3)		
	nájti, nájdem		nájdi!	to find

12

2.9.	t > č	(2)		
	hotéti, hóčem		/	to want

2.10. Glagoli na -či
Verbs ending in -či

2.10.1. č > č	(24)		
pêči, pêčem		pêci!	to bake, to roast
rêči, rêčem		rêci!	to say
2.10.2. č > ž	**(17)**		
léči, léžem		lézi!	to lie down
séči, séžem		sézi!	to reach
2.10.3. eč > ž	**(5)**		
vréči, vŕžem		vŕzi!	to throw
2.10.4. č > r	**(3)**		
môči, mórem		/	can, to be able to

2.11. Glagoli na -sti
Verbs ending in -sti

2.11.1. s > s	(25)		
nêsti, nêsem		nêsi!	to carry
pásti, pásem		pási!	to pasture, to graze
2.11.2. s > d	**(37)**		
krásti, krádem		krádi!	to steal
sésti, sédem		sédi!	to sit down
2.11.3. s > t	**(8)**		
gnêsti, gnêtem		gnêti!	to knead
plêsti, plêtem		plêti!	to knit
2.11.4. s > z	**(9)**		
grísti, grízem		grízi!	to bite
lésti, lézem		lézi!	to creep
2.11.5. s > st	**(6)**		
rásti, rástem + rásem		rásti + rási!	to grow
2.11.6. bs > b	**(2)**		
dôlbsti, dôlbem		dôlbi!	to chisel
2.11.7. ps > p	**(6)**		
hrôpsti, hrôpem		hrôpi!	to wheeze
sôpsti, sôpem		sôpi!	to wheeze

---

3. GLAGOLI NA -IM
Verbs ending in -im

Velelnik na -i
The imperative in -i

3.1. i > i	(736)		
govoríti, govorím		govôri!	to speak
mísliti, míslim		mísli!	to think

3.2. e > i	(98)		
letéti, letím		lêti!	to fly
živéti, živím		žívi!	to live

13

3.3.	**a > i (za č, ž, š)**			
	a > i (after č, ž, š)			
3.3.1.	č	**(12)**		
	klečáti, klečím		klêči!	to kneel
	kričáti, kričím		kríči !	to scream
3.3.2.	ž	**(12)**		
	bežáti, bežím		béži!	to flee, to run away
	držáti, držím		dŕži!	to hold
3.3.3.	š	**(4)**		
	slíšati, slíšim		/	to hear

3.4.	**a > i**	**(6)**		
	spáti, spím		spì!	to sleep
	smejáti se, smejím se +		smêj se!	to laugh
	smêjem se			

3.5.	**sca > šči**	**(2)**		
	scáti, ščím° + ščíjem		ščì° + ščíj!	to piss

3.6.	**a > oj**	**(3)**		
	báti se, bojím se		bój se!	to fear, to be afraid (of)
	státi, stojím		stój!	to stand

4.	**GLAGOLI NA -JEM**	**Velelnik na -j**	
	Verbs ending in -jem	**The imperative in -j**	

4.1.	**ova/eva > uje**			
4.1.1.	*ova*	**(137)**		
	kupováti, kupújem		kupúj!	to buy, to purchase
	potováti, potújem		potúj!	to travel
4.1.2.	*eva*	**(93)**		
	ločeváti, ločújem		ločúj!	to separate, to distinguish
	nadaljeváti, nadaljújem		nadaljúj!	to continue

4.2.	**uva > uje**	**(3)**		
	rúvati, rújem + rúvam		rúj + rúvaj!	to root out
	pljúvati, pljújem° +			
	pljúvam		pljúj° + pljúvaj!	to spit

4.3.	**ja > je**	**(11)**		
	dájati, dájem		dájaj!	to give
	smejáti se, smêjem se +		smêj se!	to laugh
	smejim se			

4.4.	**e, i, u > ej, ij, uj**			
4.4.1.	**e > ej**	**(11)**		
	gréti, grêjem		grêj!	to warm
	štéti, štêjem		štêj!	to count

14

4.4.2.	i > ij	(48)		
	píti, píjem		píj!	to drink
	umíti, umíjem		umíj!	to wash
4.4.3.	u > uj	(12)		
	obúti, obújem		obúj!	to put on shoes
	plúti, plújem + plôvem		plúj! + plôvi!	to sail

4.5.	e > oj	(2)		
	péti, pôjem		pój!	to sing

4.6.	sca > ščij	(2)		
	scáti, ščíjem + ščím°		ščij + šči!°	to piss

5.	GLAGOLI NA -M		Velelnik na -i ali -j	
	Verbs ending in -m		The imperative in -i or -j	

5.1.	d > ø	(11)		
	védeti, vém		védi!	to know
	povédati, povém		povêj!	to tell

5.2.	s > ø	(3)		
	jésti, jém		jêj!	to eat

5.3.	j > ø	(1)		
	dejáti, dém° + dêjem°		dêj!°	to say, to tell

5.4.	i > gre	(1)		
	íti, grém		pójdi!	to go

5.5.	bi > se	(1)		
	bíti, sèm		bódi!	to be

15

VZORCI SPREGATEV
CONJUGATION PATTERNS

Števila:
Numbers:

I = Ednina, the singular	**1.** = 1. oseba, the 1st person
II = Dvojina, the dual	**2.** = 2. oseba, the 2nd person
III = Množina, the plural	**3.** = 3. oseba, the 3rd person

SEDANJIK IN VELELNIK
THE PRESENT TENSE AND THE IMPERATIVE

1. GLAGOLI NA -AM
VERBS ENDING IN -AM

Sedanjik nedoločnika *délati*:
The present tense form of the infinitive *délati* (to work, to do):

	I	II	III
1.	(ne) délam	(ne) délava	(ne) délamo
2.	(ne) délaš	(ne) délata	(ne) délate
3.	(ne) déla	(ne) délata	(ne) délajo

Pazite!
Nota bene

dáti (to give)   *igráti se* (to play)

I	dám	dáš	dá	**I**	igrám se	igráš se	igrá se
II	dáva	dásta	dásta	**II**	igráva se	igráta se	igráta se
III	dámo	dáste	dájo	**III**	igrámo se	igráte se	igrájo se

ne iméti (not to have) = **nímam**

Velelnik
The imperative

	I	II	III
1.		(ne) délajva!	(ne) délajmo!
2.	(ne) délaj!	(ne) délajta!	(ne) délajte!
3.	/	/	/

2. GLAGOLI NA -EM
VERBS ENDING IN -EM

Sedanjik nedoločnika *zapréti:*
The present tense form of the infinitive *zapréti* (to close):

	I	II	III
1.	(ne) zaprèm	(ne) zaprèva	(ne) zaprèmo
2.	(ne) zaprèš	(ne) zaprèta	(ne) zaprète
3.	(ne) zaprè	(ne) zaprèta	(ne) zaprèjo

Pazite!
Nota bene

ne hotéti (not to want) = **nóčem**

Velelnik
The Imperative

	I	II	III
1.		(ne) zapríva!	(ne) zaprímo!
2.	(ne)zaprì!	(ne) zapríta!	(ne) zapríte!
3.	/	/	/

3. GLAGOLI NA -IM
VERBS ENDING IN -IM

Sedanjik nedoločnika *govoríti:*
The present tense form of the infinitive *govoríti* (to speak, to talk):

	I	II	III
1.	(ne) govorím	(ne) govoríva	(ne) govorímo
2.	(ne) govoríš	(ne) govoríta	(ne) govoríte
3.	(ne) govorí	(ne) govoríta	(ne) govoríjo

Velelnik
The Imperative

	I	II	III
1.		(ne) govoríva!	(ne) govorímo!
2.	(ne) govôri!	(ne) govoríta!	(ne) govoríte!
3.	/	/	/

17

4. GLAGOLI NA -JEM
VERBS ENDING IN -JEM

Sedanjik nedoločnika *kupováti*:
The present tense form of the infinitive *kupováti* (to purchase, to buy):

	I	II	III
1.	(ne) kupújem	(ne) kupújeva	(ne) kupújemo
2.	(ne) kupúješ	(ne) kupújeta	(ne) kupújete
3.	(ne) kupúje	(ne) kupújeta	(ne) kupújejo

Velelnik
The imperative

	I	II	III
1.		(ne) kupújva!	(ne) kupújmo!
2.	(ne) kupúj!	(ne) kupújta!	(ne) kupújte!
3.	/	/	/

5. GLAGOLI NA -M
VERBS ENDING IN -M

Sedanjik nedoločnika *jésti*:
The present tense form of the infinitive *jésti* (to eat):

	I	II	III
1.	(ne) jém	(ne) jéva	(ne) jémo
2.	(ne) jéš	(ne) jésta	(ne) jéste
3.	(ne) jé	(ne) jésta	(ne) jêjo/jedó

Pazite!
Nota bene

	bíti (to be)				*ne bíti* (not to be)		
I	sèm	sì	jè	**I**	nísem	nísi	ní
II	svà	stà	stà	**II**	nísva	nísta	nísta
III	smò	stè	sò	**III**	nísmo	níste	níso

Velelnik
The imperative

	I	II	III
1.		(ne) jêjva!	(ne) jêjmo!
2.	(ne) jêj!	(ne) jêjta!	(ne) jêjte!
3.	/	/	/

18

PRETEKLIK, PRIHODNJIK IN POGOJNIK
THE PAST TENSE, THE FUTURE TENSE AND THE CONDITIONAL

Preteklik nedoločnika *délati*:
The past tense form of the infinitive *délati* (to work, to do):

	I		II		III	
1.	sèm (nísem)		svà (nísva)		smò (nísmo)	
2.	sì (nísi)	délal -a -o	stà (nísta)	délala -i -i	stè (níste)	délali -e -a
3.	jè (ní)		stà (nísta)		sò (níso)	

Prihodnjik nedoločnika *délati*:
The future tense form of the infinitive *délati* (to work, to do):

	I		II		III	
1.	(ne) bóm		(ne) bóva		(ne) bómo	
2.	(ne) bóš	délal -a -o	(ne) bósta	délala -i -i	(ne) bóste	délali -e -a
3.	(ne) bó		(ne) bósta		(ne) bódo/bójo	

Pazite!
Nota bene

bíti (to be)

I	(ne) bóm	(ne) bóš	(ne) bó
II	(ne) bóva	(ne) bósta	(ne) bósta
III	(ne) bómo	(ne) bóste	(ne) bódo/bójo

Pogojnik nedoločnika *délati*:
The conditional form of the infinitive *délati* (to work, to do):

	I		II		III	
1.	(ne) bi		(ne) bi		(ne) bi	
2.	(ne) bi	délal -a -o	(ne) bi	délala -i -i	(ne) bi	délali -e -a
3.	(ne) bi		(ne) bi		(ne) bi	

Opomba:
Deležniki na -*l* so izpisani za moški, ženski in srednji spol (delal, delala, delalo), v seznamu glagolov pa zaradi večje preglednosti le za moški in ženski spol.

Note:
Participles ending in -*l* are presented in their masculine, feminine and neuter forms (delal, delala, delalo), while the list of verbs only includes the masculine and feminine forms for an easier overview.

19

SEZNAM GLAGOLOV
LEGENDA SIMBOLOV

V razpredelnicah so zaradi namembnosti tujim uporabnikom izpisane tuje krajšave:

impf = nedovršni glagol
pf = dovršni glagol
1.1. (**število**): število pod nedoločnikom pomeni, v katero skupino spada posamezen glagol
* (**zvezdica**):   ******* = zelo pogosta raba glagola
                           ** = dokaj pogosta raba
                           * = redka raba
          brez zvezdice = zelo redka raba
+ (**plus**): glagol ima dve obliki v sedanjiku, velelniku ali deležniku
/ (**poševnica** med glagoloma): glagol se lahko izgovarja na dva načina glede na mesto naglasa
° (**krogec**): raba je zelo redka ali celo nedopustna

Posebnosti prostomorfemskih glagolov
Izpisani so samo nezaimenski pomensko izpraznjeni *se*-ji, npr. *smejati se, prizadevati si*, in tisti, ki spremenijo pomen glagola, na primer *zavzeti/zavzeti se za*.

LIST OF VERBS
LEGEND OF SYMBOLS

For the foreign speakers' convenience, foreign abbreviations are used in the tables:

mpf = an imperfective verb
pf = a perfective verb
1.1. (**the number**): the number below the infinitive shows to which group a particular verb belongs
* (**asterisk**):   ******* = very frequent use of the verb
                           ** = fairly frequent use
                           * = rare use
          without asterisk = very rare use
+ (**plus**): the verb has two forms in the present tense, the imperative or has two participial forms
/ (**slash between two verbs**): the verb can be pronounced in two ways depending on the placing of the accent
° (**small circle**): the use of the verb is very rare or not permissible

Particularities of the free-morpheme verbs
Only the non-pronominal meaning-devoid *se* forms are mentioned, i.e. *smejati se* (to laugh), *prizadevati si* (to strive), as well as those which change the meaning of the verb, such as *zavzeti/zavzeti se za* (to conquer/ to intercede).

NEDOLOČNIK, SEDANJIK, VELELNIK, DELEŽNIK NA -L
THE INFINITIVE, THE PRESENT TENSE, THE IMPERATIVE, THE -L PARTICIPLE

nedoločnik the infinitive	sedanjik the present tense	velelnik the imperative	deležnik na -l the -l participle	prevod nedoločnika transl. of infinitive
aktivírati * (impf, pf) 1.1.	aktivíram	aktivíraj aktivírajte	aktivíral, aktivírala	to activate
analizírati * (impf, pf) 1.1.	analizíram	analizíraj analizírajte	analizíral, analizírala	to analyse
angažírati (impf, pf) 1.1.	angažíram	angažíraj angažírajte	angažíral, angažírala	to engage
aretírati * (impf, pf) 1.1.	aretíram	aretíraj aretírajte	aretíral, aretírala	to arrest
asfaltírati (impf, pf) 1.1.	asfaltíram	asfaltíraj asfaltírajte	asfaltíral, asfaltírala	to pave
baháti se (impf) 1.1.	bahám se	bahàj se bahájte se	bahál se, bahála se	to boast, to brag
bárvati (impf) 1.1.	bárvam	bárvaj bárvajte	bárval, bárvala	to paint; to dye (fabrics, hair)
báti se (impf) 3.6.	bojím se	bój se bójte se	bál se, bála se	to fear, to be afraid of
bedéti (impf) 3.2.	bedím	bêdi ° bedíte	bedél, bedéla	to stay up, to be awake
bégati (impf) 1.1.	bégam	bégaj bégajte	bégal, bégala	to wander, to confuse
beléžiti * (impf) 3.1.	beléžim	beléži beléžite	beléžil, beléžila	to note down, to record
béliti/belíti (impf) 3.1.	bélim	béli bélite/belíte	bélil, belíla	to paint (a flat)
beráčiti (impf) 3.1.	beráčim	beráči beráčite	beráčil, beráčila	to beg
besnéti (impf) 3.2.	besním	bêsni ° besníte	besnél, besnéla	to rage

21

nedoločnik the infinitive	sedanjik the present tense	velelnik the imperative	deležnik na -l the -l participle	prevod nedoločnika transl. of infinitive
bežáti * (impf) 3.3.2.	bežím	béži bežíte	béžal, bežála	to flee, to run away
bíčati (impf) 1.1.	bíčam	bíčaj bíčajte	bíčal, bíčala	to lash, to whip
bíti (impf) 4.4.2.	bíjem	bíj bíjte	bil, bíla	to strike
bíti *** (impf) 5.5.	sèm	bódi bódite/bodíte	bíl, bilà	to be
bívati * (impf) 1.1.	bívam	bívaj bívajte	bíval, bívala	to dwell
blagoslovíti (pf) 3.1.	blagoslovím	blagoslôvi blagoslovíte	blagoslôvil, blagoslovíla	to bless
blebetáti (impf) 1.1. + 2.6.3.	blebetám + blebéčem	blebetàj + blebéči blebetájte + blebéčite	blebetàl, blebetála	to babble, to waffle
bledéti (impf) 3.2.	bledím	blêdi ° bledíte	bledél, bledéla	to fade
blestéti (impf) 3.2.	blestím	blêsti ° blestíte	blestél, blestéla	to shine
blêsti (impf) 2.11.2.	blêdem	blêdi bledíte	blêdel, blêdla	to be delirious
bleščáti se (impf) 3.3.1.	bleščím se	blêšči se ° bleščíte se	blêščal se, bleščála se	to gleam
blížati * (impf) 1.1.	blížam	blížaj blížajte	blížal, blížala	to approach
blokírati * (impf, pf) 1.1.	blokíram	blokíraj blokírajte	blokíral, blokírala	to block
bóbnati (impf) 1.1.	bóbnam	bóbnaj bóbnajte	bóbnal, bóbnala	to drum
bodríti (impf) 3.1.	bodrím	bôdri bodríte	bodríl, bodríla	to encourage

nedoločnik the infinitive	sedanjik the present tense	velelnik the imperative	deležnik na -l the -l participle	prevod nedoločnika transl. of infinitive
bogatéti (impf) 3.2.	bogatím	bogáti ° bogatíte	bogatél, bogatéla	to get rich, to enrich
bogatíti (impf) 3.1.	bogatím	bogáti ° bogatíte	bogatíl, bogatíla	to make rich, to enrich
bojeváti se * (impf) 4.1.2.	bojújem se	bojúj se bojújte se	bojevàl se, bojevála se	to fight, to struggle
boléti * (impf) 3.2.	bolí	/	bôlel, boléla	to hurt, to ache
bóljšati se (impf) 1.1.	bóljšam se	bóljšaj se ° bóljšajte se	bóljšal se, bóljšala se	to improve
bombardírati (impf, pf) 1.1.	bombardíram	bombardíraj bombardírajte	bombardíral, bombardírala	to bomb
boríti se ** (impf) 3.1.	borím se	bôri se boríte se	boríl se, boríla se	to fight, to struggle
bôsti (impf) 2.11.2.	bôdem	bôdi bodíte	bôdel, bôdla	to sting
botrováti * (impf) 4.1.1.	botrújem	botrúj botrújte	botrovàl, botrovála	to be responsible for
bóžati (impf) 1.1.	bóžam	bóžaj bóžajte	bóžal, bóžala	to caress
brániti/braníti ** (impf) 3.1.	bránim	bráni bránite/braníte	bránil, braníla	to defend
bráti *** (impf) 2.5.1.	bêrem	bêri beríte	brál, brála	to read
bremeníti (impf) 3.1.	bremením	bremêni bremeníte	bremeníl, bremeníla	to burden, to load
brêsti (impf) 2.11.2.	brêdem	brêdi bredíte	brêdel, brêdla	to wade
brígati se (impf) 1.1.	brígam se	brígaj se brígajte se	brígal se, brígala se	to take care

nedoločnik the infinitive	sedanjik the present tense	velelnik the imperative	deležnik na -l the -l participle	prevod nedoločnika transl. of infinitive
brísati (impf) 2.6.6.	bríšem	bríši brišite	brísal, brísala	to wipe
bríti (impf) 4.4.2.	bríjem	bríj bríjte	bríl, bríla	to shave
bŕskati * (impf) 1.1.	bŕskam	bŕskaj bŕskajte	bŕskal, bŕskala	to search, to rummage
brúhati (impf) 1.1.	brúham	brúhaj brúhajte	brúhal, brúhala	to vomit
brúhniti (pf) 2.2.9.	brúhnem	brúhni brúhnite	brúhnil, brúhnila	to burst
brúsiti (impf) 3.1.	brúsim	brúsi brúsite	brúsil, brusíla	to whet
búljiti (impf) 3.1.	búljim	búlji búljite	búljil, buljíla	to stare
cedíti (impf) 3.1.	cedím	cêdi cedíte	cedíl, cedíla	to strain, to drool
céliti/celíti (impf) 3.1.	célim	céli ° célite/celíte	célil, celíla	to heal
céniti/ceníti * (impf) 3.1.	cénim	céni cénite/ceníte	cénil, ceníla	to appreciate, to value
cépiti/cepíti (impf, pf) 3.1.	cépim	cépi cépite	cépil, cepíla	to cleave; to vaccinate
cíljati (impf) 1.1.	cíljam	cíljaj cíljajte	cíljal, cíljala	to aim at
citírati * (impf) 1.1.	citíram	citíraj citírajte	citíral, citírala	to quote
cmériti se (impf) 3.1.	cmérim se	cméri se cmérite se	cméril se, cmérila se	to whimper
cŕkniti (pf) 2.2.9.	cŕknem	cŕkni cŕknite	cŕknil, cŕknila	to kick the bucket

24

nedoločnik the infinitive	sedanjik the present tense	velelnik the imperative	deležnik na -l the -l participle	prevod nedoločnika transl. of infinitive
cvetéti * (impf) 3.2.	cvetím	cvêti ° cvetíte	cvetél, cvetéla	to blossom, to flourish
cvíliti (impf) 3.1.	cvílim	cvíli cvílite	cvílil, cvilíla	to whine
cvréti (impf) 2.5.4.	cvrèm	cvrì cvríte	cvŕl, cvŕla	to fry
čákati *** (impf) 1.1.	čákam	čákaj čákajte/čakájte	čákal, čákala/čakála	to wait
čárati (impf) 1.1.	čáram	čáraj čárajte	čáral, čárala	to conjure
častíti * (impf) 3.1.	častím	části částíte	častíl, častíla	to worship
čečkáti (impf) 1.1.	čečkám	čečkàj čečkájte	čečkàl, čečkála	to scribble, to scrawl
čepéti (impf) 3.2.	čepím	čêpi čepíte	čepél, čepéla	to squat
česáti (impf) 2.6.6.	čéšem	čêši čêšite	čêsal, česála	to comb
čestítati * (impf, pf) 1.1.	čestítam	čestítaj čestítajte	čestítal, čestítala	to congratulate
čístiti * (impf) 3.1.	čístim	čísti čístite	čístil, čístila	to clean
čléniti (impf) 3.1.	člénim	čléni člénite	člénil, člénila	to dissect
črnéti (impf) 3.2.	črním	čŕni ° črníte	črnél, črnéla	to blacken
čŕniti/črníti (impf) 3.1.	čŕnim/črním	čŕni ° čŕnite/črníte	čŕnil, črníla	to blacken; to hate
čŕpati * (impf) 1.1.	čŕpam	čŕpaj čŕpajte	čŕpal, čŕpala	to pump

nedoločnik the infinitive	sedanjik the present tense	velelnik the imperative	deležnik na -l the -l participle	prevod nedoločnika transl. of infinitive
čŕtati (impf) 1.1.	čŕtam	čŕtaj čŕtajte	čŕtal, čŕtala	to cut out, to exclude; to draw lines
čúditi se/čudíti se * (impf) 3.1.	čúdim se	čúdi se čúdite se/čudíte se	čúdil se, čudíla se	to wonder
čúti (impf) 4.4.3.	čújem	čúj čújte	čúl, čúla	to be awake
čútiti/čutíti *** (impf) 3.1.	čútim	čúti ° čútite/čutíte	čútil, čutíla	to feel
čúvati (impf) 1.1.	čúvam	čúvaj čúvajte	čúval, čúvala	to guard, to watch, to watch over
čvekáti (impf) 1.1.	čvekám	čvekàj čvekájte	čvekàl, čvekála	to babble
dájati/dajáti *** (impf) 4.3.	dájem	dájaj dájajte/dajájte	dájal, dájala/dajála	to give
dáljšati (impf) 1.1.	dáljšam	dáljšaj dáljšajte	dáljšal, dáljšala	to prolong, to lenghten
daníti se (impf) 3.1.	daní se	dáni se ° daníte se	daníl se, daníla se	to dawn
darováti * (impf, pf) 4.1.1.	darújem	darúj darújte	daroval, darovála	to donate
dáti *** (pf) 1.1.	dám	dàj dájte	dál, dála	to give
dáviti (impf) 3.1.	dávim	dávi dávite	dávil, davíla	to strangle
debelíti (impf) 3.1.	debelím	debêli ° debelíte	debelíl, debelíla	to make fat
dedováti (impf, pf) 4.1.1.	dedújem	dedúj ° dedújte	dedovàl, dedovála	to inherit
definírati * (impf, pf) 1.1.	definíram	definíraj definírajte	definíral, definírala	to define

26

nedoločnik the infinitive	sedanjik the present tense	velelnik the imperative	deležnik na -l the -l participle	prevod nedoločnika transl. of infinitive
dejáti *** (pf) 4.3. + 5.3.	dêjem + dém °	dêj ° dêjte	dejál, dejála	to say, to tell
délati *** (impf) 1.1.	délam	délaj délajte	délal, délala	to work, to do
delíti ** (impf) 3.1.	delím	dêli delíte	delíl, delíla	to divide; to share
delováti *** (impf) 4.1.1.	delújem	delúj delújte	delovàl, delovála	to act, to work
déti *** (pf) 2.2.6.	dénem°	dêni deníte	dél, déla°	to say; to put
deževáti * (impf) 4.1.2.	dežúje	/	deževàl, deževála	to rain
díhati * (impf) 1.1.	díham	díhaj díhajte	díhal, díhala	to breathe
diplomírati * (impf, pf) 1.1.	diplomíram	diplomíraj diplomírajte	diplomíral, diplomírala	to graduate
dírkati (impf) 1.1.	dírkam	dírkaj dírkajte	dírkal, dírkala	to race
dišáti * (impf) 3.3.3.	diším	díši ° dišíte	díšal, dišála	to give off a pleasant scent
divjáti (impf) 1.1.	divjám	divjàj divjájte	divjàl, divjála	to storm, to rage
dobíti *** (pf) 3.1.	dobím	dôbi dobíte	dobíl, dobíla	to get
dobívati ** (impf) 1.1.	dobívam	dobíva dobívajte	dobíval, dobívala	to get on several occasions
dočákati * (pf) 1.1.	dočákam	dočákaj dočákajte/ dočakájte	dočákal, dočákala/ dočakála	to live to see
dodájati * (impf) 1.1.	dodájam	dodájaj dodájajte	dodájal, dodájala	to add

27

nedoločnik the infinitive	sedanjik the present tense	velelnik the imperative	deležnik na -l the -l participle	prevod nedoločnika transl. of infinitive
dodáti *** (pf) 1.1.	dodám	dodàj dodájte	dodál, dodála	to add
dodelíti * (pf) 3.1.	dodelím	dodêli dodelíte	dodelíl, dodelíla	to assign
dogájati se *** (impf) 1.1.	dogája se	/	dogájal se, dogájala se	to happen
dogodíti se (pf) 3.1.	dogodí se	dogôdi se ° dogodíte se	dogódil se, dogodíla se	to happen
dogovárjati se * (impf) 1.1.	dogovárjam se	dogovárjaj se dogovárjajte se	dogovárjal se, dogovárjala se	to make arrangements, to negotiate
dogovoríti se ** (pf) 3.1.	dogovorím se	dogovôri se dogovoríte se	dogovóril se, dogovoríla se	to agree on
dohitéti (pf) 3.2.	dohitím	dohíti dohitíte	dohítel, dohitéla	to catch up
dohitévati (impf) 1.1.	dohitévam	dohitévaj ° dohitévajte	dohitéval, dohitévala	to be catching up
dojémati (impf) 1.1.	dojémam	dojémaj dojémajte	dojémal, dojémala	to perceive
dojéti * (pf) 2.2.3.	dojámem	dojêmi dojemíte	dojél, dojéla	to realise
dokázati/dokazáti ** (pf) 2.6.7.	dokážem	dokáži dokážite/dokažíte	dokázal, dokazála	to prove
dokazováti ** (impf) 4.1.1.	dokazújem	dokazúj dokazújte	dokazovàl, dokazovála	to prove, to evidence
dokončáti * (pf) 1.1.	dokončám	dokončàj dokončájte	dokončàl, dokončála	to finish
dokopáti (pf) 1.1. + 2.6.11.	dokopám + dokópljem	dokôpaj + dokôplji dokopájte + dokopljíte	dokôpal, dokopála	to get (down) to

nedoločnik the infinitive	sedanjik the present tense	velelnik the imperative	deležnik na -l the -l participle	prevod nedoločnika transl. of infinitive
doktorírati (impf, pf) 1.1.	doktoríram	doktoríraj doktorírajte	doktoríral, doktorírala	to earn a PhD
dokumentírati (impf, pf) 1.1.	dokumentíram	dokumentíraj dokumentírajte	dokumentíral, dokumentírala	to document, to evidence
dôlbsti (impf) 2.11.6.	dôlbem	dôlbi dôlbite	dôlbel, dôlbla	to chisel
doletéti * (pf) 3.2.	doletím	dolêti ° doletíte	dolêtel, doletéla	to befall
dolgočásiti (impf) 3.1.	dolgočásim	dolgočási dolgočásite	dolgočásil, dolgočásila	to bore
dolgováti * (impf) 4.1.1.	dolgújem	dolgúj ° dolgújte	dolgovàl, dolgovála	to owe
dolíti (pf) 4.4.2.	dolíjem	dolíj dolíjte	dolíl, dolíla	to add liquid by pouring, to fill up by pouring
dolívati (impf) 1.1.	dolívam	dolívaj dolívajte	dolíval, dolívala	to add liquid by pouring, to fill up by pouring
dolóčati *** (impf) 1.1.	dolóčam	dolóčaj dolóčajte	dolóčal, dolóčala	to define, to determine
dolóčiti/določíti *** (pf) 3.1.	dolóčim	dolóči dolóčite/določíte	dolóčil, dolóčila	to define, to determine
doméniti se/ domeníti se (pf) 3.1.	doménim se	doméni se doménite se/ domeníte se	doménil se, domeníla se	to arrange
domísliti * (pf) 3.1.	domíslim	domísli domíslite	domíslil, domíslila	to think, to work out
domíšljati si (pf) 1.1.	domíšljam si	domíšljaj si domíšljajte si	domíšljal si, domíšljala si	to imagine
domnévati * (impf) 1.1.	domnévam	domnévaj domnévajte	domnéval, domnévala	to presume, to suppose

nedoločnik the infinitive	sedanjik the present tense	velelnik the imperative	deležnik na -l the -l participle	prevod nedoločnika transl. of infinitive
domováti (impf) 4.1.1.	domújem	domúj ° domújte	domovàl, domovála	to dwell, to live
dopísati/dopisáti (pf) 2.6.6.	dopíšem	dopíši dopíšite	dopísal, dopisála	to add (in writing)
dopisováti (impf) 4.1.1.	dopisújem	dopisúj dopisújte	dopisovàl, dopisovála	to add (in writing)
dopisováti si (impf) 4.1.1.	dopisújem si	dopisúj si dopisújte si	dopisovàl si, dopisovála si	to correspond
dopôlniti/dopolníti * (pf) 3.1.	dopôlnim	dopôlni dopôlnite/ dopolníte	dopôlnil, dopolníla	to supplement
dopolnjeváti * (impf) 4.1.2.	dopolnjújem	dopolnjúj dopolnjújte	dopolnjevàl, dopolnjevála	to complement
dopustíti * (pf) 3.1.	dopustím	dopústi dopustíte	dopústil, dopustíla	to allow
dopúščati * (impf) 1.1.	dopúščam	dopúščaj dopúščajte	dopúščal, dopúščala	to allow
doséči *** (pf) 2.10.2.	doséžem	dosézi dosézite	doségel, doségla	to reach
doségati * (impf) 1.1.	doségam	doségaj doségajte	doségal, doségala	to measure up, to reach
dospéti (pf) 2.1.	dospèm	dospì ° dospíte	dospél, dospéla	to arrive at
dostáviti * (pf) 3.1.	dostávim	dostávi dostávite	dostávil, dostávila	to deliver
dotákniti se/ dotakníti se * (pf) 2.2.9.	dotáknem se	dotákni se dotáknite se/ dotakníte se	dotáknil se, dotakníla se	to touch
dotíkati se * (impf) 1.1.	dotíkam se	dotíkaj se dotíkajte se	dotíkal se, dotíkala se	to touch
douméti * (pf) 2.1.	doúmem	doúmi ° doúmite/doúmíte	doumél, douméla	to comprehend, to grasp

30

nedoločnik the infinitive	sedanjik the present tense	velelnik the imperative	deležnik na -l the -l participle	prevod nedoločnika transl. of infinitive
dovolíti ** (pf) 3.1.	dovólim	dovôli dovolíte	dovôlil, dovolíla	to allow
dovoljeváti * (impf) 4.1.2.	dovoljújem	dovoljúj ° dovoljújte	dovoljevàl, dovoljevála	to allow
dozoréti * (pf) 3.2.	dozorím	dozôri dozoríte	dozôrel/dozorél, dozoréla	to ripen, to mature
doživéti *** (pf) 3.2.	doživím	dožívi doživíte	dožível, doživéla	to experience
dožívljati * (impf) 1.1.	dožívljam	dožívljaj ° dožívljajte	dožívljal, dožívljala	to experience
drámiti/dramíti (impf) 3.1.	drámim	drámi drámite/dramíte	drámil, dramíla	to wake
drážiti (impf) 3.1.	drážim	dráži drážite	drážil, drážila	to irritate, to incite
dražíti (impf) 3.1.	dražím	dráži dražíte	dražíl, dražíla	to raise the price
drémati (impf) 1.1. + 2.6.10.	drémam + drémljem	drémaj + drémlji	drémal, drémala drémajte + drémljite	to doze
dréti (impf) 2.5.4. + 2.5.3.	drèm + dêrem	drì ° + dêri dríte + deríte	dŕl, dŕla	to rush; to skin
dréti se (impf) 2.5.3.	dêrem se	dêri se deríte se	dŕl se, dŕla se	to yell
dŕgniti (impf) 2.2.9.	dŕgnem	dŕgni dàgnite	dŕgnil, dŕgnila	to rub
drhtéti (impf) 3.2.	drhtím	dŕhti drhtíte	drhtél, drhtéla	to shudder
drobíti (impf) 3.1.	drobím	drôbi drobíte	dróbil, drobíla	to crumble, to crush
dŕsati se (impf) 1.1.	dŕsam se	dŕsaj se dŕsajte se	dŕsal se, dŕsala se	to skate

31

nedoločnik the infinitive	sedanjik the present tense	velelnik the imperative	deležnik na -l the -l participle	prevod nedoločnika transl. of infinitive
drséti * (impf) 3.2.	drsím	dŕsi ° drsíte	drsél, drséla	to slide
drúžiti se/ družíti se * (impf) 3.1.	drúžim se	drúži se drúžite se/ družíte se	drúžil se, drúžila se/ družíla se	to keep company, to spend time with
drvéti (impf) 3.2.	drvím	dŕvi drvíte	drvél, drvéla	to race
dŕzniti si (se) * (impf) 2.2.9.	dŕznem si (se)	dŕzni si (se) dŕznite si (se)	dŕznil si (se), dŕznila si (se)	to dare, to venture
držáti *** (impf) 3.3.2.	držím	dŕži držíte	držàl, držála	to hold
dušíti (impf) 3.1.	duším	dúši ° dušíte	dušíl, dušíla	to suffocate, to smother, to simmer
dvígati * (impf) 1.1.	dvígam	dvígaj dvígajte	dvígal, dvígala	to lift, to raise
dvígniti *** (pf) 2.2.9.	dvígnem	dvígni dvígnite	dvígnil, dvígnila	to lift, to raise
dvigováti * (impf) 4.1.1.	dvigújem	dvigúj dvigújte	dvigovàl, dvigovála	to raise
dvómiti * (impf) 3.1.	dvómim	dvómi dvómite	dvómil, dvómila	to doubt
eksplodírati * (impf, pf) 1.1.	eksplodíram	eksplodíraj eksplodírajte	eksplodíral, eksplodírala	to explode
enáčiti (impf) 3.1.	enáčim	enáči enáčite	enáčil, enáčila	to equate, to equal
filozofírati (impf) 1.1.	filozofíram	filozofíraj filozofírajte	filozofíral, filozofírala	to philosophize; to babble
financírati * (impf, pf) 1.1.	financíram	financíraj financírajte	financíral, financírala	to finance
fotografírati * (impf, pf) 1.1.	fotografíram	fotografíraj fotografírajte	fotografíral, fotografírala	to photograph

nedoločnik the infinitive	sedanjik the present tense	velelnik the imperative	deležnik na -l the -l participle	prevod nedoločnika transl. of infinitive
frfotáti (impf) 1.1.	frfotám	frfotàj frfotájte	frfotàl, frfotála	to flutter, to flit
funkcionírati * (impf) 1.1.	funkcioníram	funkcioníraj funkcionírajte	funkcioníral, funkcionírala	to function
gábiti se (impf) 3.1.	gábim se	gábi se ° gábite se	gábil se, gábila se	to disgust, to nauseate
gániti/gáníti (pf) 2.2.9.	gánem	gáni gánite/ganíte	gánil, ganíla	to touch; to move
garáti (impf) 1.1.	garám	garàj garàjte	garàl, garála	to toil
gasíti (impf) 3.1.	gasím	gási gasíte	gasíl, gasíla	to extinguish, to put out
gíbati se * (impf) 1.1.	gíbam se	gíbaj se gíbajte se	gíbal se, gíbala se	to move
glasíti se ** (impf) 3.1.	glasím se	glási se ° glasíte se	glasíl se, glasíla se	to be called
glasováti ** (impf) 4.1.1.	glasújem	glasúj glasújte	glasovàl, glasovála	to vote
glédati *** (impf) 1.1.	glédam	glêj glêjte	glédal, glédala	to look, to watch
glôdati (impf) 1.1.	glôdam	glôdaj glôdajte	glôdal, glôdala	to gnaw
gnáti * (impf) 2.6.5.	žênem	žêni ženíte	gnàl, gnála	to move, to drive
gnêsti (impf) 2.11.3.	gnêtem	gnêti gnetíte	gnêtel, gnêtla	to knead
gníti (impf) 4.4.2.	gníjem	gníj ° gníjte	gníl, gníla	to rot, to fester
gnojíti (impf) 3.1.	gnojím	gnôji gnojíte	gnojíl, gnojíla	to fertilize

33

nedoločnik the infinitive	sedanjik the present tense	velelnik the imperative	deležnik na -l the -l participle	prevod nedoločnika transl. of infinitive
gnúsiti se (impf) 3.1.	gnúsim se	gnúsi se ° gnúsite se	gnúsil se, gnúsila se	to disgust
góditi * (impf) 3.1.	gódim	gódi ° gódite	gódil, gódila	to suit, to be enjoying
gojíti * (impf) 3.1.	gojím	gôji gojíte	gojíl, gojíla	to cultivate
goljufáti (impf) 1.1.	goljufám	goljufàj goljufájte	goljufàl, goljufála	to cheat
gôltati (impf) 1.1.	gôltam	gôltaj gôltajte	gôltal, gôltala	to devour, to gulp
goréti * (impf) 3.2.	gorím	gôri ° goríte	gôrel, goréla	to burn
gospodáriti (impf) 3.1.	gospodárim	gospodári gospodárite	gospodáril, gospodárila	to manage, to run (a farm)
gospodínjiti (impf) 3.1.	gospodínjim	gospodínji gospodínjite	gospodínjil, gospodínjila	to keep house
gósti (impf) 2.11.2.	gódem	gódi gódite	gódel, gódla	to play the violin
gostíti (impf) 3.1.	gostím	gôsti ° gostíte	gostíl, gostíla	to entertain; to thicken
gostováti * (impf) 4.1.1.	gostújem	gostúj gostújte	gostovàl, gostovála	to be on tour, to make a guest appearance
govoríti *** (impf) 3.1.	govorím	govôri govoríte	govóril, govoríla	to speak
grábiti/grabíti (impf) 3.1.	grábim	grábi grábite/grabíte	grábil, grabíla	to grab
gradíti ** (impf) 3.1.	gradím	grádi gradíte	gradíl, gradíla	to build, to construct
grčáti (impf) 3.3.1.	grčím	grči ° grčíte	grčal, grčála	to grumble, to growl

34

nedoločnik the infinitive	sedanjik the present tense	velelnik the imperative	deležnik na -l the -l participle	prevod nedoločnika transl. of infinitive
greníti (impf) 3.1.	grením	grêni greníte	greníl, greníla	to embitter
grešíti (impf, pf) 3.1.	greším	grêši grešíte	grešíl, grešíla	to sin
gréti * (impf) 4.4.1.	grêjem	grêj grêjte	grél, gréla	to warm
grísti (impf) 2.11.4.	grízem	grízi grízite	grízel, grízla	to bite
grozíti * (impf) 3.1.	grozím	grôzi grozíte	grozíl, grozíla	to threaten
gúbati (impf) 1.1.	gúbam	gúbaj gúbajte	gúbal, gúbala	to crease, to fold
gúgati (impf) 1.1.	gúgam	gúgaj gúgajte	gúgal, gúgala	to rock
hitéti * (impf) 3.2.	hitím	híti hitíte	hitél, hitéla	to hurry
hladíti (impf) 3.1.	hladím	hládi ° hladíte	hladíl, hladíla	to cool
hodíti *** (impf) 3.1.	hódim	hôdi hodíte	hôdil, hodíla	to walk
hotéti *** (impf) 2.9.	hóčem	/	hôtel, hotéla	to want
hrániti/hraníti ** (impf) 3.1.	hránim	hráni hránite/hraníte	hránil, hraníla	to nourish; to keep
hrepenéti (impf) 3.2.	hrepením	hrepêni ° hrepeníte	hrepenél, hrepenéla	to long, to yearn
hrôpsti (impf) 2.11.7.	hrôpem	hrôpi hropíte	hrôpel, hrôpla	to wheeze
hújšati (impf) 1.1.	hújšam	hújšaj hújšajte	hújšal, hújšala	to be on a diet

nedoločnik / the infinitive	sedanjik / the present tense	velelnik / the imperative	deležnik na -l / the -l participle	prevod nedoločnika / transl. of infinitive
hváliti/hvalíti * (impf) 3.1.	hválim	hváli hválite/hvalíte	hválil, hvalíla	to praise
identifícirati * (impf, pf) 1.1.	identifíciram	identifíciraj identifícirajte	identifíciral, identifícirala	to identify
ignorírati (impf, pf) 1.1.	ignoríram	ignoríraj ignorírajte	ignoríral, ignorírala	to ignore
igráti *** (impf) 1.1.	igrám	igràj igrájte	igràl, igrála	to play (a violine); to act, to perform
igrati se * (impf) 1.1.	igrám se	igràj se igrájte se	igràl se, igrála se	to play
ilustrírati * (impf, pf) 1.1.	ilustríram	ilustríraj ilustrírajte	ilustríral, ilustrírala	to illustrate
imenováti *** (pf) 4.1.1.	imenújem	imenúj imenújte	imenovàl, imenovála	to name
iméti *** (impf) 1.2.	imám	imèj imèjte	imél, iméla	to have
informírati (impf, pf) 1.1.	informíram	informíraj informírajte	informíral, informírala	to inform
integrírati (impf, pf) 1.1.	integríram	integríraj integrírajte	integríral, integrírala	to integrate
interpretírati * (impf, pf) 1.1.	interpretíram	interpretíraj interpretírajte	interpretíral, interpretírala	to interpret
investírati (impf, pf) 1.1.	investíram	investíraj investírajte	investíral, investírala	to invest
iskáti *** (impf) 2.6.8.	íščem	íšči íščite	iskàl, iskála	to look for, to search to seek
iskríti se (impf) 3.1.	iskrím se	ískri se ° ískríte se	iskríl se, iskríla se	to spark
iti *** (impf, pf) 5.4.	grém	pójdi pójdite/pojdíte	šèl, šlà	to go

nedoločnik the infinitive	sedanjik the present tense	velelnik the imperative	deležnik na -l the -l participle	prevod nedoločnika transl. of infinitive
izbírati * (impf) 1.1.	izbíram	izbíraj izbírajte	izbíral, izbírala	to choose
izbóljšati ** (pf) 1.1.	izbóljšam	izbóljšaj izbóljšajte	izbóljšal, izbóljšala	to improve
izboljševáti (impf) 4.1.2.	izboljšújem	izboljšúj izboljšújte	izboljševàl, izboljševála	to improve
izbráti *** (pf) 2.5.1.	izbêrem	izbêri izberíte	izbrál, izbrála	to choose
izbrísati * (pf) 2.6.6.	izbríšem	izbríši izbríšite	izbrísal, izbrísala	to erase, to rub (out); to delete
izbrúhniti * (pf) 2.2.9.	izbrúhnem	izbrúhni izbrúhnite	izbrúhnil, izbrúhnila	to burst, to erupt
izbúljiti (pf) 3.1.	izbúljim	izbúlji izbúljite	izbúljil, izbúljila	to bulge, to open wide
izčŕpati (pf) 1.1.	izčŕpam	izčŕpaj izčŕpajte	izčŕpal, izčŕpala	to exhaust
izdájati * (impf) 1.1.	izdájam	izdájaj izdájajte	izdájal, izdájala	to publish; to betray
izdáti *** (pf) 1.1.	izdám	izdàj izdájte	izdál, izdála	to publish; to betray, to give away
izdélati *** (pf) 1.1.	izdélam	izdélaj izdélajte	izdélal, izdélala	to make out, to produce
izdelováti * (impf) 4.1.1.	izdelújem	izdelúj izdelújte	izdelovàl, izdelovála	to manufacture
izdíratı (impf) 1.1.	izdíram	izdíraj izdírajte	izdíral, izdírala	to extract, to pull
izdréti (pf) 2.5.4. + 2.5.3.	izdrèm + izdêrem	izdrì + izdêri izdríte + izderíte	izdŕl, izdŕla	to extract, to pull out
izenáčiti * (pf) 3.1.	izenáčim	izenáči izenáčite	izenáčil, izenáčila	to (make) equal, to equalize, to even up

nedoločnik the infinitive	sedanjik the present tense	velelnik the imperative	deležnik na -l the -l participle	prevod nedoločnika transl. of infinitive
izgíniti ** (pf) 2.2.9.	izgínem	izgíni izgínite	izgínil, izgínila	to disappear to vanish
izgínjati * (impf) 1.1.	izgínjam	izgínjaj izgínjajte	izgínjal, izgínjala	to be vanishing
izglasováti * (pf) 4.1.1.	izglasújem	izglasúj izglasújte	izglasovàl, izglasovála	to vote trough
izglédati * (pf) 1.1.	izglédam	izglêj ° izglêjte	izglédal, izglédala	to look
izgnáti (pf) 2.6.5.	izžênem	izžêni izženíte	izgnàl, izgnála	to exile
izgovárjati (impf) 1.1.	izgovárjam	izgovárjaj izgovárjajte	izgovárjal, izgovárjala	to pronounce
izgovárjati se na (impf) 1.1.	izgovárjam se na	izgovárjaj se na izgovárjajte se na	izgovárjal se na, izgovárjala se na	to make excuse
izgovoríti (pf) 3.1.	izgovorím	izgovôri izgovoríte	izgovóril, izgovórila	to enunciate, to pronounce
izgovoríti se na (pf) 3.1.	izgovorím se na	izgovôri se na izgovoríte se na	izgovóril se na, izgovórila se na	to make excuse
izgubíti *** (pf) 3.1.	izgubím	izgúbi izgubíte	izgúbil, izgúbila	to lose
izgúbljati * (impf) 1.1.	izgúbljam	izgúbljaj izgúbljajte	izgúbljal, izgúbljala	to lose
izhájati ** (impf) 1.1.	izhájam	izhájaj izhájajte	izhájal, izhájala	to be published; to come from
izíti ** (pf) 2.8.1.	izídem	izídi ° izídite	izšèl, izšlà	to be published
izjáviti ** (pf) 3.1.	izjávim	izjávi izjávite	izjávil, izjávila	to give a statement
izjávljati (impf) 1.1.	izjávljam	izjávljaj izjávljajte	izjávljal, izjávljala	to give a statement

nedoločnik the infinitive	sedanjik the present tense	velelnik the imperative	deležnik na -l the -l participle	prevod nedoločnika transl. of infinitive
izkázati/izkazáti (pf) 2.6.7.	izkážem	izkáži izkážite/izkažíte	izkázal, izkazála	to demonstrate
izkázati se/ izkazáti se *** (pf) 2.6.7.	izkážem se	izkáži se izkážite se/ izkažíte se	izkázal se, izkazála se	to turn out, to prove oneself
izkazováti * (impf) 4.1.1.	izkazújem	izkazúj izkazújte	izkazovàl, izkazovála	to demonstrate
izključeváti * (impf) 4.1.2.	izključújem	izključúj izključújte	izključevàl, izključevála	to exclude
izključíti * (pf) 3.1.	izključím	izključí izključíte	izključíl, izključíla	to exclude
izklópiti (pf) 3.1.	izklópim	izklópi izklópite	izklópil, izklopíla	to disconnect
izkopáti * (pf) 1.1. + 2.6.11.	izkopám + izkópljem	izkôpaj + izkôplji izkopájte + izkôpljite/ izkópljite	izkôpal, izkopála	to dig out, to excavate
izkopávati (impf) 1.1.	izkopávam	izkopávaj izkopávajte	izkopával, izkopávala	to excavate
izkorístiti ** (pf) 3.1.	izkorístim	izkorísti izkorístite	izkorístil, izkorístila	to use to one's advantage
izkoríščati * (impf) 1.1.	izkoríščam	izkoríščaj izkoríščajte	izkoríščal, izkoríščala	to exploit
izkŕcati (pf) 1.1.	izkŕcam	izkŕcaj izkŕcajte	izkŕcal, izkŕcala	to land
izkrcaváti (impf) 1.1.	izkrcávam	izkrcávaj izkrcávajte	izkrcával, izkrcávala	to land
izkrvavéti (pf) 3.2.	izkrvavím	izkrvávi ° izkrvavíte	izkrvavél, izkrvavéla	to bleed to death
izkúsiti (pf) 3.1.	izkúsim	izkúsi izkúsite	izkúsil, izkúsila	to experience

39

nedoločnik the infinitive	sedanjik the present tense	velelnik the imperative	deležnik na -l the -l participle	prevod nedoločnika transl. of infinitive
izkúšati (impf) 1.1.	izkúšam	izkúšaj izkúšajte	izkúšal, izkúšala	to experience
izlíti (pf) 4.4.2.	izlíjem	izlíj izlíjte	izlíl, izlíla	to empty (a liquid)
izlívati (impf) 1.1.	izlívam	izlívaj izlívajte	izlíval, izlívala	to empty (a liquid)
izlóčati * (impf) 1.1.	izlóčam	izlóčaj izlóčajte	izlóčal, izlóčala	to exlude, to secrete
izlóčiti/izločíti * (pf) 3.1.	izlóčim	izlóči izlóčite/izločíte	izlóčil, izločíla	to eliminate
izmákniti/ izmakníti (pf) 2.2.9.	izmáknem	izmákni izmáknite/ izmakníte	izmáknil, izmakníla	to snatch away
izménjati * (pf) 1.1.	izménjam	izménjaj izménjajte	izménjal, izménjala	to exchange
izmenjávati (impf) 1.1.	izmenjávam	izmenjávaj izmenjávajte	izmenjával, izmenjávala	to alternate
izmériti * (pf) 3.1.	izmérim	izméri izmérite	izméril, izmérila	to measure
izmíkati (impf) 1.1.	izmíkam	izmíkaj izmíkajte	izmíkal, izmíkala	to dodge, to take away
izmísliti si * (pf) 3.1.	izmíslim si	izmísli si izmíslite si	izmíslil si, izmíslila si	to invent, to think out
izmíšljati si (impf) 1.1.	izmíšljam si	izmíšljaj si izmíšljajte si	izmíšljal si, izmíšljala si	to make up
izmúzniti se (pf) 2.2.9.	izmúznem se	izmúzni se izmúznite se	izmúznil se, izmúznila se	to evade
iznájti (pf) 2.8.2.	iznájdem	iznájdi iznájdite	iznášel, iznášla	to invent
izníčiti (pf) 3.1.	izníčim	izníči izníčite	izníčil, izníčila	to override, to annul

nedoločnik the infinitive	sedanjik the present tense	velelnik the imperative	deležnik na -l the -l participle	prevod nedoločnika transl. of infinitive
izoblikováti * (pf) 4.1.1.	izoblikújem	izoblikúj izoblikújte	izoblikovàl, izoblikovála	to form, to shape
izobráziti (pf) 3.1.	izobrázim	izobrázi izobrázite	izobrázil, izobrázila	to educate
izobraževáti (impf) 4.1.2.	izobražújem	izobražúj izobražújte	izobraževàl, izobraževála	to educate
izogíbati se * (impf) 1.1.	izogíbam se	izogíbaj se izogíbajte se	izogíbal se, izogíbala se	to avoid
izogníti se ** (pf) 2.2.9.	izôgnem se	izôgni se izogníte se	izôgnil se, izogníla se	to avoid
izolírati (impf, pf) 1.1.	izolíram	izolíraj izolírajte	izolíral, izolírala	to insulate, to isolate
izpásti * (pf) 2.11.2.	izpádem	izpádi izpádite	izpádel, izpádla	to drop out, to turn out
izpeljáti * (pf) 2.3.2.	izpéljem	izpêlji izpeljíte	izpêljal, izpeljála	to carry out
izpísati/izpisáti (pf) 2.6.6.	izpíšem	izpíši izpíšite	izpísal, izpisála	to copy out
izpísati se/ izpisáti se (pf) 2.6.6.	izpíšem se	izpíši se izpíšite se	izpísal se, izpisála se	to drop out
izpisováti (impf) 4.1.1.	izpisújem	izpisúj izpisújte	izpisovàl, izpisovála	to copy
izpíti (pf) 4.4.2.	izpíjem	izpíj izpíjte	izpíl, izpíla	to drink out
izpláčati/izplačáti * (pf) 1.1.	izpláčam	izpláčaj izpláčajte	izpláčal, izplačála	to pay off, to pay out
izplačeváti * (impf) 4.1.2.	izplačújem	izplačúj izplačújte	izplačevàl, izplačevála	to pay off, to pay out
izpôlniti/ izpolníti ** (pf) 3.1.	izpôlnim	izpôlni izpôlnite/ izpolníte	izpôlnil, izpolníla	to fulfil, to complete (a form), to carry out

41

nedoločnik the infinitive	sedanjik the present tense	velelnik the imperative	deležnik na -l the -l participle	prevod nedoločnika transl. of infinitive
izpolnjeváti ** (impf) 4.1.2.	izpolnjújem	izpolnjúj izpolnjújte	izpolnjevàl, izpolnjevála	to fulfil, to complete (a form)
izpopôlniti/ izpopolníti (pf) 3.1.	izpopôlnim	izpopôlni izpopôlnite/ izpopolníte	izpopôlnil, izpopolníla	to improve
izpostáviti * (pf) 3.1.	izpostávim	izpostávi izpostávite	izpostávil, izpostávila	to expose
izpostávljati (impf) 1.1.	izpostávljam	izpostávljaj izpostávljajte	izpostávljal, izpostávljala	to expose
izpovédati (pf) 5.1.	izpovém	izpovêj izpovêjte	izpovédal, izpovédala	to confess
izpovedováti (impf) 4.1.1.	izpovedújem	izpovedúj izpovedújte	izpovedovàl, izpovedovála	to confess
izprázniti/ izprazníti * (pf) 3.1.	izpráznim	izprázni izpráznite/ izprazníte	izpráznil, izprazníla	to empty
izpúliti/izpulíti (pf) 3.1.	izpúlim	izpúli izpúlite/izpulíte	izpúlil, izpulíla	to extract, to pull out
izpustíti * (pf) 3.1.	izpustím	izpústi izpustíte	izpústil, izpustíla	to release, to let go
izrábiti/izrabíti * (pf) 3.1.	izrábim	izrábi izrábite/izrabíte	izrábil, izrabíla	to wear out; to exploit
izračúnati * (pf) 1.1.	izračúnam	izračúnaj izračúnajte	izračúnal, izračúnala	to calculate
izráziti ** (pf) 3.1.	izrázim	izrázi izrázite	izrázil, izrázila	to express
izrážati * (impf) 1.1.	izrážam	izrážaj izrážajte	izrážal, izrážala	to express
izrêči ** (pf) 2.10.1.	izrêčem	izrêci izrecíte	izrékel, izrêkla	to utter
izrékati * (impf) 1.1.	izrékam	izrékaj izrékajte	izrékal, izrékala	to utter, to pronounce

42

nedoločnik the infinitive	sedanjik the present tense	velelnik the imperative	deležnik na -l the -l participle	prevod nedoločnika transl. of infinitive
izrézati (pf) 2.6.7.	izréžem	izréži izréžite	izrézal, izrézala	to cut out
izróčati (impf) 1.1.	izróčam	izróčaj izróčajte	izróčal, izróčala	to deliver
izročíti * (pf) 3.1.	izročím	izrôči izročíte	izróčil, izročíla	to deliver
izrúvati (pf) 1.1. + 4.2.	izrúvam+izrújem	izrúvaj + izrúj izrúvajte+izrújte	izrúval, izrúvala	to root out
izselíti (pf) 3.1.	izselím	izsêli izselíte	izsêlil, izselíla	to evict, to move out
izsíliti (pf) 3.1.	izsílim	izsíli izsílite	izsílil, izsílila	to extort
izsledíti (pf) 3.1.	izsledím	izslêdi izsledíte	izsledíl, izsledíla	to trace
izstópati * (impf) 1.1.	izstópam	izstópaj izstópajte	izstópal, izstópala	to stand out
izstópiti/izstopíti * (pf) 3.1.	izstópim	izstópi izstópite/ izstopíte	izstópil, izstopíla	to get off
izstrelíti * (pf) 3.1.	izstrelím	izstréli izstrelíte	izstrélil, izstrelíla	to shoot, to fire
iztêči * (pf) 2.10.1.	iztêčem	iztêči ° iztecíte	iztékel, iztêkla	to run out
iztégniti/iztegníti (pf) 2.2.9.	iztégnem	iztégni iztégnite/ iztegníte	iztégnil, iztegníla	to extend, to reach out
iztegováti (impf) 4.1.1.	iztegújem	iztegúj iztegújte	iztegovàl, iztegovála	to extend, to reach out
iztékati (impf) 1.1.	iztékam	iztékaj ° iztékajte	iztékal, iztékala	to run out
iztérjati (pf) 1.1.	iztérjam	iztérjaj iztérjajte	iztérjal, iztérjala	to exact, to extort

43

nedoločnik the infinitive	sedanjik the present tense	velelnik the imperative	deležnik na -l the -l participle	prevod nedoločnika transl. of infinitive
iztŕgati * (pf) 1.1.	iztŕgam	iztŕgaj iztŕgajte	iztŕgal, iztŕgala	to rip out
iztŕžiti * (pf) 3.1.	iztŕžim	iztŕži iztŕžite	iztŕžil, iztŕžila	to get
izúmiti * (pf) 3.1.	izúmim	izúmi izúmite	izúmil, izúmila	to invent
izúmljati (impf) 1.1.	izúmljam	izúmljaj izúmljajte	izúmljal, izúmljala	to invent
izumréti (pf) 2.5.4.	izumrèm	izumri izumríte	izumŕl, izumŕla	to die out, to become extinct
izúriti (pf) 3.1.	izúrim	izúri izúrite	izúril, izúrila	to train
izvájati *** (impf) 1.1.	izvájam	izvájaj izvájajte	izvájal, izvájala	to perform, to carry out
izvalíti (pf) 3.1.	izvalím	izváli ° izvalíte	izválil, izvalíla	to hatch
izvážati * (impf) 1.1.	izvážam	izvážaj izvážajte	izvážal, izvážala	to export
izvédeti *** (pf) 5.1.	izvém	izvédi izvédite	izvédel, izvédela	to find out, to learn
izvêsti ** (pf) 2.11.2.	izvêdem	izvêdi izvêdite/izvedíte	izvêdel, izvêdla	to carry out
izvêsti (pf) 2.11.4.	izvêzem	izvêzi izvezíte	izvêzel, izvêzla	to embroider
izvírati ** (impf) 1.1.	izvíram	izvíraj izvírajte	izvíral, izvírala	to originate; to spring
izvléči * (pf) 2.10.1.	izvléčem	izvléci izvlécite	izvlékel, izvlékla	to get out
izvolíti * (pf) 3.1.	izvólim	izvôli izvolíte	izvôlil, izvolíla	to elect

44

nedoločnik the infinitive	sedanjik the present tense	velelnik the imperative	deležnik na -l the -l participle	prevod nedoločnika transl. of infinitive
izvozíti * (pf) 3.1.	izvózim	izvôzi izvozíte	izvôzil, izvozíla	to export
izvrševáti (impf) 4.1.2.	izvršújem	izvršúj izvršújte	izvrševàl, izvrševála	to exercise, to perform
izvršíti * (pf) 3.1.	izvrším	izvŕši izvršíte	izvršíl, izvršíla	to carry out, to execute
izvrtati (pf) 1.1.	izvŕtam	izvŕtaj izvŕtajte	izvŕtal, izvŕtala	to drill
izvzéti (pf) 2.2.3.	izvzámem	izvzêmi izvzemíte	izvzél, izvzéla	to except
izzívati (impf) 1.1.	izzívam	izzívaj izzívajte	izzíval, izzívala	to challenge, to defy
izzváti * (pf) 2.7.3.	izzôvem	izzôvi izzovíte	izzvál, izzvála	to provoke
izzvenéti (pf) 3.2.	izzvením	izzvêni ° izzveníte	izzvenél, izzvenéla	to cease to sound, to sound
izžrébati (pf) 1.1.	izžrébam	izžrébaj izžrébajte	izžrébal, izžrébala	to draw, to raffle
jádrati (impf) 1.1.	jádram	jádraj jádrajte	jádral, jádrala	to sail
jáhati (impf) 1.1.	jáham	jáhaj jáhajte	jáhal, jáhala	to ride
jámčiti * (impf) 3.1.	jámčim	jámči jámčite	jámčil, jámčila	to guarantee
jasníti se (impf) 3.1.	jasní se	jásni se ° jasníte se	jasníl se, jasníla se	to clear, to clear up
jáviti * (pf) 3.1.	jávim	jávi jávite	jávil, jávila	to let someone know
jecljáti (impf) 1.1.	jecljám	jecljàj jecljájte	jecljál, jecljála	to stammer, to stutter

45

nedoločnik the infinitive	sedanjik the present tense	velelnik the imperative	deležnik na -l the -l participle	prevod nedoločnika transl. of infinitive
jemáti ** (impf) 2.6.10.	jêmljem	jêmlji jêmljite	jemàl, jemála	to take
jésti *** (impf) 5.2.	jém	jêj jêjte	jédel, jédla	to eat
jezíti (impf) 3.1.	jezím	jêzi/jézi jezíte	jezíl, jezíla	to anger, to irritate
jókati/jokáti * (impf) 1.1. + 2.6.2.	jókam + jóčem	jókaj + jóči jókajte + jóčite	jókal, jokála	to cry
kadíti * (impf) 3.1.	kadím	kádi kadíte	kadíl, kadíla	to smoke
kalíti (impf) 3.1.	kalím	káli ° kalíte	kalíl, kalíla	to disturb; to sprout; to temper
kandidírati * (impf, pf) 1.1.	kandidíram	kandidíraj kandidírajte	kandidíral, kandidírala	to contest, to stand
kániti/kaníti (pf) 2.2.9.	kánem	káni ° kánite/kaníte	kánil, kaníla	to intend; to drip
kapljáti (impf) 1.1.	kapljám	kapljàj ° kapljájte	kapljàl, kapljála	to drip, to dribble
kártati (impf) 1.1.	kártam	kártaj kártajte	kártal, kártala	to play cards
kázati/kazáti *** (impf) 2.6.7.	kážem	káži kážite/kažíte	kázal, kazála	to show, to indicate
kaznováti * (impf, pf) 4.1.1.	kaznújem	kaznúj kaznújte	kaznovàl, kaznovála	to punish
kesáti se (impf) 1.1.	kesám se	kesàj se kesájte se	kesàl se, kesála se	to repent
kíhati (impf) 1.1.	kíham	kíhaj kíhajte	kíhal, kíhala	to sneeze
kíhniti (pf) 2.2.9.	kíhnem	kíhni kíhnite	kíhnil, kíhnila	to sneeze

nedoločnik the infinitive	sedanjik the present tense	velelnik the imperative	deležnik na -l the -l participle	prevod nedoločnika transl. of infinitive
klánjati se (impf) 1.1.	klánjam se	klánjaj se klánjajte se	klánjal se, klánjala se	to bow
kláti (impf) 2.4.2.	kóljem	kôlji koljíte	klàl, klála	to butcher, to slaughter
klečáti (impf) 3.3.1.	klečím	klêči klečíte	klêčal/kléčal, klečála	to kneel
klepetáti (impf) 1.1.	klepetám	klepetàj klepetájte	klepetàl, klepetála	to chatter, to gossip
kléti (impf) 2.4.4.	kôlnem	kôlni kôlnite	klél, kléla	to swear
klícati ** (impf) 2.6.1.	klíčem	klíči klíčite	klícal, klícala/klicála	to call
klíkniti *** (pf) 2.2.9.	klíknem	klíkni klíknite	klíknil, klíknila	to click
kloníti (pf) 3.1.	klónim	klóni kloníte	klónil, kloníla	to succumb
kmetováti (impf) 4.1.1.	kmetújem	kmetúj kmetújte	kmetovàl, kmetovála	to farm
kôlcati (impf) 1.1.	kôlcam	kôlcaj kôlcajte	kôlcal, kôlcala	to hiccup
kôlcniti (pf) 2.2.9.	kôlcnem	kôlcni ° kôlcnite	kôlcnil, kôlcnila	to hiccup
kolesáriti (impf) 3.1.	kolesárim	kolesári kolesárite	kolesáril, kolesárila	to cycle
kombinírati (impf, pf) 1.1.	kombiníram	kombiníraj kombinírajte	kombiníral, kombinírala	to combine
komentírati * (impf, pf) 1.1.	komentíram	komentíraj komentírajte	komentíral, komentírala	to comment
komunicírati * (impf) 1.1.	komunicíram	komunicíraj komunicírajte	komunicíral, komunicírala	to communicate

47

nedoločnik the infinitive	sedanjik the present tense	velelnik the imperative	deležnik na -l the -l participle	prevod nedoločnika transl. of infinitive
končáti *** (pf) 1.1.	končám	končàj končájte	končàl, končála	to finish
končeváti * (impf) 4.1.2.	končújem	končúj končújte	končevàl, končevála	to finish
kontrolírati (impf, pf) 1.1.	kontrolíram	kontrolíraj kontrolírajte	kontrolíral, kontrolírala	to control
kópati * (impf) 1.1. + 2.6.11.	kópam + kópljem	kópaj + kóplji kópajte + kópljite/kopljíte	kópal, kópala	to bathe
kopáti * (impf) 1.1. + 2.6.11.	kopám + kópljem	kôpaj + kôplji kopájte + kôpljite/kopljíte	kôpal, kopála	to dig
kopíčiti (impf) 3.1.	kopíčim	kopíči kopíčite	kopíčil, kopíčila	to accumulate
kopírati (impf, pf) 1.1.	kopíram	kopíraj kopírajte	kopíral, kopírala	to copy
korákati (impf) 1.1.	korákam	korákaj korákajte	korákal, korákala	to march
korístiti * (impf) 3.1.	korístim	korísti ° korístite	korístil, korístila	to be of use, to serve
kósati se (impf) 1.1.	kósam se	kósaj se kósajte se	kósal se, kósala se	to contend
kósiti (impf) 3.1.	kósim	kósi kósite	kósil, kósila	to lunch
kosíti (impf) 3.1.	kosím	kôsi kosíte	kosíl, kosíla	to mow
kováti (impf) 4.1.1.	kújem	kúj kújte	koválí, kovála	to forge
krájšati (impf) 1.1.	krájšam	krájšaj krájšajte	krájšal, krájšala	to shorten
krasíti * (impf) 3.1.	krasím	krási krasíte	krasíl, krasíla	to adorn, to decorate

48

nedoločnik the infinitive	sedanjik the present tense	velelnik the imperative	deležnik na -l the -l participle	prevod nedoločnika transl. of infinitive
krásti * (impf) 2.11.2.	krádem	krádi krádite	krádel, krádla	to steal
kŕčiti (impf) 3.1.	kŕčim	kŕči kŕčite	kŕčil, kŕčila	to clear land for cultivation; to contract
kreníti * (pf) 2.2.9.	krénem	kréni kreníte	krênil, kreníla	to set off, to set out
krepíti * (impf) 3.1.	krepím	krêpi krepíte	krepíl, krepíla	to strengthen
kričáti * (impf) 3.3.1.	kričím	kríči kríčite	kríčal, kričála	to scream
kríliti (impf) 3.1.	krílim	kríli krílite	krílil, krílila	to flutter
kríti (impf) 4.4.2.	kríjem	kríj kríjte	kríl, kríla	to cover
kritizírati * (impf) 1.1.	kritizíram	kritizíraj kritizírajte	kritizíral, kritizírala	to criticize
krivíti (impf) 3.1.	krivím	krívi krivíte	krivíl, krivíla	to blame
krížati (impf, pf) 1.1.	krížam	krížaj krížajte	krížal, krížala	to crucify; to cross
kŕmiti (impf) 3.1.	kŕmim	kŕmi kŕmite	kŕmil, kŕmila	to feed
krojíti (impf) 3.1.	krojím	króji krojíte	krojíl, krojíla	to tailor
krónati (impf, pf) 1.1.	krónam	krónaj krónajte	krónal, krónala	to crown
króžiti * (impf) 3.1.	króžim	króži króžite	króžil, krožíla	to circulate, to circle
kŕstiti/krstíti (impf, pf) 3.1.	kàstim	kŕsti kŕstite/krstíte	kŕstil, krstíla	to christen, to baptize

49

nedoločnik the infinitive	sedanjik the present tense	velelnik the imperative	deležnik na -l the -l participle	prevod nedoločnika transl. of infinitive
kŕšiti/kršíti * (impf) 3.1.	kŕšim	kŕši kŕšite/kršíte	kŕšil, kŕšila/kršíla	to brake (a law)
krvavéti (impf) 3.2.	krvavím	krvávi ° krvavíte	krvavél, krvavéla	to bleed
kúhati * (impf) 1.1.	kúham	kúhaj kúhajte	kúhal, kúhala	to cook
kúpiti/kupíti *** (pf) 3.1.	kúpim	kúpi kúpite/kupíte	kúpil, kupíla	to buy, to purchase
kupováti ** (impf) 4.1.1.	kupújem	kupúj kupújte	kupovàl, kupovála	to buy, to purchase
kúriti/kuríti (impf) 3.1.	kúrim	kúri kúrite/kuríte	kúril, kuríla	to heat
kvalificírati (impf, pf) 1.1.	kvalificíram	kvalificíraj kvalificírajte	kvalificíral, kvalificírala	to qualify
kváriti (impf) 3.1.	kvárim	kvári kvárite	kváril, kvárila	to damage; to spoil
lagáti * (impf) 2.6.4.	lážem	láži lážite	lagàl, lagála	to lie
lájati (impf) 1.1.	lájam	lájaj lájajte	lájal, lájala	to bark
lájšati (impf) 1.1.	lájšam	lájšaj lájšajte	lájšal, lájšala	to alleviate
lastíti si (impf) 3.1.	lastím si	lásti si lastíte si	lastíl si, lastíla si	to claim
lastníniti (impf) 3.1.	lastnínim	lastníni ° lastnínite	lastнínil, lastnínila	to privatise, to nationalise
léči (pf) 2.10.2.	léžem	lézi lézite	légel, légla	to lie down
ledenéti (impf) 3.2.	ledením	ledêni ° ledeníte	ledenél, ledenéla	to ice

50

nedoločnik the infinitive	sedanjik the present tense	velelnik the imperative	deležnik na -l the -l participle	prevod nedoločnika transl. of infinitive
lenáriti (impf) 3.1.	lenárim	lenári lenárite	lenáril, lenárila	to be idle, to be lazy
lépiti (impf) 3.1.	lépim	lépi lépite	lépil, lepíla	to glue
lépšati (impf) 1.1.	lépšam	lépšaj lépšajte	lépšal, lépšala	to beautify
lesketáti se (impf) 1.1.	lesketám se	lesketáj se lesketájte se	lesketàl se, lesketála se	to glisten
lésti (impf) 2.11.4.	lézem	lézi lézite	lézel, lézla	to creep
létati (impf) 1.1.	létam	létaj létajte	létal, létala	to go from one place to another
letéti * (impf) 3.2.	letím	lêti letíte	lêtel, letéla	to fly
letováti (impf) 4.1.1.	letújem	letúj letújte	letovàl, letovála	to spend the vacation
ležáti *** (impf) 3.3.2.	ležím	lêži ležíte	lêžal, ležála	to lie
líkati (impf) 1.1.	líkam	líkaj líkajte	líkal, líkala	to iron
lístati (impf) 1.1.	lístam	lístaj lístajte	lístal, lístala	to browse
líti (impf) 4.4.2.	líjem	líj ° líjte	líl, líla	to pour
lízati/lizáti (impf) 2.6.7.	lížem	líži lížite	lízal, lizála	to lick
ljúbiti/ljubíti ** (impf) 3.1.	ljúbim	ljúbi ljúbite/ljubíte	ljúbil, ljubíla	to love
ločeváti * (impf) 4.1.2.	ločújem	ločúj ločújte	ločevàl, ločevála	to separate, to distinguish

nedoločnik the infinitive	sedanjik the present tense	velelnik the imperative	deležnik na -l the -l participle	prevod nedoločnika transl. of infinitive
lóčiti/ločíti ** (impf, pf) 3.1.	lóčim	lóči lóčite/ločíte	lóčil, ločíla	to separate, to distinguish
lomíti (impf) 3.1.	lómim	lômi lomíte	lômil, lomíla	to break
lotévati se * (impf) 1.1.	lotévam se	lotévaj se lotévajte se	lotéval se, lotévala se	to start working on
lótiti se/lotíti se *** (pf) 3.1.	lótim se	lóti se lótite se/lotíte se	lótil se, lotíla se	to start working, to start dealing with
lovíti * (impf) 3.1.	lovím	lôvi lovíte	lovíl, lovíla	to hunt
lúknjati (impf) 1.1.	lúknjam	lúknjaj lúknjajte	lúknjal, lúknjala	to make holes, to perforate
lúpiti/lupíti (impf) 3.1.	lúpim	lúpi lúpite/lupíte	lúpil, lupíla	to peel
máhati/maháti * (impf) 1.1.	máham	máhaj máhajte/mahájte	máhal, mahála	to wave
májati/majáti (impf) 4.3.	májem	májaj májajte/majájte	májal, májala/majála	to shake
málicati (impf) 1.1.	málicam	málicaj málicajte	málical, málicala	to have a snack
mamíti (impf) 3.1.	mámim	mámi mámite	mámil, mámila	to tempt
mánjkati ** (impf) 1.1.	mánjkam	mánjkaj ° mánjkajte	mánjkal, mánjkala	to lack
mánjšati (impf) 1.1.	mánjšam	mánjšaj mánjšajte	mánjšal, mánjšala	to make smaller, shorter
márati * (impf) 1.1.	máram	/	máral, márala	to care, to like
maščeváti se * (impf, pf) 4.1.2.	maščújem se	maščúj se maščújte se	maščevàl se, maščevála se	to revenge

52

nedoločnik the infinitive	sedanjik the present tense	velelnik the imperative	deležnik na -l the -l participle	prevod nedoločnika transl. of infinitive
mašíti (impf) 3.1.	maším	máši mašíte	mašíl, mašíla	to stuff
mázati (impf) 2.6.7.	mážem	máži mážite	mázal, mázala/mazála	to apply cream
mečkáti (impf) 1.1.	mečkám	mečkàj mečkájte	mečkàl, mečkála	to crush
meglíti se (impf) 3.1.	meglí se	/	meglíl se, meglíla se	to become foggy
mehčáti (impf) 1.1.	mehčám	mehčàj mehčájte	mehčàl, mehčála	to soften
mejíti (impf) 3.1.	mejím	mêji ° mejíte	mejíl, mejíla	to border
méniti/meníti *** (impf) 3.1.	ménim	méni ménite/meníte	ménil, meníla	to believe, to think
ménjati * (pf) 1.1.	ménjam	ménjaj ménjajte	ménjal, ménjala	to change
menjávati (impf) 1.1.	menjávam	menjávaj menjávajte	menjával, menjávala	to alternate, to change
mériti * (impf) 3.1.	mérim	méri mérite	méril, mérila	to measure
mêsti (impf) 2.11.3. + 2.11.2.	mête + mêde	/	mêtel + mêdel, mêtla + mêdla	to churn, to fall heavily (snow)
mésati * (impf) 1.1.	mésam	mésaj mésajte	mésal, mesála	to mix, to stir
metáti * (impf) 2.6.3.	méčem	mêči mečíte	mêtal, metála	to throw
méti (impf) 2.2.4.	mánem	máni mánite	mél, méla	to rub
mígati (impf) 1.1.	mígam	mígaj mígajte	mígal, mígala	to move, to beckon

nedoločnik the infinitive	sedanjik the present tense	velelnik the imperative	deležnik na -l the -l participle	prevod nedoločnika transl. of infinitive
míliti (impf) 3.1.	mílim	míli ° mílite	mílil, mílila	to ease (the tension)
minévati (impf) 1.1.	minévam	minévaj ° minévajte	minéval, minévala	to be passing
miníti ** (pf) 2.2.9.	mínem	/	miníl, miníla	to pass
miríti (impf) 3.1.	mirím	míri ° miríte	miríl, miríla	to calm down
mirováti (impf) 4.1.1.	mirújem	mirúj mirújte	mirovàl, mirovála	to stand still, to be at a standstill
mísliti *** (impf) 3.1.	míslim	mísli míslite	míslil, míslila	to think
mlátiti/mlatíti (impf) 3.1.	mlátim	mláti mlátite/mlatíte	mlátil, mlatíla	to hit, to thresh
mléti (impf) 2.4.3.	méljem	mêlji meljíte	mlél, mléla	to grind
môči *** (impf) 2.10.4.	mórem	/	môgel, môgla	can, to be able to
močíti (impf) 3.1.	móčim	môči močíte	môčil, močíla	to wet
molčáti * (impf) 3.3.1.	molčím	môlči molčíte	môlčal, molčála	to be silent
molíti * (impf) 3.1.	mólim	môli molíte	môlil, molíla	to pray
môlsti (impf) 2.11.4.	môlzem	môlzi môlzite	môlzel, môlzla	to milk
mórati *** (impf) 1.1.	móram	/	móral, mórala	must, to have to
moríti (impf) 3.1.	morím	môri moríte	moríl, moríla	to nag; to murder

54

nedoločnik the infinitive	sedanjik the present tense	velelnik the imperative	deležnik na -l the -l participle	prevod nedoločnika transl. of infinitive
mótiti/motíti (impf) 3.1.	mótim	móti mótite/motíte	mótil, motíla	to disturb
mótiti se/motíti se** (impf) 3.1.	mótim se	móti se mótite se/ motíte se	mótil se, motíla se	to be wrong, to be mistaken
motivírati (impf, pf) 1.1.	motivíram	motivíraj motivírajte	motivíral, motivírala	to motivate
mrmráti (impf) 1.1.	mrmrám	mrmràj mrmrájte	mrmràl, mrmrála	to murmur
múčiti * (impf) 3.1.	múčim	múči múčite	múčil, múčila	to torture
mudíti se * (impf) 3.1.	mudím se	múdi se mudíte se	mudíl se, mudíla se	to be in a place
nabáviti (pf) 3.1.	nabávim	nabávi nabávite	nabávil, nabávila	to acquire, to buy
nabírati * (impf) 1.1.	nabíram	nabíraj nabírajte	nabíral, nabírala	to pick
nabíti (pf) 4.4.2.	nabíjem	nabíj nabíjte	nabìl, nabíla	to load
nabráti * (pf) 2.5.1.	nabêrem	nabêri naberíte	nabrál, nabrála	to gather
nabrúsiti (pf) 3.1.	nabrúsim	nabrúsi nabrúsite	nabrúsil, nabrúsila	to sharpen
načéti (pf) 2.2.8.	načnèm	načnì načníte	načél, načéla	to begin; to erode; to broach (a subject)
načrtováti ** (impf) 4.1.1.	načrtújem	načrtúj načrtújte	načrtovàl, načrtovála	to plan
nadaljeváti *** (impf) 4.1.2.	nadaljújem	nadaljúj nadaljújte	nadaljevàl, nadaljevála	to continue, to go on
nadêjati se (impf) 1.1.	nadêjam se	nadêjaj se nadêjajte se	nadêjal se, nadêjala se	to hope

55

nedoločnik the infinitive	sedanjik the present tense	velelnik the imperative	deležnik na -l the -l participle	prevod nedoločnika transl. of infinitive
nadéti * (pf) 2.2.6.	nadénem	nadêni nadeníte	nadél, nadéla	to put on
nadévati (impf) 1.1.	nadévam	nadévaj nadévajte	nadéval, nadévala	to stuff
nadlegováti (impf) 4.1.1.	nadlegújem	nadlegúj nadlegújte	nadlegovàl, nadlegovála	to molest
nadomestíti ** (pf) 3.1.	nadomestím	nadomésti nadomestíte	nadomestíl, nadomestíla	to replace
nadoméščati * (impf) 1.1.	nadoméščam	nadoméščaj nadoméščajte	nadoméščal, nadoméščala	to fill in
nadredíti (pf) 3.1.	nadredím	nadrêdi nadredíte	nadrédil, nadredíla	to put in charge of
nadzírati * (impf) 1.1.	nadzíram	nadzíraj nadzírajte	nadzíral, nadzírala	to supervise
nadzorováti * (impf) 4.1.1.	nadzorújem	nadzorúj nadzorújte	nadzorovàl, nadzorovála	to control
nagájati (impf) 1.1.	nagájam	nagájaj nagájajte	nagájal, nagájala/ nagajála	to tease
nagaráti (pf) 1.1.	nagarám	nagaràj nagarájte	nagaràl, nagarála	to work hard (without profit), to earn by working hard
nagíbati * (impf) 1.1.	nagíbam	nagíbaj nagíbajte	nagíbal, nagíbala	to incline
nágniti * (pf) 2.2.9.	nágnem	nágni nágnite	nágnil, nágnila	to incline
nagovárjati (impf) 1.1.	nagovárjam	nagovárjaj nagovárjajte	nagovárjal, nagovárjala	to be talking into
nagovoríti (pf) 3.1.	nagovorím	nagovôri nagovoríte	nagovóril, nagovoríla	to address
nagradíti * (pf) 3.1.	nagradím	nagrádi nagradíte	nagradíl, nagradíla	to reward

56

nedoločnik the infinitive	sedanjik the present tense	velelnik the imperative	deležnik na -l the -l participle	prevod nedoločnika transl. of infinitive
nahájati se * (impf) 1.1.	nahájam se	nahájaj se nahájajte se	nahájal se, nahájala se	to be in a place
nahrániti/ nahraníti (pf) 3.1.	nahránim	nahráni nahránite/ nahraníte	nahránil, nahraníla	to feed
najáviti (pf) 3.1.	najávim	najávi najávite	najávil, najávila	to announce
najávljati (impf) 1.1.	najávljam	najávljaj najávljajte	najávljal, najávljala	to announce
najdévati (impf) 1.1.	najdévam	najdévaj ° najdévajte	najdéval, najdévala	to be finding out
najémati (impf) 1.1.	najémam	najémaj najémajte	najémal, najémala	to hire
najésti se (pf) 5.2.	najém se	najêj se najêjte se	najédel se, najédla se	to appease one's hunger
najéti * (pf) 2.2.3.	najámem	najêmi najemíte	najél, najéla	to hire
nájti *** (pf) 2.8.2.	nájdem	nájdi nájdite	nášel, nášla	to find
nakázati/nakazáti* (pf) 2.6.7.	nakážem	nakáži nakážite/nakažíte	nakázal, nakazála	to indicate; to transfer money
nakazováti * (impf) 4.1.1.	nakazújem	nakazúj nakazújte	nakazovàl, nakazovála	to imply
nakloníti (pf) 3.1.	naklónim	naklôni nakloníte	naklônil, nakloníla	to favour
nakopíčiti (pf) 3.1.	nakopíčim	nakopíči nakopíčite	nakopíčil, nakopíčila	to accumulate
nakúpiti/nakupíti (pf) 3.1.	nakúpim	nakúpi nakúpite/nakupíte	nakúpil, nakupíla	to buy, to purchase
nakupováti (impf) 4.1.1.	nakupújem	nakupúj nakupújte	nakupovàl, nakupovála	to buy, to purchase

nedoločnik the infinitive	sedanjik the present tense	velelnik the imperative	deležnik na -l the -l participle	prevod nedoločnika transl. of infinitive
nalágati * (impf) 1.1.	nalágam	nalágaj nalágajte	nalágal, nalágala	to put on
naletávati (impf) 1.1.	naletávam	naletávaj naletávajte	naletával, naletávala	to come across
naletéti ** (pf) 3.2.	naletím	nalêti naletíte	nalêtel, naletéla	to come across
naložíti * (pf) 3.1.	naložím	nalôži naložíte	nalóžil, naložíla	to put on, to impose
namákati (impf) 1.1.	namákam	namákaj namákajte	namákal, namákala	to irrigate
namázati (pf) 2.6.7.	namážem	namáži namážite	namázal, namázala/ namazála	to spread, to grease
naméniti/ nameníti** (pf) 3.1.	naménim	naméni naménite/ nameníte	naménil, nameníla	to allocate, to intend for
naménjati * (impf) 1.1.	naménjam	naménjaj naménjajte	naménjal, naménjala	to allocate
namerávati *** (impf) 1.1.	namerávam	namerávaj namerávajte	namerával, namerávala	to intend, to mean to
namériti (pf) 3.1.	namérim	naméri namérite	naméril, namérila	to aim at
namestíti * (pf) 3.1.	namestím	namésti namestíte	naméstil, namestíla	to install, to place
naméščati (impf) 1.1.	naméščam	naméščaj naméščajte	naméščal, naméščala	to install, to place
namígniti (pf) 2.2.9.	namígnem	namígni namígnite	namígnil, namígnila	to hint
namigováti (impf) 4.1.1.	namigújem	namigúj namigújte	namigovàl, namigovála	to allude, to imply
namóčiti (pf) 3.1.	namóčim	namôči namočíte	namôčil, namočíla	to soak

nedoločnik the infinitive	sedanjik the present tense	velelnik the imperative	deležnik na -l the -l participle	prevod nedoločnika transl. of infinitive
nanášati se na ** (impf) 1.1.	nanášam se na	nanášaj se na nanášajte se na	nanášal se na, nanášala se na	to refer to
nanêsti * (pf) 2.11.1.	nanêsem	nanêsi nanesíte	nanésel, nanêsla	to apply
nanízati (pf) 1.1.	nanízam	nanízaj nanízajte	nanízal, nanízala	to string
napádati * (impf) 1.1.	napádam	napádaj napádajte	napádal, napádala	to attack
napásti ** (pf) 2.11.2.	napádem	napádi napádite	napádel, napádla	to assault, to attack
napeljáti (pf) 2.3.2.	napéljem	napêlji napeljíte	napêljal, napeljála	to induce; to install
napeljeváti (impf) 4.1.2.	napeljújem	napeljúj napeljújte	napeljevàl, napeljevála	to induce; to install
napénjati (impf) 1.1.	napénjam	napénjaj napénjajte	napénjal, napénjala	to strain
napéti (pf) 2.2.8.	napnèm	napnì napníte	napél, napéla	to strain
napíhniti (pf) 2.2.9.	napíhnem	napíhni napíhnite	napíhnil, napíhnila	to blow up, to inflate
napísati/napisáti*** (pf) 2.6.6.	napíšem	napíši napíšite	napísal, napisála	to write (down)
napóčiti (pf) 3.1.	napóčim	napóči napóčite	napóčil, napóčila	to arrive, to break
napôlniti/ napolníti* (pf) 3.1.	napôlnim	napôlni napôlnite/ napolníte	napôlnil, napolníla	to fill
napotíti * (pf) 3.1.	napotím	napóti napotíte	napótil, napotíla	to give directions
napovédati ** (pf) 5.1.	napovém	napovêj napovêjte	napovédal, napovédala	to announce, to predict

nedoločnik the infinitive	sedanjik the present tense	velelnik the imperative	deležnik na -l the -l participle	prevod nedoločnika transl. of infinitive
napovedováti ** (impf) 4.1.1.	napovedújem	napovedúj napovedújte	napovedovàl, napovedovála	to announce, to predict
napráviti ** (pf) 3.1.	naprávim	naprávi naprávite	naprávil, naprávila	to do, to make
napredováti * (impf) 4.1.1.	napredújem	napredúj napredújte	napredovàl, napredovála	to advance, to progress
narásti * (pf) 2.11.5.+2.11.1.	narástem + narásem	narásti + narási ° narástite + narásite	narástel + narásel, narástla + narásla	to become bigger, larger, taller
naráščati * (impf) 1.1.	naráščam	naráščaj ° naráščajte	naráščal, naráščala	to be in the process of becoming bigger, larger, taller
naravnáti (pf) 1.1.	naravnám	naravnáj naravnájte	naravnál, naravnála	to set, to tune
naredíti *** (pf) 3.1.	naredím	narêdi naredíte	narédil, naredíla	to do, to make
narekováti * (impf) 4.1.1.	narekújem	narekúj narekújte	narekovàl, narekovála	to dictate
narézati * (pf) 2.6.7.	naréžem	naréži naréžite	narézal, narézala	to slice
narísati * (pf) 2.6.6.	naríšem	naríši naríšite	narísal, narísala	to draw
naróčati (impf) 1.1.	naróčam	naróčaj naróčajte	naróčal, naróčala	to order, to commission
naročíti ** (pf) 3.1.	naročím	narôči naročíte	naróčil, naročíla	to order, to commission
naselíti * (pf) 3.1.	nasélim	nasêli naselíte	nasêlil, naselíla	to inhabit
nasésti (pf) 2.11.2.	nasédem	nasédi nasédite	nasédel, nasédla	to strand
nasledíti (pf) 3.1.	nasledím	naslêdi nasledíte	naslédil, nasledíla	to succeed

nedoločnik the infinitive	sedanjik the present tense	velelnik the imperative	deležnik na -l the -l participle	prevod nedoločnika transl. of infinitive
naslíkati (pf) 1.1.	naslíkam	naslíkaj naslíkajte	naslíkal, naslíkala	to paint, to depict
naslóniti * (pf) 3.1.	naslónim	naslôni naslónite	naslônil, nasloníla	to lean
naslovíti * (pf) 3.1.	naslovím	naslôvi naslovíte	naslôvil, naslovíla	to address
nasméhniti se * (pf) 2.2.9.	nasméhnem se	nasméhni se nasméhnite se	nasméhnil se, nasméhnila se	to smile
nasmejáti se (pf) 4.3. + 3.4.	nasmêjem se + nasmejím se	nasmêj se nasmêjte se	nasmêjal se, nasmejála se	to laugh
nasprotováti ** (impf) 4.1.1.	nasprotújem	nasprotúj nasprotújte	nasprotovàl, nasprotovála	to oppose
nastájati ** (impf) 1.1.	nastájam	nastájaj ° nastájajte	nastájal, nastájala	to be taking shape, to be in the process of creation
nastániti/ nastaníti (pf) 3.1.	nastánim	nastáni nastáníte/ nastaníte	nastánil, nastánila/ nastaníla	to accommodate
nastáti *** (pf) 2.2.1.	nastánem	nastáni ° nastaníte	nastàl, nastála	to be formed, to be created
nastáviti * (pf) 3.1.	nastávim	nastávi nastávite	nastávil, nastávila	to set
nastávljati (impf) 1.1.	nastávljam	nastávljaj nastávljajte	nastávljal, nastávljala	to set
nastópati ** (impf) 1.1.	nastópam	nastópaj nastópajte	nastópal, nastópala	to appear (in public)
nastópiti/ nastopíti *** (pf) 3.1.	nastópim	nastópi nastópíte/ nastopíte	nastópil, nastopíla	to set in, to arise, to appear (in public)
nastrádati (pf) 1.1.	nastrádam	nastrádaj ° nastrádajte	nastrádal, nastrádala	to have a damage, to have an accident, to suffer

nedoločnik the infinitive	sedanjik the present tense	velelnik the imperative	deležnik na -l the -l participle	prevod nedoločnika transl. of infinitive
naštéti * (pf) 4.4.1.	naštêjem	naštêj naštêjte	naštél, naštéla	to enumerate, to list
naštévati * (impf) 1.1.	naštévam	naštévaj naštévajte	naštéval, naštévala	to enumerate, to list
natákati (impf) 1.1.	natákam	natákaj natákajte	natákal, natákala	to pour
natákniti/ natakníti (pf) 2.2.9.	natáknem	natákni natáknite/ natakníte	natáknil, natakníla	to put on
natípkati (pf) 1.1.	natípkam	natípkaj natípkajte	natípkal, natípkala	to type
natísniti * (pf) 2.2.9.	natísnem	natísni natísnite	natísnil, natísnila	to print
natočíti (pf) 3.1.	natóčim	natôči natočíte	natôčil, natočíla	to pour
natŕgati (pf) 1.1.	natŕgam	natŕgaj natŕgajte	natŕgal, natŕgala	to tear
naučíti * (pf) 3.1.	naučím	naúči naučíte	naúčil, naučíla	to teach
naučíti se ** (pf) 3.1.	naučím se	naúči se naučíte se	naúčil se, naučíla se	to learn
naváditi * (pf) 3.1.	navádim	navádi navádite	navádil, navádila	to accustom
navájati ** (impf) 1.1.	navájam	navájaj navájajte	navájal, navájala	to quote
navduševáti * (impf) 4.1.2.	navdušújem	navdušúj navdušújte	navduševàl, navduševála	to make enthusiastic
navdúšiti * (pf) 3.1.	navdúšim	navdúši navdúšite	navdúšil, navdúšila	to thrill, to make enthusiastic
navelíčati se (pf) 1.1.	navelíčam se	navelíčaj se navelíčajte se	navelíčal se, navelíčala se	to get bored

62

nedoločnik the infinitive	sedanjik the present tense	velelnik the imperative	deležnik na -l the -l participle	prevod nedoločnika transl. of infinitive
navésti ** (pf) 2.11.2.	navêdem	navêdi navêdite/navedíte	navêdel, navêdla	to quote
navézati/navezáti * (pf) 2.6.7.	navéžem	navéži navéžite/navežíte	navézal, navezála	to refer; to make a connection, to attach
navíjati (impf) 1.1.	navíjam	navíjaj navíjajte	navíjal, navíjala	to cheer
negováti (impf) 4.1.1.	negújem	negúj negújte	negovàl, negovála	to nurse
néhati * (pf) 1.1.	néham	néhaj néhajte	néhal, néhala	to stop
nêsti * (impf) 2.11.1.	nêsem	nêsi nesíte	nésel, nêsla	to carry
níhati (impf) 1.1.	níham	níhaj níhajte	níhal, níhala	to oscillate
nízati (impf) 1.1.	nízam	nízaj nízajte	nízal, nízala	to thread
nížati (impf) 1.1.	nížam	nížaj nížajte	nížal, nížala	to decrease
norčeváti se (impf) 4.1.2.	norčújem se	norčúj se norčújte se	norčevàl se, norčevála se	to make fun
noréti (impf) 3.2.	norím	nôri noríte	nôrel, noréla	to rage, to be crazy about
nósiti *** (impf) 3.1.	nósim	nôsi nosíte	nôsil, nosíla	to wear, to carry
núditi/nudíti ** (impf) 3.1.	núdim	núdi núdite/nudíte	núdil, nudíla	to offer, to provide
obárvati (pf) 1.1.	obárvam	obárvaj obárvajte	obárval, obárvala	to paint, to stain
občudováti * (impf) 4.1.1.	občudújem	občudúj občudújte	občudovàl, občudovála	to admire

nedoločnik the infinitive	sedanjik the present tense	velelnik the imperative	deležnik na -l the -l participle	prevod nedoločnika transl. of infinitive
občútiti/občutíti * (pf) 3.1.	občútim	občúti občútite/občutíte	občútil, občutíla	to feel
obdájati * (impf) 1.1.	obdájam	obdájaj obdájajte	obdájal, obdájala	to surround
obdaríti (pf) 3.1.	obdarím	obdári obdaríte	obdáril, obdaríla	to give a gift
obdávčiti (pf) 3.1.	obdávčim	obdávči obdávčite	obdávčil, obdávčila	to tax
obdélati * (pf) 1.1.	obdélam	obdélaj obdélajte	obdélal, obdélala	to treat, to process
obdelováti * (impf) 4.1.1.	obdelújem	obdelúj obdelújte	obdelovàl, obdelovála	to cultivate, to work
obdržáti * (pf) 3.3.2.	obdržím	obdŕži obdržíte	obdŕžal, obdržála	to keep, to retain
obésiti * (pf) 3.1.	obésim	obési obésite	obésil, obésila	to hang
obéšati (impf) 1.1.	obéšam	obéšaj obéšajte	obéšal, obéšala	to hang
obétati * (impf) 1.1.	obétam	obétaj obétajte	obétal, obétala	to promise
obírati (impf) 1.1.	obíram	obíraj obírajte	obíral, obírala	to pick
obiskáti *** (pf) 2.6.8.	obíščem	obíšči obíščite	obiskàl, obiskála	to visit
obiskováti * (impf) 4.1.1.	obiskújem	obiskúj obiskújte	obiskovàl, obiskovála	to attend, to visit
obíti * (pf) 2.8.1.	obídem	obídi obídite	obšèl, obšlà	to bypass
objáviti *** (pf) 3.1.	objávim	objávi objávite	objávil, objávila	to publish, to make public

nedoločnik the infinitive	sedanjik the present tense	velelnik the imperative	deležnik na -l the -l participle	prevod nedoločnika transl. of infinitive
objávljati * (impf) 1.1.	objávljam	objávljaj objávljajte	objávljal, objávljala	to publish, to make public
objémati (impf) 1.1.	objémam	objémaj objémajte	objémal, objémala	to hug, to embrace
objéti * (pf) 2.2.3.	objámem	objêmi objemíte	objél, objéla	to hug, to embrace
obkróžati (impf) 1.1.	obkróžam	obkróžaj obkróžajte	obkróžal, obkróžala	to surround
obkróžiti (pf) 3.1.	obkróžim	obkróži obkróžite	obkróžil, obkrožíla	to encircle, to tick (in a form)
obláčiti (impf) 3.1.	obláčim	obláči obláčite	obláčil, obláčila	to dress
oblačíti se (impf) 3.1.	oblačí se	/	oblačíl se, oblačíla se	to become cloudy
obléči * (pf) 2.10.1.	obléčem	obléci oblécite	oblékel, oblékla	to get dressed
obležáti * (pf) 3.3.2.	obležím	oblêži obležíte	oblêžal, obležála	to remain lying, to be confined to bed
oblikováti *** (impf) 4.1.1.	oblikújem	oblikúj oblikújte	oblikovàl, oblikovála	to mould, to shape, to design
obljúbiti/obljubíti * (pf) 3.1.	obljúbim	obljúbi obljúbite/obljubíte	obljúbil, obljubíla	to promise
obljúbljati * (impf) 1.1.	obljúbljam	obljúbljaj obljúbljajte	obljúbljal, obljúbljala	to promise
obložíti (pf) 3.1.	oblozım	oblôži obložíte	oblóžil, obložíla	to overlay
obnášati se * (impf) 1.1.	obnášam se	obnášaj se obnášajte se	obnášal se, obnášala se	to behave
obnávljati * (impf) 1.1.	obnávljam	obnávljaj obnávljajte	obnávljal, obnávljala	to renew

nedoločnik the infinitive	sedanjik the present tense	velelnik the imperative	deležnik na -l the -l participle	prevod nedoločnika transl. of infinitive
obnésti se * (pf) 2.11.1.	obnêsem se	obnêsi se ° obnesíte se	obnésel se, obnêsla se	to be effective
obnovíti * (pf) 3.1.	obnovím	obnôvi obnovíte	obnôvil, obnovíla	to renew
obogatéti (pf) 3.2.	obogatím	obogáti ° obogatíte	obogatél, obogatéla	to become rich, to enrich
oboroževáti (impf) 4.1.2.	oborožújem	oborožúj oborožújte	oboroževàl, oboroževála	to arm
oborožíti (pf) 3.1.	oborožím	oborôži oborožíte	oboróžil, oborožíla	to arm
obotávljati se (impf) 1.1.	obotávljam se	obotávljaj se obotávljajte se	obotávljal se, obotávljala se	to hesitate
oboževáti (impf) 4.1.2.	obožújem	obožúj obožújte	oboževàl, oboževála	to adore
obráčati * (impf) 1.1.	obráčam	obráčaj obráčajte	obráčal, obráčala	to flip, to turn
obračúnati * (pf) 1.1.	obračúnam	obračúnaj obračúnajte	obračúnal, obračúnala	to settle accounts
obračunávati (impf) 1.1.	obračunávam	obračunávaj obračunávajte	obračunával, obračunávala	to keep regular accounts
obráti (pf) 2.5.1.	obêrem	obêri oberíte	obrál, obrála	to pick
obratováti (impf) 4.1.1.	obratújem	obratúj obratújte	obratovàl, obratovála	to work
obravnávati *** (impf) 1.1.	obravnávam	obravnávaj obravnávajte	obravnával, obravnávala	to deal with, to treat
obrazložíti (pf) 3.1.	obrazložím	obrazlôži obrazložíte	obrazlóžil, obrazložíla	to explain
obremeníti (pf) 3.1.	obremením	obremêni obremeníte	obreménil, obremeníla	to burden

nedoločnik the infinitive	sedanjik the present tense	velelnik the imperative	deležnik na -l the -l participle	prevod nedoločnika transl. of infinitive
obremenjeváti * (impf) 4.1.2.	obremenjújem	obremenjúj obremenjújte	obremenjèvàl, obremenjevála	to burden, to preoccupy
obrêsti (pf) 2.11.2.	obrêdem	obrêdi obredíte	obrêdel, obrêdla	to tour, to visit
obrestováti (impf) 4.1.1.	obrestújem	obrestúj obrestújte	obrestovàl, obrestovála	to pay interest
obrísati (pf) 2.6.6.	obríšem	obríši obríšite	obrísal, obrísala	to wipe
obríti (pf) 4.4.2.	obríjem	obríj obríjte	obríl, obríla	to shave
obŕniti/obrníti *** (pf) 2.2.9.	obŕnem	obŕni obŕnite/obrníte	obŕnil, obrníla	to turn, to reverse
obrodíti (pf) 3.1.	obrodím	obrôdi obrodíte	obródil, obrodíla	to bear fruit
obséči (pf) 2.10.2.	obséžem	obsézi obsézite	obségel, obségla	to encompass, to comprise
obségati ** (impf) 1.1.	obségam	obségaj obségajte	obségal, obségala	to encompass, to comprise
obsésti (pf) 2.11.2.	obsédem	obsédi ° obsédite	obsédel, obsédla	to obsess
obsóditi/obsodíti * (pf) 3.1.	obsódim	obsódi obsódite/obsodíte	obsódil, obsodíla	to sentence, to convict
obsójati * (impf) 1.1.	obsójam	obsójaj obsójajte	obsójal, obsójala	to condemn
obstájati *** (impf) 1.1.	obstájam	obstájaj ° obstájajte	obstájal, obstájala	to exist
obstáti * (pf) 2.2.1.	obstánem	obstáni obstaníte	obstàl, obstála	to stop
obtičáti (pf) 3.3.1.	obtičím	obtíči obtičíte	obtíčal, obtičála	to get stuck

nedoločnik the infinitive	sedanjik the present tense	velelnik the imperative	deležnik na -l the -l participle	prevod nedoločnika transl. of infinitive
obtoževáti * (impf) 4.1.2.	obtožújem	obtožúj obtožújte	obtoževàl, obtoževála	to accuse
obtóžiti/obtožíti * (pf) 3.1.	obtóžim	obtóži obtóžite/obtožíte	obtóžil, obtožíla	to accuse
obudíti (pf) 3.1.	obudím	obúdi obudíte	obúdil, obudíla	to revive
obúpati (pf) 1.1.	obúpam	obúpaj obúpajte	obúpal, obúpala	to give up
obupávati (impf) 1.1.	obupávam	obupávaj obupávajte	obupával, obupávala	to despair
obúti (pf) 4.4.3.	obújem	obúj obújte	obúl, obúla	to put on shoes
obúvati (impf) 1.1.	obúvam	obúvaj obúvajte	obúval, obúvala	to be putting on shoes
obvaróvati (pf) 4.1.1.	obvarújem	obvarúj obvarújte	obvarovàl, obvarovála	to preserve, to protect
obveljàti (pf) 1.1.	obveljám	obveljàj ° obveljájte	obveljàl, obveljála	to prevail
obvestíti ** (pf) 3.1.	obvestím	obvésti obvestíte	obvéstil, obvestíla	to inform
obvéščati * (impf) 1.1.	obvéščam	obvéščaj obvéščajte	obvéščal, obvéščala	to keep informed
obvézati/obvezáti (pf) 2.6.7.	obvéžem	obvéži obvéžite/obvežíte	obvézal, obvezála	to bandage
obvládati * (pf) 1.1.	obvládam	obvládaj obvládajte	obvládal, obvládala	to master
obvladováti * (impf) 4.1.1.	obvladújem	obvladúj obvladújte	obvladovàl, obvladovála	to be in charge of
obžalováti * (impf) 4.1.1.	obžalújem	obžalúj obžalújte	obžalovàl, obžalovála	to regret

nedoločnik the infinitive	sedanjik the present tense	velelnik the imperative	deležnik na -l the -l participle	prevod nedoločnika transl. of infinitive
océniti/oceníti ** (pf) 3.1.	océnim	océni océnite/oceníte	océnil, oceníla	to asses, to evaluate
ocenjeváti ** (impf) 4.1.2.	ocenjújem	ocenjúj ocenjújte	ocenjevàl, ocenjevála	to asses, to evaluate
ocvréti (pf) 2.5.4.	ocvrèm	ocvrì ocvríte	ocvŕl, ocvŕla	to fry
očárati (pf) 1.1.	očáram	očáraj očárajte	očáral, očárala	to charm
očístiti * (pf) 3.1.	očístim	očísti očístite	očístil, očístila	to clean, to tidy up
očítati ** (impf) 1.1.	očítam	očítaj očítajte	očítal, očítala	to reproach
odbíjati (impf) 1.1.	odbíjam	odbíjaj odbijajte	odbíjal, odbíjala	to refuse, to strike back
odbíti * (pf) 4.4.2.	odbíjem	odbíj odbíjte	odbìl, odbíla	to strike back
odcedíti (pf) 3.1.	odcedím	odcêdi odcedíte	odcédil, odcedíla	to strain
oddáhniti si (se)/ oddahníti si (se) (pf) 2.2.9.	oddáhnem si (se)	oddáhni si (se) oddáhnite si (se)/ oddahníte si (se)	oddáhnil si (se), oddahníla si (se)	to take a rest, to take a breath
oddájati * (impf) 1.1.	oddájam	oddájaj oddájajte	oddájal, oddájala	to emit; to let (rooms)
oddaljeváti (impf) 4.1.2.	oddaljújem	oddaljúj oddaljújte	oddaljevàl, oddaljevála	to remove
oddaljíti * (pf) 3.1.	oddaljím	oddálji oddaljíte	oddáljil, oddaljíla	to remove
oddáti * (pf) 1.1.	oddám	oddàj oddájte	oddál, oddála	to give away, to rent out
odgnáti (pf) 2.6.5.	odžênem	odžêni odženíte	odgnàl, odgnála	to drive away, to turn away

69

nedoločnik the infinitive	sedanjik the present tense	velelnik the imperative	deležnik na -l the -l participle	prevod nedoločnika transl. of infinitive
odgovárjati ** (impf) 1.1.	odgovárjam	odgovárjaj odgovárjajte	odgovárjal, odgovárjala	to answer
odgovoríti *** (pf) 3.1.	odgovorím	odgovôri odgovoríte	odgovóril, odgovoríla	to answer
odgrízniti (pf) 2.2.9.	odgríznem	odgrízni odgríznite	odgríznil, odgríznila	to bite off
odhájati * (impf) 1.1.	odhájam	odhájaj odhájajte	odhájal, odhájala	to be leaving
odigráti * (pf) 1.1.	odigrám	odigràj odigrájte	odigràl, odigrála	to play
odíti *** (pf) 2.8.1.	odídem	odídi odídite	odšèl, odšlà	to go, to leave
odkímati (pf) 1.1.	odkímam	odkímaj odkímajte	odkímal, odkímala	to shake (head)
odklánjati (impf) 1.1.	odklánjam	odklánjaj odklánjajte	odklánjal, odklánjala	to refuse
odkleníti (pf) 2.2.9.	odklénem	odklêni odkleníte	odklênil, odkleníla	to unlock
odklépati (impf) 1.1.	odklépam	odklépaj odklépajte	odklépal, odklépala	to unlock
odkloníti * (pf) 3.1.	odklónim	odklôni odkloníte	odklônil, odkloníla	to refuse
odkríti *** (pf) 4.4.2.	odkríjem	odkríj odkríjte	odkríl, odkríla	to discover, to find out
odkrívati * (impf) 1.1.	odkrívam	odkrívaj odkrívajte	odkríval, odkrívala	to discover, to find out
odkúpiti/odkupíti * (pf) 3.1.	odkúpim	odkúpi odkúpite/ odkupíte	odkúpil, odkupíla	to buy off
odkupováti (impf) 4.1.1.	odkupújem	odkupúj odkupújte	odkupovàl, odkupovála	to be buying off

nedoločnik the infinitive	sedanjik the present tense	velelnik the imperative	deležnik na -l the -l participle	prevod nedoločnika transl. of infinitive
odlágati * (impf) 1.1.	odlágam	odlágaj odlágajte	odlágal, odlágala	to put it off, to postpone
odletéti (pf) 3.2.	odletím	odlêti ° odletíte	odlêtel, odletéla	to take off, to fly away
odlikováti * (impf, pf) 4.1.1.	odlikújem	odlikúj odlikújte	odlikovàl, odlikovála	to decorate
odlóčati *** (impf) 1.1.	odlóčam	odlóčaj odlóčajte	odlóčal, odlóčala	to decide
odlóčiti/odločíti *** (pf) 3.1.	odlóčim	odlóči odlóčite/odločíte	odlóčil, odločíla	to decide, to take a decision
odlóžiti * (pf) 3.1.	odložím	odlóži odložíte	odlóžil, odložíla	to defer, to postpone
odmákniti/ odmakníti * (pf) 2.2.9.	odmáknem	odmákni odmáknite/ odmaknite	odmáknil, odmakníla	to remove
odmériti (pf) 3.1.	odmérim	odméri odmérite	odméril, odmérila	to measure out
odmévati * (impf) 1.1.	odmévam	odmévaj ° odmévajte	odméval, odmévala	to echo
odnášati (impf) 1.1.	odnášam	odnášaj odnášajte	odnášal, odnášala	to carry (off, away, out)
odnéhati (pf) 1.1.	odnéham	odnéhaj odnéhajte	odnéhal, odnéhala	to cease, to give up
odnêsti ** (pf) 2.11.1.	odnêsem	odnêsi odnesíte	odnésel, odnêsla	to carry (off, away, out)
odobrávati (impf) 1.1.	odobrávam	odobrávaj odobrávajte	odobrával, odobrávala	to approve
odobríti * (pf) 3.1.	odobrím	odôbri odobríte	odóbril, odobríla	to approve
odpásti * (pf) 2.11.2.	odpádem	odpádi ° odpádite	odpádel, odpádla	to fall away, to be cancelled

71

nedoločnik the infinitive	sedanjik the present tense	velelnik the imperative	deležnik na -l the -l participle	prevod nedoločnika transl. of infinitive
odpeljáti *** (pf) 2.3.2.	odpéljem	odpêlji odpeljíte	odpêljal, odpeljála	to take off, to drive off
odpénjati (impf) 1.1.	odpénjam	odpénjaj odpénjajte	odpénjal, odpénjala	to unbutton
odpéti (pf) 2.2.8.	odpnèm	odpnì odpníte	odpél, odpéla	to unbutton
odpírati ** (impf) 1.1.	odpíram	odpíraj odpírajte	odpíral, odpírala	to open
odpísati/odpisáti (pf) 2.6.6.	odpíšem	odpíši odpíšite	odpísal, odpisála	to answer in writing
odplúti (pf) 2.7.2. + 4.4.3.	odplôvem + odplújem	odplôvi + odplúj odplôvite + odplújte	odplúl, odplúla	to sail off
odpotováti * (pf) 4.1.1.	odpotújem	odpotúj odpotújte	odpotovàl, odpotovála	to depart, to leave
odpovédati ** (pf) 5.1.	odpovém	odpovêj odpovêjte	odpovédal, odpovédala	to cancel
odpovedováti (impf) 4.1.1.	odpovedújem	odpovedúj odpovedújte	odpovedovàl, odpovedovála	to cancel
odpráviti *** (pf) 3.1.	odprávim	odprávi odprávite	odprávil, odprávila	to abolish
odprávljati * (impf) 1.1.	odprávljam	odprávljaj odprávljajte	odprávljal, odprávljala	to abolish
odpréti *** (pf) 2.5.4.	odprèm	odprì odpríte	odpŕl, odpŕla	to open
odpustíti * (pf) 3.1.	odpustím	odpústi odpustíte	odpústil, odpustíla	to forgive
odpúščati (impf) 1.1.	odpúščam	odpúščaj odpúščajte	odpúščal, odpúščala	to forgive
odrásti (pf) 2.11.5.+ 211.1.	odrástem + odrásem	odrásti + odrási odrástite + odrásite	odrástel + odrásel, odrástla + odrásla	to grow up

nedoločnik the infinitive	sedanjik the present tense	velelnik the imperative	deležnik na -l the -l participle	prevod nedoločnika transl. of infinitive
odráščati (impf) 1.1.	odráščam	odráščaj ° odráščajte	odráščal, odráščala	to be growing up
odrážati * (impf) 1.1.	odrážam	odrážaj odrážajte	odrážal, odrážala	to reflect
odrêči * (pf) 2.10.1.	odrêčem	odrêci odrecíte	odrékel, odrêkla	to give up
odredíti * (pf) 3.1.	odredím	odrêdi odredíte	odrédil, odredíla	to decree, to ordain
odrékati (impf) 1.1.	odrékam	odrékaj odrékajte	odrékal, odrékala	to deny
odrézati * (pf) 2.6.7.	odréžem	odréži odréžite	odrézal, odrézala	to cut off
odrézati se * (pf) 2.6.7.	odréžem se	odréži se odréžite se	odrézal se, odrézala se	to do well
odríniti * (pf) 2.2.9.	odrínem	odríni odrínite	odrínil, odrínila	to leave
odrívati (impf) 1.1.	odrívam	odrívaj odrívajte	odríval, odrívala	to push off
odsékati (pf) 1.1.	odsékam	odsékaj odsékajte	odsékal, odsékala	to cut off
odsévati (impf) 1.1.	odsévam	odsévaj odsévajte	odséval, odsévala	to mirror, to reflect
odstáviti * (pf) 3.1.	odstávim	odstávi odstávite	odstávil, odstávila	to depose, to put away
odstávljati (impf) 1.1.	odstávljam	odstávljaj odstávljajte	odstávljal, odstávljala	to depose, to put away
odstópati * (impf) 1.1.	odstópam	odstópaj odstópajte	odstópal, odstópala	to withdraw, to resign
odstópiti/ odstopíti ** (pf) 3.1.	odstópim	odstópi odstópite/ odstopíte	odstópil, odstopíla	to withdraw, to resign

73

nedoločnik the infinitive	sedanjik the present tense	velelnik the imperative	deležnik na -l the -l participle	prevod nedoločnika transl. of infinitive
odstrániti/ odstraníti ** (pf) 3.1.	odstránim	odstráni odstránite/ odstraníte	odstránil, odstraníla	to remove
odstranjeváti (impf) 4.1.2.	odstranjújem	odstranjúj ° odstranjújte	odstranjevàl, odstranjevála	to remove
odsvetováti (pf) 4.1.1.	odsvetújem	odsvetúj odsvetújte	odsvetovàl, odsvetovála	to dissuade from
odštéti * (pf) 4.4.1.	odštêjem	odštêj odštêjte	odštél, odštéla	to deduct, to subtract
odštévati (impf) 1.1.	odštévam	odštévaj odštévajte	odštéval, odštévala	to deduct, to subtract
odtájati (pf) 1.1.	odtájam	odtájaj odtájajte	odtájal, odtájala	to defrost
odtŕgati (pf) 1.1.	odtŕgam	odtŕgaj odtŕgajte	odtŕgal, odtŕgala	to detach
odtrgováti (impf) 4.1.1.	odtrgújem	odtrgúj odtrgújte	odtrgovàl, odtrgovála	to be detaching
odtujíti (pf) 3.1.	odtujím	odtúji odtujíte	odtújil, odtujíla	to alienate
odváditi (pf) 3.1.	odvádim	odvádi odvádite	odvádil, odvádila	to wean
odvájati (impf) 1.1.	odvájam	odvájaj odvájajte	odvájal, odvájala	to be weaning
odvézati/odvezáti (pf) 2.6.7.	odvéžem	odvéži odvéžite/odvežíte	odvézal, odvezála	to undo, to unite
odvíjati (impf) 1.1.	odvíjam	odvíjaj odvíjajte	odvíjal, odvíjala	to unwind, to unwrap
odvíjati se * (impf) 1.1.	odvíjam se	odvíjaj se odvíjajte se	odvíjal se, odvíjala se	to be going on, to unwind
odvráčati (impf) 1.1.	odvráčam	odvráčaj odvráčajte	odvráčal, odvráčala	to divert

74

nedoločnik the infinitive	sedanjik the present tense	velelnik the imperative	deležnik na -*l* the -*l* participle	prevod nedoločnika transl. of infinitive
odvréči * (pf) 2.10.3.	odvŕžem	odvŕzi odvŕzite	odvŕgel, odvŕgla	to throw away
odvŕniti/odvrníti * (pf) 2.2.9.	odvŕnem	odvŕni odvŕnite/odvrníte	odvŕnil, odvrníla	to say back; to divert
odvzémati (impf) 1.1.	odvzémam	odvzémi odvzémite	odvzél, odvzéla	to deprive
odvzéti * (pf) 2.2.3.	odvzámem	odvzêmi odvzemíte	odvzél, odvzéla	to deprive
odzívati se * (impf) 1.1.	odzívam se	odzívaj se odzívajte se	odzíval se, odzívala se	to react
odzváti se * (pf) 2.7.3.	odzôvem se	odzôvi se odzovíte se	odzvál se, odzvála se	to react, to respond
ogíbati se (impf) 1.1.	ogíbam se	ogíbaj se ogíbajte se	ogíbal se, ogíbala se	to avoid
oglásiti se/ oglasíti se * (pf) 3.1.	oglásim se/ oglasím se	oglási se oglásite se/ oglasíte se	oglásil se, oglasíla se	to come round; to call
oglášati se * (impf) 1.1.	oglášam se	oglášaj se oglášajte se	oglášal se, oglášala se	to respond
oglédati si (se) *** (pf) 1.1.	oglédam si (se)	oglêj si (se) oglêjte si (se)	oglédal si (se), oglédala si (se)	to look around, to inspect, to visit
ogledováti si (se) * (impf) 4.1.1.	ogledújem si (se)	ogledúj si (se) ogledújte si (se)	ogledovàl si (se), ogledovála si (se)	to inspect, to visit, to be looking around
ogníti se (pf) 2.2.9.	ógnem se/ ôgnem se	ôgni se ogníte se	ôgnil se, ogníla se	to avoid
ogórčiti (pf) 3.1.	ogórčim	ogórči ° ogórčite	ogórčil, ogórčila	to shock
ogréti (pf) 4.4.1.	ogrêjem	ogrêj ogrêjte	ogrél, ogréla	to warm up
ogrévati (impf) 1.1.	ogrévam	ogrévaj ogrévajte	ogréval, ogrévala	to warm

nedoločnik the infinitive	sedanjik the present tense	velelnik the imperative	deležnik na -l the -l participle	prevod nedoločnika transl. of infinitive
ogroziti * (pf) 3.1.	ogrozím	ogrôzi ° ogrozíte	ogrózil, ogrozíla	to endanger
ogróžati * (impf) 1.1.	ogróžam	ogróžaj ogróžajte	ogróžal, ogróžala	to threaten, to endanger
ohladíti * (pf) 3.1.	ohladím	ohládi ohladíte	ohládil, ohladíla	to chill, to cool
ohlájati (impf) 1.1.	ohlájam	ohlájaj ohlájajte	ohlájal, ohlájala	to chill, to cool
ohrániti/ohraníti *** (pf) 3.1.	ohránim	ohráni ohránite/ohraníte	ohránil, ohraníla	to preserve, to keep
ohránjati * (impf) 1.1.	ohránjam	ohránjaj ohránjajte	ohránjal, ohránjala	to keep
oklépati (impf) 1.1.	oklépam	oklépaj oklépajte	oklépal, oklépala	to clasp, to clutch
okrasíti (pf) 3.1.	okrasím	okrási okrasíte	okrasíl, okrasíla	to decorate
okrepíti * (pf) 3.1.	okrepím	okrêpi okrepíte	okrépil, okrepíla	to strengthen, to enhance
okŕniti/okrníti (pf) 2.2.9.	okŕnem	okŕni okŕnite/okrníte	okŕnil, okrníla	to impair
okúsiti (pf) 3.1.	okúsim	okúsi okúsite	okúsil, okúsila	to taste
okúžiti (pf) 3.1.	okúžim	okúži okúžite	okúžil, okúžila	to infect
olájšati * (pf) 1.1.	olájšam	olájšaj olájšajte	olájšal, olájšala	to make easier
olépšati (pf) 1.1.	olépšam	olépšaj olépšajte	olépšal, olépšala	to make it sound/ seem better
olúpiti/olupíti * (pf) 3.1.	olúpim	olúpi olúpite/olupíte	olúpil, olupíla	to peel

nedoločnik the infinitive	sedanjik the present tense	velelnik the imperative	deležnik na -l the -l participle	prevod nedoločnika transl. of infinitive
omáhniti/omahníti (pf) 2.2.9.	omáhnem	omáhni omáhnite/ omahníte	omáhnil, omahníla	to fall, to stagger, to totter
omahováti (impf) 4.1.1.	omahújem	omahúj omahújte	omahovàl, omahovála	to hesitate
omámiti (pf) 3.1.	omámim	omámi omámite	omámil, omámila	to drug
omedléti (pf) 3.2.	omedlím	omêdli ° omedlíte	omedlél, omedléla	to pass out
omedlévati (impf) 1.1.	omedlévam	omledlévaj ° omedlévajte	omedléval, omedlévala	to pass out
omehčáti (pf) 1.1.	omehčám	omehčàj omehčájte	omehčàl, omehčála	to soften
omejeváti * (impf) 4.1.2.	omejújem	omejúj omejújte	omejevàl, omejevála	to restrict
omejíti * (pf) 3.1.	omejím	omêji omejíte	omêjil, omejíla	to restrict
oméniti/omeníti *** (pf) 3.1.	oménim	oméni oménite/omeníte	oménil, omeníla	to mention
oménjati ** (impf) 1.1.	oménjam	oménjaj oménjajte	oménjal, oménjala	to mention
omíliti (pf) 3.1.	omílim	omíli omílite	omílil, omílila	to ease (the tension)
omísliti si * (pf) 3.1.	omíslim si	omísli si omíslite si	omíslil si, omíslila si	to think of
omogóčati *** (impf) 1.1.	omogóčam	omogóčaj omogóčajte	omogóčal, omogóčala	to enable
omogóčiti *** (pf) 3.1.	omogóčim	omogóči omogóčite	omogóčil, omogóčila	to enable
onemogóčati * (impf) 1.1.	onemogóčam	onemogóčaj onemogóčajte	onemogóčal, onemogóčala	to prevent

nedoločnik the infinitive	sedanjik the present tense	velelnik the imperative	deležnik na -l the -l participle	prevod nedoločnika transl. of infinitive
onemogóčiti * (pf) 3.1.	onemogóčim	onemogóči onemogóčite	onemogóčil, onemogóčila	to prevent
onesnaževáti (impf) 4.1.2.	onesnažújem	onesnažúj onesnažújte	onesnaževàl, onesnaževála	to pollute
onesnážiti (pf) 3.1.	onesnážim	onesnáži onesnážite	onesnážil, onesnážila	to pollute
onesvéstiti se (pf) 3.1.	onesvéstim se	onesvésti se onesvéstite se	onesvéstil se, onesvéstila se	to faint
onesvéščati se (impf) 1.1.	onesvéščam se	onesvéščaj se onesvéščajte se	onesvéščal se, onesvéščala se	to be loosing consciousness
opáziti/opazíti *** (pf) 3.1.	opázim	opázi ° opázite/opazíte	opázil, opazíla	to notice
opazováti ** (impf) 4.1.1.	opazújem	opazúj opazújte	opazovàl, opazovála	to observe
opážati * (impf) 1.1.	opážam	opážaj opážajte	opážal, opážala	to notice
opêči (pf) 2.10.1.	opêčem	opêci opecíte	opékel, opêkla	to burn
operírati (impf) 1.1.	operíram	operíraj operírajte	operíral, operírala	to operate
opéšati (pf) 1.1.	opéšam	opéšaj opéšajte	opéšal, opéšala	to grow tired
opírati * (impf) 1.1.	opíram	opíraj opírajte	opíral, opírala	to base something on
opísati/opisáti ** (pf) 2.6.6.	opíšem	opíši opíšite	opísal, opisála	to describe
opisováti ** (impf) 4.1.1.	opisújem	opisúj opisújte	opisovàl, opisovála	to describe, to portray
opomôči si (se) (pf) 2.10.4.	opomórem si (se)	/	opomôgel si (se), opomôgla si (se)	to recover

78

nedoločnik the infinitive	sedanjik the present tense	velelnik the imperative	deležnik na -l the -l participle	prevod nedoločnika transl. of infinitive
oponášati (impf) 1.1.	oponášam	oponášaj oponášajte	oponášal, oponášala	to imitate
oporékati (impf) 1.1.	oporékam	oporékaj oporékajte	oporékal, oporékala	to dispute
opozárjati *** (impf) 1.1.	opozárjam	opozárjaj opozárjajte	opozárjal, opozárjala	to warn
opozoríti *** (pf) 3.1.	opozorím	opozôri opozoríte	opozóril, opozoríla	to warn
opráti * (pf) 2.5.1.	opêrem	opêri operíte	oprál, oprála	to wash
opravičeváti * (impf) 4.1.2.	opravičújem	opravičúj opravičújte	opravičevàl, opravičevála	to excuse
opravíčiti * (pf) 3.1.	opravíčim	opravíči opravíčite	opravíčil, opravíčila	to excuse
opráviti *** (pf) 3.1.	oprávim	oprávi oprávite	oprávil, oprávila	to complete a task, to carry out
oprávljati *** (impf) 1.1.	oprávljam	oprávljaj oprávljajte	oprávljal, oprávljala	to be carrying out; to gossip
opredelíti * (pf) 3.1.	opredelím	opredêli opredelíte	opredélil, opredelíla	to define, to determine
opredeljeváti * (impf) 4.1.2.	opredeljújem	opredeljúj opredeljújte	opredeljevàl, opredeljevála	to define, to determine
oprémiti * (pf) 3.1.	oprémim	oprémi oprémite	oprémil, oprémila	to equip
oprémljati (impf) 1.1.	oprémljam	oprémljaj oprémljajte	oprémljal, oprémljala	to equip
opréti (pf) 2.5.4.	oprèm	oprì opríte	opŕl, opŕla	to support
opŕhati (pf) 1.1.	opŕham	opŕhaj opŕhajte	opŕhal, opŕhala	to shower, to wash

nedoločnik the infinitive	sedanjik the present tense	velelnik the imperative	deležnik na -l the -l participle	prevod nedoločnika transl. of infinitive
oprijéti se (pf) 2.2.2.	oprímem se	oprími se oprímite se	oprijél se, oprijéla se	to cling
oprostíti * (pf) 3.1.	oprostím	oprôsti oprostíte	opróstil, oprostíla	to forgive
opróščati (impf) 1.1.	opróščam	opróščaj opróščajte	opróščal, opróščala	to forgive
opustíti * (pf) 3.1.	opustím	opústi opustíte	opústil, opustíla	to abandon
oráti (impf) 2.5.5.	ôrjem/órjem	ôrji/órji ôrjite	orál, orála	to plough
organizírati *** (impf, pf) 1.1.	organizíram	organizíraj organizírajte	organizíral, organizírala	to organize, to prepare
orópati (pf) 1.1.	orópam	orópaj orópajte	orópal, orópala	to rob
osámiti/osamíti (pf) 3.1.	osámim/osamím	osámi ° osámite/osamíte	osámil, osamíla	to isolate
oskrbéti (pf) 3.2.	oskrbím	oskŕbi ° oskrbíte	oskrbél, oskrbéla	to take care; to supply
oskrbováti * (impf) 4.1.1.	oskrbújem	oskrbúj oskrbújte	oskrbovàl, oskrbovála	to supply
oslabéti (pf) 3.2.	oslabím	oslábi ° oslabíte	oslabél, oslabéla	to weaken, to wither
oslabíti (pf) 3.1.	oslabím	oslábi oslabíte	oslábil, oslabíla	to weaken
oslíniti (pf) 3.1.	oslínim	oslíni oslínite	oslínil, oslínila	to wet with saliva, to lick (a stamp)
osredotóčiti * (pf) 3.1.	osredotóčim	osredotóči osredotóčite	osredotóčil, osredotóčila	to focus
ostájati *** (impf) 1.1.	ostájam	ostájaj ostájajte	ostájal, ostájala	to remain

nedoločnik the infinitive	sedanjik the present tense	velelnik the imperative	deležnik na -*l* the -*l* participle	prevod nedoločnika transl. of infinitive
ostaréti (pf) 3.2.	ostarím	ostári ° ostaríte	ostarél, ostaréla	to grow old
ostáti *** (pf) 2.2.1.	ostánem	ostáni ostaníte	ostàl, ostála	to remain
ostríči (pf) 2.10.2.	ostrížem	ostrízi ostrízite	ostrígel, ostrígla	to cut (hair)
ostríti (impf) 3.1.	ostrím	ôstri ° ostríte	ostríl, ostríla	to sharpen
osúmiti (pf) 3.1.	osúmim	osúmi osúmite	osúmil, osúmila	to suspect
osvájati (impf) 1.1.	osvájam	osvájaj osvájajte	osvájal, osvájala	to conquer
osvetlíti * (pf) 3.1.	osvetlím	osvêtli osvetlíte	osvétlil, osvetlíla	to illuminate
osvobájati (impf) 1.1.	osvobájam	osvobájaj osvobájajte	osvobájal, osvobájala	to liberate
osvobodíti * (pf) 3.1.	osvobodím	osvobôdi osvobodíte	osvobódil, osvobodíla	to liberate
osvojíti ** (pf) 3.1.	osvojím	osvôji osvojíte	osvójil, osvojíla	to conquer
oškodováti * (impf, pf) 4.1.1.	oškodújem	oškodúj oškodújte	oškodovàl, oškodovála	to impair
oštéti (pf) 4.4.1.	oštêjem	oštêj oštêjte	oštél, oštéla	to rebuke
oštévati (impf) 1.1.	oštévam	oštévaj oštévajte	oštéval, oštévala	to scold
otájati (pf) 1.1.	otájam	otájaj otájajte	otájal, otájala	to thaw
otéči (pf) 2.10.1.	otêčem	otêci ° otecíte	otékel, otêkla	to swell

81

nedoločnik the infinitive	sedanjik the present tense	velelnik the imperative	deležnik na -*l* the -*l* participle	prevod nedoločnika transl. of infinitive
otékati (impf) 1.1.	otékam	otékaj ° otékajte	otékal, otékala	to swell
otépati (impf) 1.1.	otépam	otépaj otépajte	otépal, otépala	to beat, to shake
otežíti (pf) 3.1.	otežím	otêži otežíte	otéžil, otežíla	to make difficult
otrésti * (pf) 2.11.1.	otrésem	otrési otrésite	otrésel, otrésla	to shake of, to shake down
otŕpniti (pf) 2.2.9.	otŕpnem	otŕpni otŕpnite	otŕpnil, otŕpnila	to stiffen
ováditi * (pf) 3.1.	ovádim	ovádi ovádite	ovádil, ovádila	to denounce
ovériti (pf) 3.1.	ovérim	ovéri ovérite	ovéril, ovérila	to witness, to verify
ovérjati (impf) 1.1.	ovérjam	ovérjaj ovérjajte	ovérjal, ovérjala	to witness, to verify
ovírati * (impf) 1.1.	ovíram	ovíraj ovírajte	ovíral, ovírala	to hinder
ovíti (pf) 4.4.2.	ovíjem	ovíj ovíjte	ovíl, ovíla	to wrap
ovréči (pf) 2.10.3.	ovŕžem	ovŕzi ovŕzite	ovŕgel, ovŕgla	to refute, to doff
ovrednôtiti (pf) 3.1.	ovrednôtim	ovrednôti ovrednôtite	ovrednôtil, ovrednôtila	to evaluate
ozdravéti (pf) 3.2.	ozdravím	ozdrávi ozdravíte	ozdravél, ozdravéla	to recover
ozdráviti (impf) 3.1.	ozdrávim	ozdrávi ozdrávite	ozdrávil, ozdrávila	to cure
ozírati se * (impf) 1.1.	ozíram se	ozíraj se ozírajte se	ozíral se, ozírala se	to take into account

nedoločnik the infinitive	sedanjik the present tense	velelnik the imperative	deležnik na -l the -l participle	prevod nedoločnika transl. of infinitive
označeváti * (impf) 4.1.2.	označújem	označúj označújte	označevàl, označevála	to mark
označiti ** (pf) 3.1.	označim	označi označite	označil, označila	to mark
oznániti/oznaniti (pf) 3.1.	oznánim	oznáni oznánite/oznanite	oznánil, oznaníla	to announce
oznánjati (impf) 1.1.	oznánjam	oznánjaj oznánjajte	oznánjal, oznánjala	to be announcing
ozréti se * (pf) 2.5.4.	ozrèm se	ozrì se ozríte se	ozŕl se, ozŕla se	to look at
ožémati (impf) 1.1.	ožémam	ožémaj ožémajte	ožémal, ožémala	to wring
oženíti (pf) 3.1.	oženim	oženi oženíte	oženil, oženíla	to marry
ožéti (pf) 2.2.7. + 2.2.3.	ožmèm + ožámem	ožmì + ožêmi ožmíte + ožemíte	ožél, ožéla	to wring
oživéti * (pf) 3.2.	oživím	oživi ° oživíte	oživél, oživéla	to revive to bring life to
oživíti * (pf) 3.1.	oživím	oživi oživíte	oživil, oživila	to resuscitate, to resurrect
packáti (impf) 1.1.	packám	packàj packájte	packàl, packála	to smear
páčiti (impf) 3.1.	páčim	páči páčite	páčil, páčila	to contort
pádati * (impf) 1.1.	pádam	pádaj pádajte	pádal, pádala	to fall
páhniti/pahniti (pf) 2.2.9.	páhnem	páhni páhnite/pahníte	páhnil, pahníla	to push
párati (impf) 1.1.	páram	páraj párajte	páral, párala	to unstitch

nedoločnik the infinitive	sedanjik the present tense	velelnik the imperative	deležnik na -l the -l participle	prevod nedoločnika transl. of infinitive
páriti (impf) 3.1.	párim	pári párite	páril, párila	to steam
parkírati * (impf, pf) 1.1.	parkíram	parkíraj parkírajte	parkíral, parkírala	to park
pásti *** (pf) 2.11.2.	pádem	pádi ° pádite	pádel, pádla	to fall
pásti * (impf) 2.11.1.	pásem	pási pásite	pásel, pásla	to pasture, to graze
páziti/pazíti ** (impf) 3.1.	pázim	pázi pázite/pazíte	pázil, pazíla	to watch, to pay attention to
pečáti se (impf) 1.1.	pečám se	pečàj se pečájte se	pečàl se, pečála se	to deal with
pêči * (impf) 2.10.1.	pêčem	pêci pecíte	pékel, pêkla	to bake, to roast
peljáti ** (impf) 2.3.2.	péljem	pêlji peljíte	pêljal, peljála	to drive, to give a lift
péniti (impf) 3.1.	pénim	péni pénite	pénil, pénila	to foam, to rage
péšati (impf) 1.1.	péšam	péšaj péšajte	péšal, péšala	to get tired
péti ** (impf) 4.5.	pôjem	pój pójte	pél, péla	to sing
péti se (impf) 2.2.8.	pnèm se	pnì se ° pníte se	pél se, péla se	to mount
píčiti (pf) 3.1.	píčim	píči ° píčite	píčil, píčila	to sting
píhati * (impf) 1.1.	píham	píhaj píhajte	píhal, pihála	to blow
píhniti (pf) 2.2.9.	píhnem	píhni píhnite	píhnil, píhnila	to blow

nedoločnik the infinitive	sedanjik the present tense	velelnik the imperative	deležnik na -l the -l participle	prevod nedoločnika transl. of infinitive
píkati (impf) 1.1.	píkam	píkaj píkajte	píkal, píkala	to sting
píliti (impf) 3.1.	pílim	píli pílite	pílil, pílila	to file
písati/pisáti *** (impf) 2.6.6.	píšem	píši píšite	písal, pisála	to write
píti * (impf) 4.4.2.	píjem	píj píjte	píl, píla	to drink
pláčati/plačáti *** (pf) 1.1.	pláčam	pláčaj pláčajte	pláčal, plačála	to pay
plačeváti ** (impf) 4.1.2.	plačújem	plačúj plačújte	plačevàl, plačevála	to be paying
plániti/planíti * (pf) 2.2.9.	plánem	pláni plánite/planíte	plánil, planíla	to rush
plávati * (impf) 1.1.	plávam	plávaj plávajte	plával, plávala	to swim
plésati/plesáti * (impf) 2.6.6.	pléšem	pléši pléšite	plésal, plesála	to dance
pléskati (impf) 1.1.	pléskam	pléskaj pléskajte	pléskal, pléskala	to paint, to decorate
plesnéti (impf) 3.2.	plesním	plêsni plesníte	plesnél, plesnéla	to mould
plêsti (impf) 2.11.3.	plêtem	plêti pletíte	plêtel, plêtla	to knit
pléti (impf) 2.7.1.	plévcm	plévi plévite	plél, pléla	to weed
plézati (impf) 1.1.	plézam	plézaj plézajte	plézal, plézala	to climb
pljúniti (impf) 2.2.9.	pljúnem	pljúni pljúnite	pljúnil, pljúnila	to spit

nedoločnik the infinitive	sedanjik the present tense	velelnik the imperative	deležnik na -l the -l participle	prevod nedoločnika transl. of infinitive
pljúvati (impf) 1.1. + 4.2.	pljúvam+pljújem°	pljúvaj + pljúj ° pljúvajte + pljújte	pljúval, pljúvala	to be spiting
plôskati (impf) 1.1.	plôskam	plôskaj plôskajte	plôskal, plôskala	to clap
plúti * (impf) 2.7.2. + 4.4.3.	plôvem + plújem	plôvi + plúj plôvite + plújte	plúl, plúla	to sail
pobaháti se (pf) 1.1.	pobahám se	pobaháj se pobahájte se	pobahál se, pobahála se	to boast
pobárvati (pf) 1.1.	pobárvam	pobárvaj pobárvajte	pobárval, pobárvala	to paint
pobégniti * (pf) 2.2.9.	pobégnem	pobégni pobégnite/ pobegníte	pobégnil, pobegníla	to escape
pobéliti/pobelíti (pf) 3.1.	pobélim	pobéli pobélite/pobelíte	pobélil, pobelíla	to paint white
pobesnéti (pf) 3.2.	pobesním	pobêsni ° pobesníte	pobesnél, pobesnéla	to become furious
pobíjati (impf) 1.1.	pobíjam	pobíjaj pobíjajte	pobíjal, pobíjala	to kill
pobírati * (impf) 1.1.	pobíram	pobíraj pobírajte	pobíral, pobírala	to collect
pobíti * (pf) 4.4.2.	pobíjem	pobíj pobíjte	pobìl, pobíla	to kill
pobledéti (pf) 3.2.	pobledím	poblêdi ° pobledíte	pobledél, pobledéla	to turn pale
pobóžati (pf) 1.1.	pobóžam	pobóžaj pobóžajte	pobóžal, pobóžala	to caress
pobráti * (pf) 2.5.1.	pobêrem	pobêri poberíte	pobrál, pobrála	to pick up
pobrísati (pf) 2.6.6.	pobríšem	pobríši pobríšite	pobrísal, pobrísala	to mop

86

nedoločnik the infinitive	sedanjik the present tense	velelnik the imperative	deležnik na -l the -l participle	prevod nedoločnika transl. of infinitive
pocedíti (pf) 3.1.	pocedím	pocêdi ° pocedíte	pocédil, pocedíla	to make flow, to water (mouth)
poceníti (impf) 3.1.	pocením	pocéni poceníte	pocénil, poceníla	to drop prices
počákati ** (pf) 1.1.	počákam	počákaj počákajte/ počakájte	počákal, počákala/ počakála	to wait, to hold on
počastíti (pf) 3.1.	počastím	počásti počastíte	počástil, počastíla	to honour
počečkáti (pf) 1.1.	počečkám	počečkàj počečkájte	počečkàl, počečkála	to scribble
počénjati (impf) 1.1.	počénjam	počénjaj počénjajte	počénjal, počénjala	to do
počesáti (pf) 2.6.6.	počéšem	počêši počêšite	počêsal, počesála	to comb
počéti *** (impf) 2.2.8.	počnèm	počnì počníte	počél, počéla	to do
počístiti (pf) 3.1.	počístim	počísti počístite	počístil, počístila	to clean up
póčiti * (pf) 3.1.	póčim	póči póčite	póčil, póčila	to explode, to crack
počívati * (impf) 1.1.	počívam	počívaj počívajte	počíval, počívala	to rest
počútiti se/ počutíti se ** (pf) 3.1.	počútim se	počúti se počútite se/ počutíte se	počútil se, počutíla se	to feel
podájati (impf) 1.1.	podájam	podájaj podájajte	podájal, podájala	to hand
podáljšati * (pf) 1.1.	podáljšam	podáljšaj podáljšajte	podáljšal, podáljšala	to prolong
podaríti * (pf) 3.1.	podarím	podári podaríte	podáril, podaríla	to give as a gift

nedoločnik the infinitive	sedanjik the present tense	velelnik the imperative	deležnik na -l the -l participle	prevod nedoločnika transl. of infinitive
podárjati (impf) 1.1.	podárjam	podárjaj podárjajte	podárjal, podárjala	to be giving as a gift
podáti ** (pf) 1.1.	podám	podàj podájte	podál, podála	to hand
podcenjeváti (impf) 4.1.2.	podcenjújem	podcenjúj podcenjújte	podcenjevàl, podcenjevála	to underestimate
podčŕtati (pf) 1.1.	podčŕtam	podčŕtaj podčŕtajte	podčŕtal, podčŕtala	to underline
podčrtávati (impf) 1.1.	podčrtávam	podčrtávaj podčrtávajte	podčrtával, podčrtávala	to underline
podedováti * (pf) 4.1.1.	podedújem	podedúj ° podedújte	podedovàl, podedovála	to inherit
podelíti ** (pf) 3.1.	podelím	podêli podelíte	podélil, podelíla	to grant, to give
podeljeváti * (impf) 4.1.2.	podeljújem	podeljúj podeljújte	podeljevàl, podeljevála	to grant, to give
podírati (impf) 1.1.	podíram	podíraj podírajte	podíral, podírala	to pull down
podíti (impf) 3.1.	podím	pôdi podíte	podíl, podíla	to chase
podkrepíti (pf) 3.1.	podkrepím	podkrêpi podkrepíte	podkrépil, podkrepíla	to support
podkúpiti/ podkupíti (pf) 3.1.	podkúpim	podkúpi podkúpite/ podkupíte	podkúpil, podkupíla	to bribe
podkupováti (impf) 4.1.1.	podkupújem	podkupúj podkupújte	podkupovàl, podkupovála	to bribe
podlágati (impf) 1.1.	podlágam	podlágaj podlágajte	podlágal, podlágala	to underlay
podléči (pf) 2.10.2.	podléžem	podlézi podlézite	podlégel, podlêgla	to succumb

nedoločnik the infinitive	sedanjik the present tense	velelnik the imperative	deležnik na -l the -l participle	prevod nedoločnika transl. of infinitive
podpírati *** (impf) 1.1.	podpíram	podpíraj podpírajte	podpíral, podpírala	to support
podpísati/ podpisáti *** (pf) 2.6.6.	podpíšem	podpíši podpíšite	podpísal, podpisála	to sign
podpisováti * (impf) 4.1.1.	podpisújem	podpisúj podpisújte	podpisovàl, podpisovála	to sign
podpréti ** (pf) 2.5.4.	podprèm	podprì podpríte	podpŕl, podpŕla	to support
podražíti * (pf) 3.1.	podražím	podráži podražíte	podrážil, podražíla	to raise prices
podredíti * (pf) 3.1.	podredím	podrêdi podredíte	podrédil, podredíla	to subordinate
podrêjati (impf) 1.1.	podrêjam	podrêjaj podrêjajte	podrêjal, podrêjala	to subordinate
podréti * (pf) 2.5.4.	podrèm	podrì podríte	podŕl, podŕla	to pull down
podŕgniti (pf) 2.2.9.	podŕgnem	podŕgni podŕgnite	podŕgnil, podŕgnila	to rub
podŕsati (pf) 1.1.	podŕsam	podŕsaj podŕsajte	podŕsal, podŕsala	to scrabe
podstáviti (pf) 3.1.	podstávim	podstávi podstávite	podstávil, podstávila	to put under
podstávljati (impf) 1.1.	podstávljam	podstávljaj podstávljajte	podstávljal, podstávljala	to put under
podtákniti/ podtakníti (pf) 2.2.9.	podtáknem	podtákni podtáknite/ podtákníte	podtáknil, podtáknila	to foist
podvojíti * (pf) 3.1.	podvojím	podvôji podvojíte	podvójil, podvojíla	to double
podvómiti (pf) 3.1.	podvómim	podvómi podvómite	podvómil, podvómila	to question

89

nedoločnik the infinitive	sedanjik the present tense	velelnik the imperative	deležnik na -l the -l participle	prevod nedoločnika transl. of infinitive
podvréči (pf) 2.10.3.	podvŕžem	podvŕzi podvŕzite	podvŕgel, podvŕgla	to subject
poenostáviti (pf) 3.1.	poenostávim	poenostávi poenostávite	poenostávil, poenostávila	to simplify
pogájati se * (impf) 1.1.	pogájam se	pogájaj se pogájajte se	pogájal se, pogájala se	to negotiate
pogánjati * (impf) 1.1.	pogánjam	pogánjaj pogánjajte	pogánjal, pogánjala	to drive, to propel
pogasíti (pf) 3.1.	pogasím	pogási pogasíte	pogásil, pogasíla	to extinguish, to put out
pogíniti (pf) 2.2.9.	pogínem	pogíni pogínite	pogínil, pogínila	to perish, to die
poglábljati (impf) 1.1.	poglábljam	poglábljaj poglábljajte	poglábljal, poglábljala	to deepen
poglédati *** (pf) 1.1.	poglédam	poglêj poglêjte	poglédal, poglédala	to look at
pogledováti (impf) 4.1.1.	pogledújem	pogledúj pogledújte	pogledovàl, pogledovála	to be looking at
poglobíti * (pf) 3.1.	poglobím	poglôbi poglobíte	poglóbil, poglobíla	to deepen
pognáti * (pf) 2.6.5.	požênem	požêni poženíte	pognàl, pognála	to drive, to propel
pogodíti se * (pf) 3.1.	pogodím se	pogôdi se pogodíte se	pogódil se, pogodíla se	to make a deal
pogojeváti (impf) 4.1.2.	pogojújem	pogojúj pogojújte	pogojevàl, pogojevála	to be conditioning
pogojíti (pf) 3.1.	pogojím	pogôji pogojíte	pogójil, pogojíla	to condition
pogôltniti (pf) 2.2.9.	pogôltnem	pogôltni pogôltnite	pogôltnil, pogôltnila	to swallow

90

nedoločnik the infinitive	sedanjik the present tense	velelnik the imperative	deležnik na -l the -l participle	prevod nedoločnika transl. of infinitive
pogoréti (pf) 3.2.	pogorím	pogôri pogoríte	pogôrel, pogoréla	to be burnt down
pogostíti (pf) 3.1.	pogostím	pogôsti pogostíte	pogóstil, pogostíla	to treat
pogovárjati se *** (impf) 1.1.	pogovárjam se	pogovárjaj se pogovárjajte se	pogovárjal se, pogovárjala se	to talk
pogovoríti se * (pf) 3.1.	pogovorím se	pogovôri se pogovoríte se	pogovóril se, pogovoríla se	to talk
pográbiti/pograbíti (pf) 3.1.	pográbim	pográbi pográbite/ pograbíte	pográbil, pograbíla	to grab
pogréšati * (impf) 1.1.	pogréšam	pogréšaj pogréšajte	pogréšal, pogréšala	to miss
pogrešíti (pf) 3.1.	pogreším	pogréši pogrešíte	pogréšil, pogrešíla	to make a mistake
pogrézati se (impf) 1.1.	pogrézam se	pogrézaj se pogrézajte se	pogrézal se, pogrézala se	to subside, to sink
pogrézniti se (pf) 2.2.9.	pogréznem se	pogrézni se pogréznite se	pogréznil se, pogréznila se	to sink
pohitéti * (pf) 3.2.	pohitím	pohíti pohitíte	pohitél, pohitéla	to hurry up
pohváliti/pohvalíti * (pf) 3.1.	pohválim	pohváli pohválite/ pohvalíte	pohválil, pohvalíla	to compliment
poimenováti * (pf) 4.1.1.	poimenújem	poimenúj poimenújte	poimenovàl, poimenovála	to name
poiskáti ** (pf) 2.6.8.	poíščem	poíšči poíščite	poiskàl, poiskála	to look up
pojásniti/ pojasníti *** (pf) 3.1.	pojásnim	pojásni pojásnite/ pojasníte	pojásnil, pojásnila/ pojasníla	to explain

91

nedoločnik the infinitive	sedanjik the present tense	velelnik the imperative	deležnik na -l the -l participle	prevod nedoločnika transl. of infinitive
pojasnjeváti * (impf) 4.1.2.	pojasnjújem	pojasnjúj pojasnjújte	pojasnjevàl, pojasnjevála	to explain
pojáviti se *** (pf) 3.1.	pojávim se	pojávi se pojávite se	pojávil se, pojávila se	to appear
pojávljati se ** (impf) 1.1.	pojávljam se	pojávljaj se pojávljajte se	pojávljal se, pojávljala se	to appear
pojésti * (pf) 5.2.	pojém	pojêj pojêjte	pojédel, pojédla	to eat up
pojmováti (impf) 4.1.1.	pojmújem	pojmúj pojmújte	pojmovàl, pojmovála	to understand
pokadíti (pf) 3.1.	pokadím	pokádi pokadíte	pokádil, pokadíla	to smoke
pókati (impf) 1.1.	pókam	pókaj pókajte	pókal, pókala	to crack, to burst
pokázati/ pokazáti *** (pf) 2.6.7.	pokážem	pokáži pokážite/ pokažíte	pokázal, pokazála	to show, to indicate
pokesáti se (pf) 1.1.	pokesám se	pokesàj se pokesájte se	pokesàl se, pokesála se	to repent
pokímati (pf) 1.1.	pokímam	pokímaj pokímajte	pokímal, pokímala	to nod
poklícati *** (pf) 2.6.1.	poklíčem	poklíči poklíčite	poklícal, poklícala/ poklicála	to call
pokloníti (pf) 3.1.	poklónim	poklôni pokloníte	poklônil, pokloníla	to give as a gift
pokončáti (pf) 1.1.	pokončám	pokončàj pokončájte	pokončàl, pokončála	to exterminate, to finish off
pokopáti * (pf) 1.1. + 2.6.11.	pokopám + pokópljem	pokôpaj + pokôplji pokopájte + pokôpljite/ pokopljíte	pokôpal, pokopála	to bury

nedoločnik the infinitive	sedanjik the present tense	velelnik the imperative	deležnik na -l the -l participle	prevod nedoločnika transl. of infinitive
pokopávati (impf) 1.1.	pokopávam	pokopávaj ° pokopávajte	pokopával, pokopávala	to be burying
pokósiti (pf) 3.1.	pokósim	pokósi pokósite	pokósil, pokósila	to finish lunch
pokosíti (pf) 3.1.	pokosím	pokôsi pokosíte	pokosíl, pokosíla	to mow down
pokríti * (pf) 4.4.2.	pokríjem	pokríj pokríjte	pokríl, pokríla	to cover, to tuck in
pokrívati * (impf) 1.1.	pokrívam	pokrívaj pokrívajte	pokríval, pokrívala	to be covering, to be tucking in
pokrížati se (pf) 1.1.	pokrížam se	pokrížaj se pokrížajte se	pokrížal se, pokrížala se	to make the sign of the cross
pokváriti * (pf) 3.1.	pokvárim	pokvári pokvárite	pokváril, pokvárila	to spoil
polágati * (impf) 1.1.	polágam	polágaj polágajte	polágal, polágala	to lay down
poléči (pf) 2.10.2.	poléžem	polézi polézite	polégel, polêgla	to lay
polépšati (pf) 1.1.	polépšam	polépšaj polépšajte	polépšal, polépšala	to make more beautiful
poletéti * (pf) 3.2.	poletím	polêti poletíte	polêtel, poletéla	to fly
poležáti (pf) 3.3.2.	poležím	polêži poležíte	polêžal, poležála	to lie in
políti (pf) 4.4.2.	políjem	polij políjte	políl, políla	to pour
polívati (impf) 1.1.	polívam	polívaj polívajte	políval, polívala	to be pouring
polízati/polizáti (pf) 2.6.7.	polížem	políži polížite	polízal, polizála	to lick

nedoločnik the infinitive	sedanjik the present tense	velelnik the imperative	deležnik na -l the -l participle	prevod nedoločnika transl. of infinitive
poljúbiti/poljubíti (pf) 3.1.	poljúbim	poljúbi poljúbite/ poljubíte	poljúbil, poljubíla	to kiss
poljúbljati (impf) 1.1.	poljúbljam	poljúbljaj poljúbljajte	poljúbljal, poljúbljala	to be kissing
pôlniti/polníti * (impf) 3.1.	pôlnim	pôlni pôlnite/polníte	pôlnil, polníla	to fill
polomíti (pf) 3.1.	polómim	polômi polomíte	polômil, polomíla	to break up; to make a mistake
položíti ** (pf) 3.1.	položím	polôži položíte	polóžil, položíla	to lay, to lay down
polzéti (impf) 3.2.	polzím	pôlzi polzíte	polzél, polzéla	to slip
pomágati/ pomagáti *** (impf, pf) 1.1.	pomágam	pomágaj pomágajte/ pomagájte	pomágal, pomágala/ pomagála	to help
pomáhati/ pomaháti (pf) 1.1.	pomáham	pomáhaj pomáhajte/ pomahájte	pomáhal, pomahála	to wave
pomákniti/ pomakníti (pf) 2.2.9.	pomáknem	pomákni pomáknite/ pomakníte	pomáknil, pomakníla	to move
pomálicati (pf) 1.1.	pomálicam	pomálicaj pomálicajte	pomálical, pomálicala	to finish a snack
pománjšati (pf) 1.1.	pománjšam	pománjšaj pománjšajte	pománjšal, pománjšala	to minimize
pomázati (pf) 2.6.7.	pomážem	pomáži pomážite	pomázal, pomázala/ pomazála	to besmear, to smear
poméniti/ pomeníti *** (pf) 3.1.	poménim	poméni ° poménite/ pomeníte	poménil, pomeníla	to mean

nedoločnik the infinitive	sedanjik the present tense	velelnik the imperative	deležnik na -l the -l participle	prevod nedoločnika transl. of infinitive
poméniti se/ pomeníti se (pf) 3.1.	poménim se	poméni se poménite se/ pomeníte se	poménil se, pomeníla se	to talk
pomériti * (pf) 3.1.	pomérim	poméri pomérite	poméril, pomérila	to try on; to measure
pomérjati (impf) 1.1.	pomérjam	pomérjaj pomérjajte	pomérjal, pomérjala	to try on
pomêsti (pf) 2.11.3.	pomêtem	pomêti pometíte	pomêtel, pomêtla	to sweep
poméšati (pf) 1.1.	poméšam	poméšaj poméšajte	poméšal, pomešála	to mix, to confuse
pométati (pf) 1.1.	pométam	pométaj pométajte	pométal, pométala	to sweep
pomígati (pf) 1.1.	pomígam	pomígaj pomígajte	pomígal, pomígala	to beckon
pomígniti (pf) 2.2.9.	pomígnem	pomígni pomígnite	pomígnil, pomígnila	to beckon
pomíkati (impf) 1.1.	pomíkam	pomíkaj pomíkajte	pomíkal, pomíkala	to move
pomiríti * (pf) 3.1.	pomirím	pomíri pomiríte	pomíril, pomiríla	to calm down
pomísliti ** (pf) 3.1.	pomíslim	pomísli pomíslite	pomíslil, pomíslila	to think
pomíti (pf) 4.4.2.	pomíjem	pomíj pomíjte	pomíl, pomíla	to wash up
pomívati (impf) 1.1.	pomívam	pomívaj pomívajte	pomíval, pomívala	to wash
pomladíti (pf) 3.1.	pomladím	pomládi pomladíte	pomládil, pomladíla	to rejuvenate
pômniti * (impf) 3.1.	pômnim	pômni pômnite	pômnil, pômnila	to remember

95

nedoločnik the infinitive	sedanjik the present tense	velelnik the imperative	deležnik na -l the -l participle	prevod nedoločnika transl. of infinitive
pomočíti (pf) 3.1.	pomóčim	pomôči pomočíte	pomôčil, pomočíla	to dip
pomolíti (pf) 3.1.	pomólim	pomôli pomolíte	pomôlil, pomolíla	to hold out
pomôlsti (pf) 2.11.4.	pomôlzem	pomôlzi pomôlzite	pomôlzel, pomôlzla	to milk
ponaredíti (pf) 3.1.	ponaredím	ponarêdi ponaredíte	ponarédil, ponaredíla	to forge
ponarêjati (impf) 1.1.	ponarêjam	ponarêjaj ponarêjajte	ponarêjal, ponarêjala	to counterfeit
ponášati se * (impf) 1.1.	ponášam se	ponášaj se ponášajte se	ponášal se, ponášala se	to pride on
ponávljati ** (impf) 1.1.	ponávljam	ponávljaj ponávljajte	ponávljal, ponávljala	to repeat
ponazárjati * (impf) 1.1.	ponazárjam	ponazárjaj ponazárjajte	ponazárjal, ponazárjala	to exemplify, to illustrate
ponazoríti (pf) 3.1.	ponazorím	ponazôri ponazoríte	ponazóril, ponazoríla	to exemplify, to illustrate
ponesréčiti se (pf) 3.1.	ponesréčim se	ponesréči se ponesréčite se	ponesréčil se, ponesréčila se	to have an accident
ponížati (pf) 1.1.	ponížam	ponížaj ponížajte	ponížal, ponížala	to humiliate
poniževáti (impf) 4.1.2.	ponižújem	ponižúj ponižújte	poniževàl, poniževála	to humiliate
ponočeváti (impf) 4.1.2.	ponočújem	ponočúj ponočújte	ponočevàl, ponočevála	to stay out late
ponovíti ** (pf) 3.1.	ponovím	ponôvi ponovíte	ponôvil, ponovíla	to repeat
ponúditi/ ponudíti *** (pf) 3.1.	ponúdim	ponúdi ponúdite/ ponudíte	ponúdil, ponudíla	to offer

96

nedoločnik the infinitive	sedanjik the present tense	velelnik the imperative	deležnik na -l the -l participle	prevod nedoločnika transl. of infinitive
ponújati *** (impf) 1.1.	ponújam	ponújaj ponújajte	ponújal, ponújala	to offer
pooblastíti * (pf) 3.1.	pooblastím	pooblásti pooblastíte	pooblástil, pooblastíla	to authorize
pooblaščáti (impf) 1.1.	pooblaščám	pooblaščáj pooblaščájte	pooblaščál, pooblaščála	to authorize
poostríti (pf) 3.1.	poostrím	poôstri poostríte	poóstril, poostríla	to make stricter
popeljáti * (pf) 2.3.2.	popéljem	popêlji popeljíte	popêljal, popeljála	to take (into the world)
popestríti * (pf) 3.1.	popestrím	popêstri popestríte	popéstril, popestríla	to diversify, to make more interesting
popísati/popisáti (pf) 2.6.6.	popíšem	popíši popíšite	popísal, popisála	to make an inventory
popíti * (pf) 4.4.2.	popíjem	popíj popíjte	popíl, popíla	to drink up
popláčati/poplačáti (pf) 1.1.	popláčam	popláčaj popláčajte	popláčal, popláčala	to repay
popláviti (pf) 3.1.	poplávim	poplávi poplávite	poplávil, poplávila	to flood
popráskati (pf) 1.1.	popráskam	popráskaj popráskajte	popráskal, popráskala	to scratch
popráviti ** (pf) 3.1.	poprávim	poprávi poprávite	poprávil, poprávila	to repair
poprávljati * (impf) 1.1.	poprávljam	poprávljaj poprávljajte	poprávljal, poprávljala	to be fixing
popustíti * (pf) 3.1.	popustím	popústi popustíte	popústil, popustíla	to slacken
popúščati (impf) 1.1.	popúščam	popúščaj popúščajte	popúščal, popúščala	to indulge

97

nedoločnik the infinitive	sedanjik the present tense	velelnik the imperative	deležnik na -l the -l participle	prevod nedoločnika transl. of infinitive
porábiti/porabíti ** (pf) 3.1.	porábim	porábi porábite/porabíte	porábil, porabíla	to spend, to consume
porábljati (impf) 1.1.	porábljam	porábljaj porábljajte	porábljal, porábljala	to be spending, to consume
porájati * (impf) 1.1.	porájam	porájaj porájajte	porájal, porájala	to bring forth
porásti * (pf) 2.11.5. + 2.11.1.	porástem + porásem	porásti + porási ° porástite + porásite	porástel + porásel, porástla + porásla	to grow up
poravnáti * (pf) 1.1.	poravnám	poravnàj poravnájte	poravnàl, poravnála	to straighten, to even up
poravnávati (impf) 1.1.	poravnávam	poravnávaj poravnávajte	poravnával, poravnávala	to compensate
porazdelíti (pf) 3.1.	porazdelím	porazděli porazdelíte	porazdélil, porazdelíla	to divide
poráziti (pf) 3.1.	porázim	porázi porázite	porázil, porázila	to defeat
poríniti (pf) 2.2.9.	porínem	poríni porínite	porínil, porínila	to shove
porívati (impf) 1.1.	porívam	porívaj porívajte	poríval, porívala	to shove
poróčati ** (impf) 1.1.	poróčam	poróčaj poróčajte	poróčal, poróčala	to report
poróčiti * (pf) 3.1.	poročím	porôči poročíte	poróčil, poročíla	to marry
porodíti (pf) 3.1.	porodím	porôdi ° porodíte	poródil, porodíla	to bring forth
porúšiti/porušíti * (pf) 3.1.	porúšim	porúši porúšite/porušíte	porúšil, porušíla	to demolish
posadíti * (pf) 3.1.	posadím	posádi posadíte	posádil, posadíla	to plant

98

nedoločnik the infinitive	sedanjik the present tense	velelnik the imperative	deležnik na -l the -l participle	prevod nedoločnika transl. of infinitive
posájati (impf) 1.1.	posájam	posájaj posájajte	posájal, posájala	to be planting
poscáti (pf) 4.6. + 3.5.	poščíjem + poščím °	poščíj + poščì ° poščíjte	poscál, poscála	to piss
poséči * (pf) 2.10.2.	poséžem	posézi posézite	poségel, poségla	to intervene
poségati * (impf) 1.1.	poségam	poségaj poségajte	poségal, poségala	to intervene
posejáti (pf) 4.3.	posêjem	posêj posêjte	posejál, posejála	to sow
posékati (pf) 1.1.	posékam	posékaj posékajte	posékal, posékala	to fell
posésti (pf) 2.11.2.	posédem	posédi posédite	posédel, posédla	to seat
posijáti (pf) 4.3.	posíjem	posíj posíjte	posijál, posijála	to shine
poskočíti (pf) 3.1.	poskóčim	poskôči poskočíte	poskôčil, poskočíla	to jump
poskrbéti *** (pf) 3.2.	poskrbím	poskŕbi poskrbíte	poskrbél, poskrbéla	to take care
poskúsiti ** (pf) 3.1.	poskúsim	poskúsi poskúsite	poskúsil, poskúsila	to try, to attempt
poskúšati *** (impf) 1.1.	poskúšam	poskúšaj poskúšajte	poskúšal, poskúšala	to try, to attempt
poslábšati * (pf) 1.1.	poslábšam	poslábšaj poslábšajte	poslábšal, poslábšala	to make worse
posladkáti (pf) 1.1.	posladkám	posladkàj posladkájte	posladkàl, posladkála	to sweeten
posláti *** (pf) 2.6.12.	póšljem	pôšlji pošljíte	poslàl, poslála	to send

nedoločnik the infinitive	sedanjik the present tense	velelnik the imperative	deležnik na -l the -l participle	prevod nedoločnika transl. of infinitive
poslávljati se (impf) 1.1.	poslávljam se	poslávljaj se poslávljajte se	poslávljal se, poslávljala se	to be taking leave
poslíkati (pf) 1.1.	poslíkam	poslíkaj poslíkajte	poslíkal, poslíkala	to paint
poslováti * (impf) 4.1.1.	poslújem	poslúj poslújte	poslovàl, poslovála	to trade
poslovíti se * (pf) 3.1.	poslovím se	poslôvi se poslovíte se	poslôvil se, poslovíla se	to take leave
poslúšati *** (impf) 1.1.	poslúšam	poslúšaj poslúšajte	poslúšal, poslúšala	to listen
posmehováti se (impf) 4.1.1.	posmehújem se	posmehúj se posmehújte se	posmehovàl se, posmehovála se	to mock
posnémati * (impf) 1.1.	posnémam	posnémaj posnémajte	posnémal, posnémala	to imitate
posnéti * (pf) 2.2.3.	posnámem	posnêmi posnemíte	posnél, posnéla	to record
posóditi/posodíti * (pf) 3.1.	posódim	posódi posódite/posodíte	posódil, posodíla	to lend
posodôbiti (pf) 3.1.	posodôbim	posodôbi posodôbite	posodôbil, posodôbila	to modernise
posójati (impf) 1.1.	posójam	posójaj posójajte	posójal, posójala	to lend
posolíti (pf) 3.1.	posolím	posôli posolíte	posólil, posolíla	to salt
pospeševáti * (impf) 4.1.2.	pospešújem	pospešúj pospešújte	pospeševàl, pospeševála	to promote, to be accelerating
pospéšiti * (pf) 3.1.	pospéšim	pospéši pospéšite	pospéšil, pospéšila	to accelerate
pospráviti * (pf) 3.1.	posprávim	posprávi posprávite	posprávil, posprávila	to clean, to tidy up

100

nedoločnik the infinitive	sedanjik the present tense	velelnik the imperative	deležnik na -l the -l participle	prevod nedoločnika transl. of infinitive
posprávljati (impf) 1.1.	posprávljam	posprávljaj posprávljajte	posprávljal, posprávljala	to be cleaning, to be tidying up
posprémiti * (pf) 3.1.	posprémim	posprémi posprémite	posprémil, posprémila	to see (to the door)
posráti (pf) 2.5.6.	posérjem	posêrji poserjíte	posràl, posrála	to make a mess, to shit all over something
posréčiti se * (pf) 3.1.	posréčim se	posréči se ° posréčite se	posréčil se, posréčila se	to succeed
posredováti ** (impf, pf) 4.1.1.	posredújem	posredúj posredújte	posredoval, posredovála	to mediate
postájati ** (impf) 1.1.	postájam	postájaj ° postájajte	postájal, postájala	to become; to loaf (about)
postárati (pf) 1.1.	postáram	postáraj postárajte	postáral, postárala	to age
postáti *** (pf) 2.2.1.	postánem	postáni postaníte	postàl, postála	to become
postáviti *** (pf) 3.1.	postávim	postávi postávite	postávil, postávila	to put
postávljati ** (impf) 1.1.	postávljam	postávljaj postávljajte	postávljal, postávljala	to be putting
postíljati (impf) 1.1.	postíljam	postíljaj postíljajte	postíljal, postíljala	to make the bed
postláti (pf) 2.4.1.	postéljem	postêlji posteljíte	postlàl, postlála	to make the bed
postoríti (pf) 3.1.	postorím	postôri postoríte	postóril, postoríla	to do
postréči * (pf) 2.10.2.	postréžem	postrézi postrézite	postrégel, postrégla	to serve
posušíti (pf) 3.1.	posuším	posúši posušíte	posúšil, posúšila	to dry

nedoločnik the infinitive	sedanjik the present tense	velelnik the imperative	deležnik na -l the -l participle	prevod nedoločnika transl. of infinitive
posúti (pf) 4.4.3.	posújem	posúj posújte	posúl, posúla	to sprinkle, to powder
posvaríti (pf) 3.1.	posvarím	posvári posваríte	posváril, posваríla	to warn
posvéčati * (impf) 1.1.	posvéčam	posvéčaj posvéčajte	posvéčal, posvéčala	to pay (attention), to dedicate (time)
posvétiti/posvetíti (pf) 3.1.	posvétim	posvéti posvétite/ posvetíte	posvétil, posvétila	to light
posvetíti ** (pf) 3.1.	posvetím	posvéti posvetíte	posvétil, posvetíla	to dedicate, to devote
posvetováti se * (impf, pf) 4.1.1.	posvetújem se	posvetúj se posvetújte se	posvetovàl se, posvetovála se	to consult
posvojíti (pf) 3.1.	posvojím	posvôji posvojíte	posvójil, posvojíla	to adopt
pošáliti se (pf) 3.1.	pošálim se	pošáli se pošálite se	pošálil se, pošálila se	to make a joke
pošíljati * (impf) 1.1.	pošíljam	pošíljaj pošíljajte	pošíljal, pošíljala	to be sending
poškodováti ** (pf) 4.1.1.	poškodújem	poškodúj poškodújte	poškodovàl, poškodovála	to damage
poškropíti (pf) 3.1.	poškropím	poškrôpi poškropíte	poškrópil, poškropíla	to sprinkle
potápljati (impf) 1.1.	potápljam	potápljaj potápljajte	potápljal, potápljala	to sink, to submerge
potárnati (pf) 1.1.	potárnam	potárnaj potárnajte	potárnal, potárnala	to complain
potêči * (pf) 2.10.1.	potêčem	potêci ° potecíte	potékel, potêkla	to expire
potégniti/ potegníti ** (pf) 2.2.9.	potégnem	potégni potégnite/ potegníte	potégnil, potegníla	to pull

102

nedoločnik the infinitive	sedanjik the present tense	velelnik the imperative	deležnik na -l the -l participle	prevod nedoločnika transl. of infinitive
potegováti se * (impf) 4.1.1.	potegújem se	potegúj se potegújte se	potegovàl se, potegovála se	to compete
potékati *** (impf) 1.1.	potékam	potékaj potékajte	potékal, potékala	to take place
potépati se (impf) 1.1.	potépam se	potépaj se potépajte se	potépal se, potépala se	to roam
potískati * (impf) 1.1.	potískam	potískaj potískajte	potískal, potískala	to be pushing
potísniti * (pf) 2.2.9.	potísnem	potísni potísnite	potísnil, potísnila	to push
potíti se (impf) 3.1.	potím se	pôti se ° potíte se	potíl se, potíla se	to sweat
potláčiti (pf) 3.1.	potláčim	potláči potláčite	potláčil, potláčila	to repress
potolážiti (pf) 3.1.	potolážim	potoláži potolážite	potolážil, potolážila	to comfort, to console
potôlči (pf) 2.10.1.	potôlčem	potôlci potôlcite	potôlkel, potôlkla	to beat
potopíti * (pf) 3.1.	potopím	potôpi potopíte	potópil, potopíla	to immerse, to sink
potováti ** (impf) 4.1.1.	potújem	potúj potújte	potovàl, potovála	to travel
potóžiti/potožíti (pf) 3.1.	potóžim	potóži potóžite/potožíte	potóžil, potožíla	to complain
potŕditi/potrdíti *** (pf) 3.1.	potŕdim/potrdím	potŕdi potŕdite/potrdíte	potŕdil, potrdíla	to confirm
potrebováti *** (impf) 4.1.1.	potrebújem	/	potrebovàl, potrebovála	to need
potrésti * (pf) 2.11.1.	potrésem	potrési potrésite	potrésel, potrésla	to shake, to dust

103

nedoločnik the infinitive	sedanjik the present tense	velelnik the imperative	deležnik na -l the -l participle	prevod nedoločnika transl. of infinitive
potréti (pf) 2.5.4. + 2.5.2.	potrèm + potárem	potri ° potríte	potŕl, potŕla	to depress
potrjeváti * (impf) 4.1.2.	potrjújem	potrjúj potrjújte	potrjevàl, potrjevála	to confirm
potŕkati (pf) 1.1.	potŕkam	potŕkaj potŕkajte	potŕkal, potŕkala	to knock
potrpéti (pf) 3.2.	potrpím	potŕpi potrpíte	potrpél, potrpéla	to bear with
potrúditi se/ potrudíti se * (pf) 3.1.	potrúdim se	potrúdi se potrúdite se/ potrudíte se	potrúdil se, potrudíla se	to try one's best
poučeváti * (impf) 4.1.2.	poučújem	poučúj poučújte	poučevàl, poučevála	to teach
poučíti (pf) 3.1.	poučím	poúči poučíte	poúčil, poučíla	to enlighten
poudáriti *** (pf) 3.1.	poudárim	poudári poudárite	poudáril, poudárila	to stress, to emphasise
poudárjati ** (impf) 1.1.	poudárjam	poudárjaj poudárjajte	poudárjal, poudárjala	to stress, to emphasise
povábiti/povabíti ** (pf) 3.1.	povábim	povábi povábite/povabíte	povábil, povabíla	to invite
pováljati (pf) 1.1.	pováljam	pováljaj pováljajte	pováljal, pováljala	to roll
povéčati *** (pf) 1.1.	povéčam	povéčaj povéčajte	povéčal, povéčala	to enlarge, to magnify
povečérjati (pf) 1.1.	povečérjam	povečérjaj povečérjajte	povečérjal, povečérjala	to have and finish dinner
povečeváti * (impf) 4.1.2.	povečújem	povečúj povečújte	povečevàl, povečevála	to be enlarging/ magnifying
povédati *** (pf) 5.1.	povém	povêj povêjte	povédal, povédala	to tell

104

nedoločnik the infinitive	sedanjik the present tense	velelnik the imperative	deležnik na -l the -l participle	prevod nedoločnika transl. of infinitive
poveljeváti (impf) 4.1.2.	poveljújem	poveljúj poveljújte	poveljevàl, poveljevála	to command
povériti (pf) 3.1.	povérim	povéri povérite	povéril, povérila	to delegate
povérjati (impf) 1.1.	povérjam	povérjaj povérjajte	povérjal, povérjala	to be delegating
povêsti (pf) 2.11.2.	povêdem	povêdi povêdite/povedíte	povêdel, povêdla	to take
povézati/povezáti ** (pf) 2.6.7.	povéžem	povéži povéžite/povežíte	povézal, povezála	to connect, to link, to bind
povezováti ** (impf) 4.1.1.	povezújem	povezúj povezújte	povezovàl, povezovála	to associate, to link
povíšati * (pf) 1.1.	povíšam	povíšaj povíšajte	povíšal, povíšala	to raise
povléči * (pf) 2.10.1.	povléčem	povléci povlécite	povlékel, povlékla	to draw
povozíti (pf) 3.1.	povózim	povôzi povozíte	povôzil, povozíla	to run over
povprášati/ povprašáti * (pf) 1.1.	povprášam	povprášaj povprášajte	povprášal, povprašála	to inquire
povráčati (impf) 1.1.	povráčam	povráčaj ° povráčajte	povráčal, povráčala	to vomit
povŕniti/povrníti * (pf) 2.2.9.	povŕnem	povŕni povŕnite/povrníte	povŕnil, povrníla	to pay back
povzdígniti (pf) 2.2.9.	povzdígnem	povzdígni povzdígnite	povzdígnil, povzdígnila	to elevate, to raise
povzémati * (impf) 1.1.	povzémam	povzémaj povzémajte	povzémal, povzémala	to summarise
povzéti * (pf) 2.2.3.	povzámem	povzêmi povzemíte	povzél, povzéla	to summarise

105

nedoločnik the infinitive	sedanjik the present tense	velelnik the imperative	deležnik na -l the -l participle	prevod nedoločnika transl. of infinitive
povzpéti se * (pf) 2.2.8.	povzpnèm se	povzpni se povzpníte se	povzpél se, povzpéla se	to climb
povzróčati ** (impf) 1.1.	povzróčam	povzróčaj povzróčajte	povzróčal, povzróčala	to be causing
povzročíti *** (pf) 3.1.	povzročím	povzróči povzročíte	povzróčil, povzročíla	to cause
pozabíti *** (pf) 3.1.	pozábim	pozábi pozabíte	pozábil, pozabíla	to forget
pozábljati * (impf) 1.1.	pozábljam	pozábljaj pozábljajte	pozábljal, pozábljala	to forget
pozajtrkováti (pf) 4.1.1.	pozajtrkújem	pozajtrkúj pozajtrkújte	pozajtrkovàl, pozajtrkovála	to have and finish breakfast
pozanímati se * (pf) 1.1.	pozanímam se	pozanímaj se pozanímajte se	pozanímal se, pozanímala se	to inquire
pozdráviti * (pf) 3.1.	pozdrávim	pozdrávi pozdrávite	pozdrávil, pozdrávila	to greet; to cure
pozdrávljati * (impf) 1.1.	pozdrávljam	pozdrávljaj pozdrávljajte	pozdrávljal, pozdrávljala	to greet
pozídati (pf) 1.1.	pozídam	pozídaj pozídajte	pozídal, pozídala	to fill with constructions
pozívati * (impf) 1.1.	pozívam	pozívaj pozívajte	pozíval, pozívala	to call
poznáti *** (pf) 1.1.	poznám	poznáj poznájte	poznàl, poznála	to know
pozóbati (pf) 1.1. + 2.6.9.	pozóbam + pozóbljem	pozóbaj + pozóblji pozóbajte + pozóbljite	pozôbal, pozôbala/ pozobála	to eat up by pecking
pozváti * (pf) 2.7.3.	pozôvem	pozôvi pozovíte	pozvál, pozvála	to call on, to summon
pozvoníti (pf) 3.1.	pozvoním	pozvôni pozvoníte	pozvónil, pozvoníla	to ring

106

nedoločnik the infinitive	sedanjik the present tense	velelnik the imperative	deležnik na -l the -l participle	prevod nedoločnika transl. of infinitive
požéti (pf) 2.2.5.	požánjem	požánji požánjite	požél, požéla	to reap
požgáti (pf) 2.3.1.	požgèm	požgì požgíte	požgál, požgála	to burn down
požírati (impf) 1.1.	požíram	požíraj požírajte	požíral, požírala	to be swallowing
požívíti (pf) 3.1.	požívím	požívi požívíte	požívil, požívíla	to enliven
požréti * (pf) 2.5.4.	požrèm	požrì požríte	požŕl, požŕla	to swallow
práskati (impf) 1.1.	práskam	práskaj práskajte	práskal, práskala	to scratch, to claw
práti (impf) 2.5.1.	pêrem	pêri períte	prál, prála	to wash
práviti *** (impf, pf) 3.1.	právim	právi ° právite	právil, právila	to say, to tell
prázniti/prazníti (impf) 3.1.	práznim	prázni práznite/prazníte	práznil, prazníla	to empty
praznováti * (impf) 4.1.1.	praznújem	praznúj praznújte	praznovàl, praznovála	to celebrate
prebáviti (pf) 3.1.	prebávim	prebávi prebávite	prebávil, prebávila	to digest
prebávljati (impf) 1.1.	prebávljam	prebávljaj prebávljajte	prebávljal, prebávljala	to digest
prebíčati (pf) 1.1.	prebíčam	prebíčaj prebíčajte	prebíčal, prebíčala	to lash
prebíjati (impf) 1.1.	prebíjam	prebíjaj prebíjajte	prebíjal, prebíjala	to work one's way trough
prebírati * (impf) 1.1.	prebíram	prebíraj prebírajte	prebíral, prebírala	to be reading

nedoločnik the infinitive	sedanjik the present tense	velelnik the imperative	deležnik na -l the -l participle	prevod nedoločnika transl. of infinitive
prebíti (pf) 4.4.2.	prebíjem	prebíj prebíjte	prebíl, prebíla	to break through, to pierce
prebívati * (impf) 1.1.	prebívam	prebívaj prebívajte	prebíval, prebívala	to live, to dwell
preboléti (pf) 3.2.	prebolím	prebôli prebolíte	prebôlel, preboléla	to get over
prebolévati (impf) 1.1.	prebolévam	prebolévaj prebolévajte	preboléval, prebolévala	to be getting over
prebôsti (pf) 2.11.2.	prebôdem	prebôdi prebodíte	prebôdel, prebôdla	to pierce
prebráti ** (pf) 2.5.1.	prebêrem	prebêri preberíte	prebrál, prebrála	to read, to read over/through
prebrodíti (pf) 3.1.	prebródim	prebrôdi prebrodíte	prebrôdil, prebrodíla	to weather
prebŕskati (pf) 1.1.	prebŕskam	prebŕskaj prebŕskajte	prebŕskal, prebŕskala	to ransack
prebudíti * (pf) 3.1.	prebudím	prebúdi prebudíte	prebúdil, prebudíla	to awaken
prebújati (impf) 1.1.	prebújam	prebújaj prebújajte	prebújal, prebújala	to awaken
préčiti (impf, pf) 3.1.	préčim	préči préčite	préčil, préčila	to cross
préčkati * (impf, pf) 1.1.	préčkam	préčkaj préčkajte	préčkal, préčkala	to cross
predájati (impf) 1.1.	predájam	predájaj predájajte	predájal, predájala	to hand over
predáti ** (pf) 1.1.	predám	predàj predájte	predál, predála	to hand over; to surrender
predávati * (impf) 1.1.	predávam	predávaj predávajte	predával, predávala	to lecture

nedoločnik the infinitive	sedanjik the present tense	velelnik the imperative	deležnik na -/ the -/ participle	prevod nedoločnika transl. of infinitive
predélati * (pf) 1.1.	predélam	predélaj predélajte	predélal, predélala	to process, to remake
predelováti (impf) 4.1.1.	predelújem	predelúj predelújte	predelovàl, predelovála	to process, to remake
predlágati *** (impf, pf) 1.1.	predlágam	predlágaj predlágajte	predlágal, predlágala	to suggest, to propose
predložíti * (pf) 3.1.	predložím	predlôži predložíte	predlóžil, predložíla	to submit
predpísati/ predpisáti * (pf) 2.6.6.	predpíšem	predpíši predpíšite	predpísal, predpisála	to prescribe
predpisováti * (impf) 4.1.1.	predpisújem	predpisúj predpisújte	predpisovàl, predpisovála	to prescribe
predpostáviti (pf) 3.1.	predpostávim	predpostávi predpostávite	predpostávil, predpostávila	to presume, to suppose
predpostávljati * (impf) 1.1.	predpostávljam	predpostávljaj predpostávljajte	predpostávljal, predpostávljala	to suppose
predréti (pf) 2.5.4. + 2.5.3.	predrèm + predêrem	predrì + predêri predríte + prederíte	predŕl, predŕla	to pierce
predsedováti * (impf) 4.1.1.	predsedújem	predsedúj predsedújte	predsedovàl, predsedovála	to chair, to preside
predstáviti *** (pf) 3.1.	predstávim	predstávi predstávite	predstávil, predstávila	to present, to introduce
predstávljati *** (impf) 1.1.	predstávljam	predstávljaj predstávljajte	predstávljal, predstávljala	to represent
predvájati * (impf) 1.1.	predvájam	predvájaj predvájajte	predvájal, predvájala	to play
predvídeti * (pf) 3.2.	predvídim	predvídi ° predvídite	predvídel, predvídela	to anticipate, to foresee
predvidévati ** (impf) 1.1.	predvidévam	predvidévaj predvidévajte	predvidéval, predvidévala	to anticipate, to foresee

nedoločnik the infinitive	sedanjik the present tense	velelnik the imperative	deležnik na -l the -l participle	prevod nedoločnika transl. of infinitive
pregánjati * (impf) 1.1.	pregánjam	pregánjaj pregánjajte	pregánjal, pregánjala	to haunt, to persecute
preglédati * (pf) 1.1.	preglédam	preglêj preglêjte	preglédal, preglédala	to examine, to inspect
pregledováti * (impf) 4.1.1.	pregledújem	pregledúj pregledújte	pregledovàl, pregledovála	to examine, to inspect
pregnáti * (pf) 2.6.5.	prežênem	prežêni preženíte	pregnàl, pregnála	to banish, to chase
pregovoríti (pf) 3.1.	pregovorím	pregovôri pregovoríte	pregovóril, pregovoríla	to persuade, to talk into
prehájati * (impf) 1.1.	prehájam	prehájaj prehájajte	prehájal, prehájala	to pass to, to proceed
prehitéti * (pf) 3.2.	prehitím	prehíti prehitíte	prehitél, prehitéla	to overtake
prehitévati (impf) 1.1.	prehitévam	prehitévaj prehitévajte	prehitéval, prehitévala	to be overtaking
prehladíti se (pf) 3.1.	prehladím se	prehládi se prehladíte se	prehládil se, prehladíla se	to catch cold
prehodíti (pf) 3.1.	prehódim	prehôdi prehodíte	prehôdil, prehodíla	to walk through
prehrániti/ prehraníti (pf) 3.1.	prehránim	prehráni prehránite/ prehraníte	prehránil, prehraníla	to nourish, to provide with food
preimenováti * (pf) 4.1.1.	preimenújem	preimenúj preimenújte	preimenovàl, preimenovála	to rename
preiskáti (pf) 2.6.8.	preíščem	preíšči preíščite	preiskàl, preiskála	to inspect, to search
preiskováti (impf) 4.1.1.	preiskújem	preiskúj preiskújte	preiskovàl, preiskovála	to investigate, to search
preíti * (pf) 2.8.1.	preídem	preídi preídite	prešèl, prešlà	to go over, to pass over

nedoločnik the infinitive	sedanjik the present tense	velelnik the imperative	deležnik na -l the -l participle	prevod nedoločnika transl. of infinitive
preizkúsiti * (pf) 3.1.	preizkúsim	preizkúsi preizkúsite	preizkúsil, preizkúsila	to try out, to test
preizkúšati * (impf) 1.1.	preizkúšam	preizkúšaj preizkúšajte	preizkúšal, preizkúšala	to try, to test
prejémati * (impf) 1.1.	prejémam	prejémaj prejémajte	prejémal, prejémala	to receive
prejéti *** (pf) 2.2.7.	prêjmem	prêjmi prêjmite	prejél, prejéla	to receive
prekíniti * (pf) 2.2.9.	prekínem	prekíni prekínite	prekínil, prekínila	to interrupt
prekínjati (impf) 1.1.	prekínjam	prekínjaj prekínjajte	prekínjal, prekínjala	to be interrupting
prekléti (pf) 2.4.4.	prekôlnem	prekôlni prekôlnite	preklél, prekléla	to curse
preklícati * (pf) 2.6.1.	preklíčem	preklíči preklíčite	preklícal, preklícala/ preklicála	to revoke, to cancel
preklínjati (impf) 1.1.	preklínjam	preklínjaj preklínjajte	preklínjal, preklínjala	to curse, to swear
prekoráčiti (pf) 3.1.	prekoráčim	prekoráči prekoráčite	prekoráčil, prekoráčila	to exceed
prekríti * (pf) 4.4.2.	prekríjem	prekríj prekríjte	prekríl, prekríla	to cover
prekrívati * (impf) 1.1.	prekrívam	prekrívaj prekrívajte	prekríval, prekrívala	to cover
prekrížati (pf) 1.1.	prekrižam	prekrížaj prekrížajte	prekrížal, prekrížala	to cross, to fold
prekŕšiti/prekršíti (pf) 3.1.	prekŕšim	prekŕši prekŕšite/ prekršíte	prekŕšil, prekŕšila/ prekršíla	to infringe
prekupčeváti (pf) 4.1.2.	prekupčújem	prekupčúj prekupčújte	prekupčevàl, prekupčevála	to deal, to traffic

111

nedoločnik the infinitive	sedanjik the present tense	velelnik the imperative	deležnik na -l the -l participle	prevod nedoločnika transl. of infinitive
prelágati (impf) 1.1.	prelágam	prelágaj prelágajte	prelágal, prelágala	to adjourn, to postpone
prelámljati (impf) 1.1.	prelámljam	prelámljaj prelámljajte	prelámljal, prelámljala	to break
preletávati (impf) 1.1.	preletávam	preletávaj preletávajte	preletával, preletávala	to fly over; to be skimming
preletéti (pf) 3.2.	preletím	prelêti preletíte	prelêtel, preletéla	to fly over; to skim
prelevíti se * (pf) 3.1.	prelevím se	prelêvi se prelevíte se	prelévil se, prelevíla se	to slough
prelíti * (pf) 4.4.2.	prelíjem	prelij prelíjte	prelíl, prelíla	to pour over
prelívati (impf) 1.1.	prelívam	prelívaj prelívajte	prelíval, prelívala	to pour over
prelomíti (pf) 3.1.	prelómim	prelômi prelomíte	prelômil, prelomíla	to break
preložíti * (pf) 3.1.	preložím	prelôži preložíte	prelóžil, preložíla	to adjourn, to postpone
premágati ** (pf) 1.1.	premágam	premágaj premágajte	premágal, premágala	to overcome, to defeat
premagováti (impf) 4.1.1.	premagújem	premagúj premagújte	premagovàl, premagovála	to be overcoming, to defeat
premákniti/ premakníti * (pf) 2.2.9.	premáknem	premákni premáknite/ premaknite	premáknil, premaknila	to move
premázati (pf) 2.6.7.	premážem	premáži premážite	premázal, premázala/ premazála	to coat
premériti (pf) 3.1.	premérim	preméri premérite	preméril, premérila	to measure
premestíti (pf) 3.1.	premestím	premésti premestíte	preméstil, premestíla	to transfer, to move

112

nedoločnik the infinitive	sedanjik the present tense	velelnik the imperative	deležnik na -l the -l participle	prevod nedoločnika transl. of infinitive
premešati * (pf) 1.1.	premešam	premešaj premešajte	premešal, premešala	to shuffle, to stir
premeščati (impf) 1.1.	premeščam	premeščaj premeščajte	premeščal, premeščala	to transfer, to move
premíkati * (impf) 1.1.	premíkam	premíkaj premíkajte	premíkal, premíkala	to move
premísliti si (se) * (pf) 3.1.	premíslim si (se)	premísli si (se) premíslite si (se)	premíslil si (se), premíslila si (se)	to change one's mind
premišljeváti * (impf) 4.1.2.	premišljújem	premišljúj premišljújte	premišljevàl, premišljevála	to contemplate, to ponder
premlátiti/ premlatíti (pf) 3.1.	premlátim	premláti premlátite/ premlatíte	premlátil, premlatíla	to batter, to beat
premočíti (pf) 3.1.	premóčim	premôči premočíte	premôčil, premočíla	to soak
premostíti (pf) 3.1.	premostím	premôsti premostíte	premóstil, premostíla	to bridge
prenášati ** (impf) 1.1.	prenášam	prenášaj prenášajte	prenášal, prenášala	to carry, to tolerate
prenávljati (impf) 1.1.	prenávljam	prenávljaj prenávljajte	prenávljal, prenávljala	to renovate
prenéhati ** (pf) 1.1.	prenéham	prenéhaj prenéhajte	prenéhal, prenéhala	to cease, to stop
prenêsti ** (pf) 2.11.1.	prenêsem	prenêsi prenesíte	prenésel, prenêsla	to transmit
prenočeváti (impf) 4.1.2.	prenočújem	prenočúj prenočújte	prenočevàl, prenočevála	to sleep for one night
prenočíti (pf) 3.1.	prenočím	prenôči prenočíte	prenóčil, prenočíla	to stay over night
prenovíti (pf) 3.1.	prenovím	prenôvi prenovíte	prenôvil, prenovíla	to renovate

nedoločnik the infinitive	sedanjik the present tense	velelnik the imperative	deležnik na -l the -l participle	prevod nedoločnika transl. of infinitive
preobláčiti (impf) 3.1.	preobláčim	preobláči preobláčite	preobláčil, preobláčila	to change (clothes)
preobléči (pf) 2.10.1.	preobléčem	preobléci preoblécite	preoblékel, preoblékla	to change (clothes)
preoblikováti * (pf) 4.1.1.	preoblikúj	preoblikúj preoblikújte	preoblikovàl, preoblikovála	to reshape, to transform
preobráziti (pf) 3.1.	preobrázim	preobrázi preobrázite	preobrázil, preobrázila	to reshape, to transform
preostájati (impf) 1.1.	preostájam	preostájaj ° preostájajte	preostájal, preostájala	to remain
preostáti * (pf) 2.2.1.	preostáne	/	preostàl, preostála	to remain
prepeljáti * (pf) 2.3.2.	prepéljem	prepêlji prepeljíte	prepêljal, prepeljála	to transport
prepévati * (impf) 1.1.	prepévam	prepévaj prepévajte	prepéval, prepévala	to sing
prepírati se * (impf) 1.1.	prepíram se	prepíraj se prepírajte se	prepíral se, prepírala se	to quarrel, to argue
prepísati/prepisáti (pf) 2.6.6.	prepíšem	prepíši prepíšite	prepísal, prepisála	to copy
prepísati se/ prepisáti se (pf) 2.6.6.	prepíšem se	prepíši se prepíšite se	prepísal se, prepisála se	to change (university)
prepisováti (impf) 4.1.1.	prepisújem	prepisúj prepisújte	prepisovàl, prepisovála	to copy
preplávati (pf) 1.1.	preplávam	preplávaj preplávajte	preplával, preplávala	to swim
prepláviti (pf) 3.1.	preplávim	preplávi ° preplávite	preplávil, preplávila	to inundate, to flood
preplávljati (impf) 1.1.	preplávljam	preplávljaj ° preplávljajte	preplávljal, preplávljala	to inundate, to flood

114

nedoločnik the infinitive	sedanjik the present tense	velelnik the imperative	deležnik na -/ the -/ participle	prevod nedoločnika transl. of infinitive
prepléskati (pf) 1.1.	prepléskam	prepléskaj prepléskajte	prepléskal, prepléskala	to paint, to redecorate
preplêsti (pf) 2.11.3.	preplêtem	preplêti prepletíte	preplêtel, preplêtla	to braid, to weave
preplétati (impf) 1.1.	preplétam	preplétaj preplétajte	preplétal, preplétala	to weave
preplézati (pf) 1.1.	preplézam	preplézaj preplézajte	preplézal, preplézala	to climb
prepotováti (pf) 4.1.1.	prepotújem	prepotúj prepotújte	prepotovàl, prepotovála	to travel, to tour
prepovédati * (pf) 5.1.	prepovém	prepovêj prepovêjte	prepovédal, prepovédala	to forbid
prepovedováti * (impf) 4.1.1.	prepovedújem	prepovedúj prepovedújte	prepovedovàl, prepovedovála	to forbid
prepoznáti * (pf) 1.1.	prepoznám	prepoznàj prepoznájte	prepoznàl, prepoznála	to recognize
prepoznávati (impf) 1.1.	prepoznávam	prepoznávaj ° prepoznávajte	prepoznával, prepoznávala	to recognize
preprečeváti * (impf) 4.1.2.	preprečújem	preprečúj preprečújte	preprečevàl, preprečevála	to be preventing
prepréčiti ** (pf) 3.1.	prepréčim	prepréči prepréčite	prepréčil, prepréčila	to prevent
prepríčati ** (pf) 1.1.	prepríčam	prepríčaj prepríčajte	prepríčal, prepríčala	to convince, to persuade
prepričeváti * (impf) 4.1.2.	prepričújem	prepričúj prepričújte	prepričevàl, prepričevála	to convince, to persuade
prepustíti * (pf) 3.1.	prepustím	prepústi prepustíte	prepústil, prepústila	to leave, to let
prepúščati * (impf) 1.1.	prepúščam	prepúščaj prepúščajte	prepúščal, prepúščala	to leave, to let

115

nedoločnik the infinitive	sedanjik the present tense	velelnik the imperative	deležnik na -l the -l participle	prevod nedoločnika transl. of infinitive
preračúnati (pf) 1.1.	preračúnam	preračúnaj preračúnajte	preračúnal, preračúnala	to calculate
preračunávati (impf) 1.1.	preračunávam	preračunávaj preračunávajte	preračunával, preračunávala	to calculate
prerásti * (pf) 2.11.5. + 2.11.1.	prerástem + prerásem	prerásti + prerási ° prerástite + prerásite	prerástel + prerásel, prerástla + prerásla	to outgrow
preráščati (impf) 1.1.	preráščam	preráščaj preráščajte	preráščal, preráščala	to outgrow
prerézati (pf) 2.6.7.	prerézem	preréži prerézite	prerézal, prerézala	to cut through
prerokováti (impf, pf) 4.1.1.	prerokújem	prerokúj prerokújte	prerokovàl, prerokovála	to predict
presadíti (pf) 3.1.	presadím	presádi presadíte	presádil, presadíla	to transplant
presájati (impf) 1.1.	presájam	presájaj presájajte	presájal, presájala	to transplant
preséči (pf) 2.10.2.	preséžem	presézi presézite	preségel, preségla	to exceed
presédati (impf) 1.1.	presédam	presédaj presédajte	presédal, presédala	to move; to annoy
preségati ** (impf) 1.1.	preségam	preségaj preségajte	preségal, preségala	to exceed
presékati (pf) 1.1.	presékam	presékaj presékajte	presékal, presékala	to cut
preselíti ** (pf) 3.1.	presélim	preséli preselíte	presêlil, preselíla	to relocate, to move
presenéčati * (impf) 1.1.	presenéčam	presenéčaj presenéčajte	presenéčal, presenéčala	to surprise
presenétiti ** (pf) 3.1.	presenétim	presenéti presenétite	presenétil, presenétila	to surprise

nedoločnik the infinitive	sedanjik the present tense	velelnik the imperative	deležnik na -*l* the -*l* participle	prevod nedoločnika transl. of infinitive
presésti (pf) 2.11.2.	presédem	presédi presédite	presédel, presédla	to move
preskakováti (impf) 4.1.1.	preskakújem	preskakúj preskakújte	preskakovàl, preskakovála	to jump over
preskočíti * (pf) 3.1.	preskóčim	preskôči preskočíte	preskôčil, preskočíla	to jump, to skip
preskrbéti (pf) 3.2.	preskrbím	preskŕbi preskrbíte	preskrbél, preskrbéla	to provide, to procure
preslíšati (pf) 3.3.3.	preslíšim	preslíši preslíšite	preslíšal, preslíšala	to miss
presóditi/ presodíti (pf) 3.1.	presódim	presódi presódite/ presodíte	presódil, presodíla	to judge
presójati * (impf) 1.1.	presójam	presójaj presójajte	presójal, presójala	to judge
prespáti (pf) 3.4.	prespím	prespì prespíte	prespál, prespála	to sleep off
prestájati (impf) 1.1.	prestájam	prestájaj prestájajte	prestájal, prestájala	to undergo
prestáti * (pf) 2.2.1.	prestánem	prestáni ° prestaníte	prestàl, prestála	to undergo
prestáviti * (pf) 3.1.	prestávim	prestávi prestávite	prestávil, prestávila	to switch; to move
prestávljati (impf) 1.1.	prestávljam	prestávljaj prestávljajte	prestávljal, prestávljala	to switch; to move
prêsti (impf) 2.11.2.	prêdem	prêdi prêdite	prêdel, prêdla	to spin; to purr
prestópati (impf) 1.1.	prestópam	prestópaj prestópajte	prestópal, prestópala	to shift from one food to another
prestópiti/ prestopíti * (pf) 3.1.	prestópim	prestópi prestópite/ prestopíte	prestópil, prestopíla	to change (trains)

117

nedoločnik the infinitive	sedanjik the present tense	velelnik the imperative	deležnik na -l the -l participle	prevod nedoločnika transl. of infinitive
prestrášiti * (pf) 3.1.	prestrášim	prestráši prestrášite	prestrášil, prestrášila	to frighten
preštéti (pf) 4.4.1.	preštêjem	preštêj preštêjte	preštél, preštéla	to count
preštévati (impf) 1.1.	preštévam	preštévaj preštévajte	preštéval, preštévala	to count
preštudírati (pf) 1.1.	preštudíram	preštudíraj preštudírajte	preštudíral, preštudírala	to study
pretákati (impf) 1.1.	pretákam	pretákaj pretákajte	pretákal, pretákala	to decant, to bottle
pretéhtati (pf) 1.1.	pretéhtam	pretéhtaj pretéhtajte	pretéhtal, pretéhtala	to consider, to ponder
pretépati (impf) 1.1.	pretépam	pretépaj pretépajte	pretépal, pretépala	to batter
pretêpsti * (pf) 2.11.7.	pretêpem	pretêpi pretepíte	pretépel, pretêpla	to beat
pretírati (pf) 1.1.	pretíram	pretíraj pretírajte	pretíral, pretírala	to exaggerate
pretirávati * (impf) 1.1.	pretirávam	pretirávaj pretirávajte	pretirával, pretirávala	to exaggerate
pretočíti (pf) 3.1.	pretóčim	pretôči pretočíte	pretôčil, pretočíla	to decant, to bottle
pretrésati (impf) 1.1.	pretrésam	pretrésaj pretrésajte	pretrésal, pretrésala	to shake
pretrésti * (pf) 2.11.1.	pretrésem	pretrési pretrésite	pretrésel, pretrésla	to shake; to shock
pretŕgati * (pf) 1.1.	pretŕgam	pretŕgaj pretŕgajte	pretŕgal, pretŕgala	to cut off, to tear
pretrpéti (pf) 3.2.	pretrpím	pretŕpi pretrpíte	pretrpél, pretrpéla	to suffer

118

nedoločnik the infinitive	sedanjik the present tense	velelnik the imperative	deležnik na -l the -l participle	prevod nedoločnika transl. of infinitive
pretvárjati (impf) 1.1.	pretvárjam	pretvárjaj pretvárjajte	pretvárjal, pretvárjala	to transfigure, to transform
pretvárjati se (impf) 1.1.	pretvárjam se	pretvárjaj se pretvárjajte se	pretvárjal se, pretvárjala se	to pretend
pretvóriti (pf) 3.1.	pretvórim	pretvóri pretvórite	pretvóril, pretvórila	to transfigure, to transform
preučeváti * (impf) 4.1.2.	preučújem	preučúj preučújte	preučevàl, preučevála	to study
preučíti * (pf) 3.1.	preučím	preúči preučíte	preúčil, preučíla	to study
preudáriti (pf) 3.1.	preudárim	preudári preudárite	preudáril, preudárila	to think over
preudárjati (impf) 1.1.	preudárjam	preudárjaj preudárjajte	preudárjal, preudárjala	to reflect
preuredíti (pf) 3.1.	preuredím	preurêdi preuredíte	preurédil, preuredíla	to rearrange, to reorganize
preurêjati (impf) 1.1.	preurêjam	preurêjaj preurêjajte	preurêjal, preurêjala	to rearrange, to reorganize
preusmériti * (pf) 3.1.	preusmérim	preusméri preusmérite	preusméril, preusmérila	to divert
preusmérjati (impf) 1.1.	preusmérjam	preusmérjaj preusmérjajte	preusmérjal, preusmérjala	to divert
prevájati * (impf) 1.1.	prevájam	prevájaj prevájajte	prevájal, prevájala	to translate
prevárati (pf) 1.1.	preváram	preváraj prevárajte	preváral, prevárala	to betray, to cheat
prevážati * (impf) 1.1.	prevážam	prevážaj prevážajte	prevážal, prevážala	to transport
prevériti ** (pf) 3.1.	prevérim	prevéri prevérite	prevéril, prevérila	to check, to verify

nedoločnik the infinitive	sedanjik the present tense	velelnik the imperative	deležnik na -l the -l participle	prevod nedoločnika transl. of infinitive
prevérjati * (impf) 1.1.	prevérjam	prevérjaj prevérjajte	prevérjal, prevérjala	to check, to verify
prevêsti * (pf) 2.11.2.	prevêdem	prevêdi prevêdite/ prevedíte	prevêdel, prevêdla	to translate
prevládati * (pf) 1.1.	prevládam	prevládaj prevládajte	prevládal, prevládala	to prevail
prevladováti * (impf) 4.1.1.	prevladújem	prevladúj prevladújte	prevladovàl, prevladovála	to dominate, to prevail
prevozíti (pf) 3.1.	prevózim	prevôzi prevozíte	prevôzil, prevozíla	to drive
prevráčati (impf) 1.1.	prevráčam	prevráčaj prevráčajte	prevráčal, prevráčala	to overturn
prevŕniti/prevrníti (pf) 2.2.9.	prevŕnem	prevŕni prevŕnite/ prevrníte	prevŕnil, prevrníla	to turn over
prevzémati * (impf) 1.1.	prevzémam	prevzémaj prevzémajte	prevzémal, prevzémala	to assume
prevzéti *** (pf) 2.2.3.	prevzámem	prevzêmi prevzemíte	prevzél, prevzéla	to assume, to take over
prezírati (impf) 1.1.	prezíram	prezíraj prezírajte	prezíral, prezírala	to despise
prezréti * (pf) 2.5.4.	prezrèm	prezri prezríte	prezŕl, prezŕla	to ignore
prežáti (impf) 3.3.2.	prežím	prêži/préži prežíte	prêžal/préžal, prežála	to lurk
preživéti *** (pf) 3.2.	preživím	preživi preživíte	preživél, preživéla	to survive
preživljati * (impf) 1.1.	preživljam	preživljaj preživljajte	preživljal, preživljala	to live
pŕhati (impf) 1.1.	pŕham	pŕhaj pŕhajte	pŕhal, pŕhala	to shower; to snort

120

nedoločnik the infinitive	sedanjik the present tense	velelnik the imperative	deležnik na -l the -l participle	prevod nedoločnika transl. of infinitive
pribíti (pf) 4.4.2.	pribíjem	pribíj pribíjte	pribìl, pribíla	to nail; to add
priblížati ** (pf) 1.1.	priblížam	priblížaj priblížajte	priblížal, priblížala	to bring closer, to approach
približeváti * (impf) 4.1.2.	približújem	približúj približújte	približevàl, približevála	to bring closer
priboríti * (pf) 3.1.	priborím	pribôri priboríte	pribóril, priboríla	to win, to obtain
pričákati * (pf) 1.1.	pričákam	pričákaj pričákajte/ pričakájte	pričákal, pričákala/ pričakála	to meet
pričakováti *** (impf) 4.1.1.	pričakújem	pričakúj pričakújte	pričakovàl, pričakovála	to expect
pričárati (pf) 1.1.	pričáram	pričáraj pričárajte	pričáral, pričárala	to conjure
príčati * (impf) 1.1.	príčam	príčaj príčajte	príčal, príčala	to testify
pričénjati (impf) 1.1.	pričénjam	pričénjaj pričénjajte	pričénjal, pričénjala	to begin, to commence
pričéti *** (pf) 2.2.8.	pričnèm	pričnì pričníte	pričél, pričéla	to begin, to commence
pridélati * (pf) 1.1.	pridélam	pridélaj pridélajte	pridélal, pridélala	to produce
pridelováti (impf) 4.1.1.	pridelújem	pridelúj pridelújte	pridelovàl, pridelovála	to produce
prídigati (impf) 1.1.	prídigam	prídigaj prídigajte	prídigal, prídigala	to preach
pridobíti *** (pf) 3.1.	pridobím	pridôbi pridobíte	pridóbil, pridobíla	to gain, to acquire
pridobívati * (impf) 1.1.	pridobívam	pridobívaj pridobívajte	pridobíval, pridobívala	to acquire, to gain

121

nedoločnik the infinitive	sedanjik the present tense	velelnik the imperative	deležnik na -l the -l participle	prevod nedoločnika transl. of infinitive
pridruževáti se (impf) 4.1.2.	pridružújem se	pridružúj se ° pridružújte se	pridruževàl se, pridruževála se	to join
pridrúžiti se/ pridružíti se ** (pf) 3.1.	pridrúžim se	pridrúži se pridrúžite se/ pridružíte se	pridrúžil se, pridrúžila se/pridružíla se	to join
pridržáti (pf) 3.3.2.	pridržím	pridŕži pridržíte	pridŕžal, pridržála	to keep, to retain
pridrževáti (impf) 4.1.2.	pridržújem	pridržúj pridržújte	pridrževàl, pridrževála	to keep, to retain
prihájati *** (impf) 1.1.	prihájam	prihájaj prihájajte	prihájal, prihájala	to arrive, to come
prihitéti (pf) 3.2.	prihitím	prihíti prihitíte	prihitél, prihitéla	to come in haste
prihrániti/ prihraníti * (pf) 3.1.	prihránim	prihráni prihránite/ prihraníte	prihránil, prihraníla	to save
priigrati ** (pf) 1.1.	priígram	priigràj priigrájte	priigràl, priigrála	to win
prijáviti ** (pf) 3.1.	prijávim	prijávi prijávite	prijávil, prijávila	to report
prijávljati (impf) 1.1.	prijávljam	prijávljaj prijávljajte	prijávljal, prijávljala	to report
prijémati (impf) 1.1. + 2.6.10.	prijémam + prijémljem	prijémaj + prijémlji prijémajte + prijémljite	prijémal, prijémala	to hold; to arrest
prijéti ** (pf) 2.2.2.	prímem	prími prímite	prijél, prijéla	to hold; to arrest
prikázati/ prikazáti *** (pf) 2.6.7.	prikážem	prikáži prikážite/ prikažíte	prikázal, prikazála	to show, to illustrate
prikazováti ** (impf) 4.1.1.	prikazújem	prikazúj prikazújte	prikazovàl, prikazovála	to show

nedoločnik the infinitive	sedanjik the present tense	velelnik the imperative	deležnik na -l the -l participle	prevod nedoločnika transl. of infinitive
prikímati * (pf) 1.1.	prikímam	prikímaj prikímajte	prikímal, prikímala	to nod
prikimávati (impf) 1.1.	prikimávam	prikimávaj prikimávajte	prikimával, prikimávala	to nod
priklícati * (pf) 2.6.1.	priklíčem	priklíči priklíčite	priklícal, priklícala/ priklicála	to call
priključeváti (impf) 4.1.2.	priključújem	priključúj priključújte	priključevàl, priključevála	to join, to annex
priključíti * (pf) 3.1.	priključím	priključí priključíte	priključíl, priključíla	to join, to annex
prikrájšati (pf) 1.1.	prikrájšam	prikrájšaj prikrájšajte	prikrájšal, prikrájšala	to deprive
prikríti (pf) 4.4.2.	prikríjem	prikríj prikríjte	prikríl, prikríla	to hide, to cover up
prikrívati (impf) 1.1.	prikrívam	prikrívaj prikrívajte	prikríval, prikrívala	to hide, to conceal
prilagájati * (impf) 1.1.	prilagájam	prilagájaj prilagájajte	prilagájal, prilagájala	to accommodate
prilagodíti * (pf) 3.1.	prilagodím	prilagôdi prilagodíte	prilagódil, prilagodíla	to accommodate
prilastíti si (pf) 3.1.	prilastím si	prilásti si prilastíte si	prilástil si, prilastíla si	to appropriate
prilépiti * (pf) 3.1.	prilépim	prilépi prilépite	prilépil, prilepíla	to glue
prilésti (pf) 2.11.4.	prilézem	prilézi prilézite	prilézel, prilézla	to creep up
priletéti * (pf) 3.2.	priletím	priléti priletíte	prilétel, priletéla	to come, to fly in
prilíti (pf) 4.4.2.	prilíjem	prilíj prilíjte	prilíl, prilíla	to add by pouring

nedoločnik the infinitive	sedanjik the present tense	velelnik the imperative	deležnik na -l the -l participle	prevod nedoločnika transl. of infinitive
prilívati (impf) 1.1.	prilívam	prilívaj prilívajte	prilíval, prilívala	to add by pouring
priljúbiti/priljubíti (pf) 3.1.	priljúbim	priljúbi ° priljúbite/priljubíte	priljúbil, priljubíla	to endear
priložíti * (pf) 3.1.	priložím	prilôži priložíte	prilóžil, priložíla	to enclose
primanjkováti * (impf) 4.1.1.	primanjkúje	primanjkúj ° primanjkújte	primanjkovàl, primanjkovála	to lack
primériti se (pf) 3.1.	priméri se	priméri se ° primérite se	priméril se, primérila se	to happen, to occur
primérjati ** (impf) 1.1.	primérjam	primérjaj primérjajte	primérjal, primérjala	to compare
priméšati * (pf) 1.1.	priméšam	priméšaj priméšajte	priméšal, primešála	to add, to mix in
prinášati ** (impf) 1.1.	prinášam	prinášaj prinášajte	prinášal, prinášala	to bring
prinêsti *** (pf) 2.11.1.	prinêsem	prinêsi prinesíte	prinésel, prinêsla	to bring
pripádati ** (impf) 1.1.	pripádam	pripádaj pripádajte	pripádal, pripádala	to belong
pripásti * (pf) 2.11.2.	pripádem	pripádi ° pripádite	pripádel, pripádla	to fall to someone's share
pripeljáti *** (pf) 2.3.2.	pripéljem	pripêlji pripeljíte	pripêljal, pripeljála	to bring
pripénjati (impf) 1.1.	pripénjam	pripénjaj pripénjajte	pripénjal, pripénjala	to pin, to fasten
pripéti (pf) 2.2.8.	pripnèm	pripni pripníte	pripél, pripéla	to fasten
pripetíti se * (pf) 3.1.	pripetí se	pripêti se ° pripetíte se	pripétil se, pripetíla se	to happen

124

nedoločnik the infinitive	sedanjik the present tense	velelnik the imperative	deležnik na -l the -l participle	prevod nedoločnika transl. of infinitive
pripísati/pripisáti * (pf) 2.6.6.	pripíšem	pripíši pripíšite	pripísal, pripisála	to make a note, to ascribe
pripisováti * (impf) 4.1.1.	pripisújem	pripisúj pripisújte	pripisovàl, pripisovála	to ascribe
priplávati (pf) 1.1.	priplávam	priplávaj priplávajte	priplával, priplávala	to swim (to a destination)
priplúti (pf) 2.7.2 + 4.4.3.	priplôvem + priplújem	priplôvi + priplúj priplôvite + priplújte	priplúl, priplúla	to sail (to a destination)
pripômniti * (pf) 3.1.	pripômnim	pripômni pripômnite	pripômnil, pripômnila	to observe, to remark
priporóčati * (pf) 1.1.	priporóčam	priporóčaj priporóčajte	priporóčal, priporóčala	to recommend
priporočíti * (pf) 3.1.	priporočím	priporôči priporočíte	priporóčil, priporočíla	to recommend
pripotováti * (pf) 4.1.1.	pripotújem	pripotúj pripotújte	pripotovàl, pripotovála	to arrive
pripovedováti ** (impf) 4.1.1.	pripovedújem	pripovedúj pripovedújte	pripovedovàl, pripovedovála	to narrate, to tell
pripráviti *** (pf) 3.1.	priprávim	priprávi priprávite	priprávil, priprávila	to prepare
priprávljati *** (impf) 1.1.	priprávljam	priprávljaj priprávljajte	priprávljal, priprávljala	to prepare
pripréti (pf) 2.5.4.	priprèm	pr'iprì pripríte	pripŕl, pripŕla	to detain; to leave open (a door)
priredíti * (pf) 3.1.	priredím	prirêdi priredíte	prirédil, priredíla	to arrange, to adapt
prirêjati * (impf) 1.1.	prirêjam	prirêjaj prirêjajte	prirêjal, prirêjala	to arrange, to give
priséči (pf) 2.10.2.	priséžem	prisézi prisézite	priségel, priségla	to swear

125

nedoločnik the infinitive	sedanjik the present tense	velelnik the imperative	deležnik na -/ the -/ participle	prevod nedoločnika transl. of infinitive
priségati (impf) 1.1.	priségam	priségaj priségajte	priségal, priségala	to swear
prisíliti * (pf) 3.1.	prisílim	prisíli prisílite	prisílil, prisílila	to force
priskóčiti * (pf) 3.1.	priskóčim	priskôči priskočíte	priskôčil, priskočíla	to jump, to come (to rescue)
priskrbéti * (pf) 3.2.	priskrbím	priskŕbi priskrbíte	priskrbél, priskrbéla	to get, to procure
prislúhniti * (pf) 2.2.9.	prislúhnem	prislúhni prislúhnite	prislúhnil, prislúhnila	to listen
prisluškováti (impf) 4.1.1.	prisluškújem	prisluškúj prisluškújte	prisluškovàl, prisluškovála	to eavesdrop
prislúžiti/prislužíti * (pf) 3.1.	prislúžim	prislúži prislúžite/ prislužíte	prislúžil, prislužíla	to earn
prisóditi/prisodíti (pf) 3.1.	prisódim	prisódi prisódite/prisodíte	prisódil, prisodíla	to attribute
prispéti ** (pf) 2.1.	prispèm	/	prispél, prispéla	to arrive
prispévati *** (impf, pf) 1.1.	prispévam	prispévaj prispévajte	prispéval, prispévala	to contribute
pristájati * (impf) 1.1.	pristájam	pristájaj pristájajte	pristájal, pristájala	to land; to agree
pristáti ** (pf) 2.2.1.	pristánem	pristáni pristaníte	pristàl, pristála	to land; to agree
pristáviti * (pf) 3.1.	pristávim	pristávi pristávite	pristávil, pristávila	to add
pristávljati (impf) 1.1.	pristávljam	pristávljaj pristávljajte	pristávljal, pristávljala	to add
pristópati (impf) 1.1.	pristópam	pristópaj pristópajte	pristópal, pristópala	to accede

126

nedoločnik the infinitive	sedanjik the present tense	velelnik the imperative	deležnik na -l the -l participle	prevod nedoločnika transl. of infinitive
pristópiti/ pristopíti * (pf) 3.1.	pristópiti	pristópi pristópite/ pristopíte	pristópil, pristopíla	to accede, to come closer
prištéti (pf) 4.4.1.	prištêjem	prištêj prištêjte	prištél, prištéla	to add
prištévati (impf) 1.1.	prištévam	prištévaj prištévajte	prištéval, prištévala	to add
pritêči (pf) 2.10.1.	pritêčem	pritêci pritecíte	pritékel, pritêkla	to arrive running (at a destination)
pritégniti/ pritegníti * (pf) 2.2.9.	pritégnem	pritégni pritégnite/ pritegníte	pritégnil, pritegníla	to attract
pritegováti (impf) 4.1.1.	pritegújem	pritegúj pritegújte	pritegovàl, pritegovála	to attract
pritékati (impf) 1.1.	pritékam	pritékaj pritékajte	pritékal, pritékala	to flow in
príti *** (pf) 2.8.1.	prídem	prídi prídite	prišèl, prišlà	to come
pritískati * (impf) 1.1.	pritískam	pritískaj pritískajte	pritískal, pritískala	to press
pritísniti ** (pf) 2.2.9.	pritísnem	pritísni pritísnite	pritísnil, pritísnila	to press
pritoževáti se * (impf) 4.1.2.	pritožújem se	pritožúj se pritožújte se	pritoževàl se, pritoževála se	to complain
pritóžiti se/ pritožíti se * (pf) 3.1.	pritóžim se	pritóži se pritóžite se/ pritožíte se	pritóžil se, pritožíla se	to complain, to appeal
pritŕditi/pritrdíti * (pf) 3.1.	pritŕdim/pritrdím	pritŕdi pritŕdite/pritrdíte	pritŕdil, pritrdíla	to agree; to attach, to secure
pritrjeváti (impf) 4.1.2.	pritrjújem	pritrjúj pritrjújte	pritrjevàl, pritrjevála	to agree

nedoločnik the infinitive	sedanjik the present tense	velelnik the imperative	deležnik na -l the -l participle	prevod nedoločnika transl. of infinitive
privábiti/privabíti * (pf) 3.1.	privábim	privábi privábite/ privabíte	privábil, privabíla	to attract
privábljati (impf) 1.1.	privábljam	privábljaj privábljajte	privábljal, privábljala	to attract
priváditi (pf) 3.1.	privádim	privádi privádite	privádil, privádila	to adapt
privarčeváti (pf) 4.1.2.	privarčújem	privarčúj privarčújte	privarčevàl, privarčevála	to save
privájati (impf) 1.1.	privájam	privájaj privájajte	privájal, privájala	to adapt
privêsti * (pf) 2.11.2.	privêdem	privêdi privêdite/ privedíte	privêdel, privêdla	to lead (up) to
privézati/privezáti (pf) 2.6.7.	privéžem	privéži privéžite/ privežíte	privézal, privezála	to tie, to fasten
privláčiti * (impf) 3.1.	privláčim	privláči ° privláčite	privláčil, privláčila	to attract
privolíti * (pf) 3.1.	privólim	privôli privolíte	privôlil, privolíla	to consent
privóščiti/ privoščíti ** (impf, pf) 3.1.	privóščim	privóšči privóščite	privóščil, privoščíla	not to begrudge
privzémati (impf) 1.1.	privzémam	privzémaj privzémajte	privzémal, privzémala	to adopt
privzéti (pf) 2.2.3.	privzámem	privzêmi privzemíte	privzél, privzéla	to adopt
prizadéti * (pf) 2.2.6.	prizadénem	prizadêni prizadeníte	prizadél, prizadéla	to hurt, to inflict
prizadévati (impf) 1.1.	prizadévam	prizadévaj prizadévajte	prizadéval, prizadévala	to hurt, to inflict

128

nedoločnik the infinitive	sedanjik the present tense	velelnik the imperative	deležnik na -l the -l participle	prevod nedoločnika transl. of infinitive
prizadévati si ** (impf) 1.1.	prizadévam si	prizadévaj si prizadévajte si	prizadéval si, prizadévala si	to strive, to endeavour
prizanášati (impf) 1.1.	prizanášam	prizanášaj prizanášajte	prizanášal, prizanášala	to spare
prizanêsti (pf) 2.11.1.	prizanêsem	prizanêsi prizanesíte	prizanésel, prizanêsla	to spare
priznáti *** (pf) 1.1.	priznám	priznàj priznájte	priznàl, priznála	to admit
priznávati * (impf) 1.1.	priznávam	priznávaj priznávajte	priznával, priznávala	to admit
prižgáti * (pf) 2.3.1.	prižgèm	prižgì prižgíte	prižgál, prižgála	to light, to turn on
prižígati (impf) 1.1.	prižígam	prižígaj prižígajte	prižígal, prižígala	to light, to turn on
prodájati ** (impf) 1.1.	prodájam	prodájaj prodájajte	prodájal, prodájala	to sell
prodáti *** (pf) 1.1.	prodám	prodàj prodájte	prodál, prodála	to sell
prodírati * (impf) 1.1.	prodíram	prodíraj prodírajte	prodíral, prodírala	to penetrate
prodréti * (pf) 2.5.4.	prodrèm	prodrì prodríte	prodŕl, prodŕla	to penetrate
proglasíti (pf) 3.1.	proglasím	proglási proglasíte	proglásil, proglasíla	to proclaim
programírati (impf, pf) 1.1.	programíram	programíraj programírajte	programíral, programírala	to programme
proizvájati * (impf) 1.1.	proizvájam	proizvájaj proizvájajte	proizvájal, proizvájala	to produce, to generate
proizvêsti * (pf) 2.11.2.	proizvêdem	proizvêdi proizvedíte	proizvêdel, proizvêdla	to produce, to generate

nedoločnik the infinitive	sedanjik the present tense	velelnik the imperative	deležnik na -/ the -/ participle	prevod nedoločnika transl. of infinitive
propádati (impf) 1.1.	propádam	propádaj propádajte	propádal, propádala	to decay
propásti * (pf) 2.11.2.	propádem	propádi propádite	propádel, propádla	to collapse
prosíti *** (impf) 3.1.	prósim	prôsi prosíte	prôsil, prosíla	to ask
proslavíti * (pf) 3.1.	proslavím	proslávi proslavíte	proslávil, proslavíla	to celebrate
proslávljati (impf) 1.1.	proslávljam	proslávljaj proslávljajte	proslávljal, proslávljala	to celebrate
protestírati * (impf, pf) 1.1.	protestíram	protestíraj protestírajte	protestíral, protestírala	to protest
proučeváti * (impf) 4.1.2.	proučújem	proučúj proučújte	proučevàl, proučevála	to study thoroughly
proučíti * (pf) 3.1.	proučím	proúči proučíte	proúčil, proučíla	to study
púliti/pulíti (impf) 3.1.	púlim	púli púlite/pulíte	púlil, pulíla	to pull out
pustíti *** (pf) 3.1.	pustím	pústi pustíte	pústil, pustíla	to leave; to let
púščati * (impf) 1.1.	púščam	púščaj púščajte	púščal, púščala	to leak
rábiti/rabíti * (impf) 3.1.	rábim	rábi ° rábite/rabíte	rábil, rabíla	to use
račúnati ** (impf) 1.1.	račúnam	račúnaj račúnajte	račúnal, račúnala	to calculate
rájati (impf) 1.1.	rájam	rájaj rájajte	rájal, rájala	to dance
rániti/raníti * (pf) 3.1.	ránim	ráni ránite/raníte	ránil, ránila/raníla	to wound, to hurt

130

nedoločnik the infinitive	sedanjik the present tense	velelnik the imperative	deležnik na -l the -l participle	prevod nedoločnika transl. of infinitive
rásti ** (impf) 2.11.5. + 2.11.1.	rástem + rásem	rásti + rási ° rástite + rásite	rástel + rásel, rástla + rásla	to grow
ratifícirati * (impf, pf) 1.1.	ratifíciram	ratifíciraj ratifícirajte	ratifíciral, ratifícirala	to ratify
ravnáti ** (impf) 1.1.	ravnám	ravnàj ravnájte	ravnàl, ravnála	to manage, to act
razbíjati * (impf) 1.1.	razbíjam	razbíjaj razbíjajte	razbíjal, razbíjala	to thump, to smash
razbíti * (pf) 4.4.2.	razbíjem	razbíj razbíjte	razbíl, razbíla	to break, to smash
razbráti * (pf) 2.5.1.	razbêrem	razbêri razberíte	razbrál, razbrála	to infer
razbremeníti (pf) 3.1.	razbremením	razbremêni razbremeníte	razbreménil, razbremeníla	to relieve
razbúriti (pf) 3.1.	razbúrim	razbúri razbúrite	razbúril, razbúrila	to agitate, to excite
razbúrjati (impf) 1.1.	razbúrjam	razbúrjaj razbúrjajte	razbúrjal, razbúrjala	to agitate, to excite
razcépiti/razcepíti (pf) 3.1.	razcépim	razcépi razcépite/ razcepíte	razcépil, razcepíla	to split
razčístiti * (pf) 3.1.	razčístim	razčísti razčístite	razčístil, razčístila	to clarify
razčiščeváti (impf) 4.1.2.	razčiščújem	razčiščúj razčiščújte	razčiščevàl, razčiščevála	to clarify
razdelíti ** (pf) 3.1.	razdelím	razdêli razdelíte	razdélil, razdelíla	to divide, to distribute
razdeljeváti (impf) 4.1.2.	razdeljújem	razdeljúj razdeljújte	razdeljevàl, razdeljevála	to divide, to distribute
razdírati (impf) 1.1.	razdíram	razdíraj razdírajte	razdíral, razdírala	to break, to destroy

131

nedoločnik the infinitive	sedanjik the present tense	velelnik the imperative	deležnik na -l the -l participle	prevod nedoločnika transl. of infinitive
razdréti (pf) 2.5.4. + 2.5.3.	razdrèm + razdêrem	razdri + razdêri razdríte	razdŕl, razdŕla	to break, to dismantle
razgíbati (pf) 1.1.	razgíbam	razgíbaj razgíbajte	razgíbal, razgíbala	to animate
razglasíti * (pf) 3.1.	razglasím	razglási razglasíte	razglásil, razglasíla	to proclaim, to pronounce
razglášati * (impf) 1.1.	razglášam	razglášaj razglášajte	razglášal, razglášala	to proclaim, to pronounce
razglédati se (pf) 1.1.	razglédam se	razglêj se razglêjte se	razglédal se, razglédala se	to look around
razgledováti se (impf) 4.1.1.	razgledújem se	razgledúj se razgledújte se	razgledovàl se, razgledovála se	to be looking around
razgrájati (impf) 1.1.	razgrájam	razgrájaj razgrájajte	razgrájal, razgrájala	to make noise
razgŕniti/razgrníti (pf) 2.2.9.	razgŕnem	razgŕni razgŕnite/ razgrníte	razgŕnil, razgrníla	to spread, to unfold
razhájati se (impf) 1.1.	razhájam se	razhájaj se ° razhájajte se	razhájal se, razhájala se	to diverge
raziskáti * (impf) 2.6.8.	razíščem	razíšči razíščite	raziskàl, raziskála	to look into, to inquire
raziskováti * (impf) 4.1.1.	raziskújem	raziskúj raziskújte	raziskovàl, raziskovála	to research, to look into
razíti se * (pf) 2.8.1.	razídem se	razídi se razídite se	razšèl se, razšlà se	to break up, to split
razjásniti/razjasníti (pf) 3.1.	razjásnim	razjásni razjásnite/ razjasníte	razjásnil, razjásnila/ razjasníla	to clarify
razjezíti (pf) 3.1.	razjezím	razjêzi/razjézi razjezíte	razjézil, razjezíla	to make angry
razkázati/razkazáti (pf) 2.6.7.	razkážem	razkáži razkážite/razkažíte	razkázal, razkazála	to show, to exhibit

132

nedoločnik the infinitive	sedanjik the present tense	velelnik the imperative	deležnik na -l the -l participle	prevod nedoločnika transl. of infinitive
razkazováti (impf) 4.1.1.	razkazújem	razkazúj razkazújte	razkazovàl, razkazovála	to exhibit
razkríti * (pf) 4.4.2.	razkríjem	razkríj razkríjte	razkríl, razkríla	to reveal
razkrívati * (impf) 1.1.	razkrívam	razkrívaj razkrívajte	razkríval, razkrívala	to reveal
razlágati * (impf) 1.1.	razlágam	razlágaj razlágajte	razlágal, razlágala	to explain
razlikováti ** (impf) 4.1.1.	razlikújem	razlikúj razlikújte	razlikovàl, razlikovála	to distinguish
razložíti ** (pf) 3.1.	razložím	razlôži razložíte	razlóžil, razložíla	to explain
razmetáti (pf) 2.6.3.	razméčem	razmêči razmečíte	razmêtal, razmetála	to mess up
razmetávati (impf) 1.1.	razmetávam	razmetávaj razmetávajte	razmetával, razmetávala	to mess up
razmísliti * (pf) 3.1.	razmíslim	razmísli razmíslite	razmíslil, razmíslila	to think over
razmíšljati *** (impf) 1.1.	razmíšljam	razmíšljaj razmíšljajte	razmíšljal, razmíšljala	to think
razmnoževáti (impf) 4.1.2.	razmnožújem	razmnožúj razmnožújte	razmnoževàl, razmnoževála	to reproduce
razmnožíti (pf) 3.1.	razmnožím	razmnôži razmnožíte	razmnóžil, razmnožíla	to copy, to reproduce
razočárati * (pf) 1.1.	razočáram	razočáraj razočárajte	razočáral, razočárala	to disappoint
razodéti (pf) 2.2.6.	razodénem	razodêni razodeníte	razodél, razodéla	to reveal
razodévati (impf) 1.1.	razodévam	razodévaj razodévajte	razodéval, razodévala	to reveal

nedoločnik the infinitive	sedanjik the present tense	velelnik the imperative	deležnik na -l the -l participle	prevod nedoločnika transl. of infinitive
razpádati (impf) 1.1.	razpádam	razpádaj razpádajte	razpádal, razpádala	to decay, to disintegrate
razpásti * (pf) 2.11.2.	razpádem	razpádi razpádite	razpádel, razpádla	to disintegrate
razpénjati (impf) 1.1.	razpénjam	razpénjaj razpénjajte	razpénjal, razpénjala	to span; to foam
razpéti (pf) 2.2.8.	razpnèm	razpnì razpníte	razpél, razpéla	to foam; to span
razpísati/razpisáti * (pf) 2.6.6.	razpíšem	razpíši razpíšite	razpísal, razpisála	to tender out
razpisováti (impf) 4.1.1.	razpisújem	razpisúj razpisújte	razpisovàl, razpisovála	to tender out
razpóčiti se (pf) 3.1.	razpóčim se	razpóči se razpóčite se	razpóčil se, razpóčila se	to burst
razpókati (pf) 1.1.	razpókam	razpókaj razpókajte	razpókal, razpókala	to burst
razpolágati * (pf) 1.1.	razpolágam	razpolágaj razpolágajte	razpolágal, razpolágala	to have at disposal
razporedíti * (pf) 3.1.	razporedím	razporêdi razporedíte	razporédil, razporedíla	to distribute, to assign
razporêjati (impf) 1.1.	razporêjam	razporêjaj razporêjajte	razporêjal, razporêjala	to distribute, to assign
razprávljati ** (impf) 1.1.	razprávljam	razprávljaj razprávljajte	razprávljal, razprávljala	to debate
razprodájati (impf) 1.1.	razprodájam	razprodájaj razprodájajte	razprodájal, razprodájala	to sell out
razprodáti (pf) 1.1.	razprodám	razprodàj razprodájte	razprodál, razprodála	to sell out
razprostírati (impf) 1.1.	razprostíram	razprostíraj ° razprostírajte	razprostíral, razprostírala	to spread out

134

nedoločnik the infinitive	sedanjik the present tense	velelnik the imperative	deležnik na -l the -l participle	prevod nedoločnika transl. of infinitive
razprostréti (pf) 2.5.4.	razprostrèm	razprostri razprostríte	razprostŕl, razprostŕla	to spread
razpustíti (pf) 3.1.	razpustím	razpústi razpustíte	razpústil, razpustíla	to dissolve
razreševáti (impf) 4.1.2.	razrešújem	razrešúj razrešújte	razreševàl, razreševála	to solve
razréšiti/razrešíti * (pf) 3.1.	razréšim	razréši razréšite/razrešíte	razréšil, razrešíla	to solve; to dismiss
razrézati (pf) 2.6.7.	razréžem	razréži razréžite	razrézal, razrézala	to cut, to slice
razsóditi/razsodíti (pf) 3.1.	razsódim	razsódi razsódite/ razsodíte	razsódil, razsodíla	to arbitrate
razsójati (impf) 1.1.	razsójam	razsójaj razsójajte	razsójal, razsójala	to arbitrate, to make a judgment
razstáviti (pf) 3.1.	razstávim	razstávi razstávite	razstávil, razstávila	to exhibit; to dismantle
razstávljati * (impf) 1.1.	razstávljam	razstávljaj razstávljajte	razstávljal, razstávljala	to exhibit; to dismantle
razsvetlíti (pf) 3.1.	razsvetlím	razsvêtli razsvetlíte	razsvétlil, razsvetlíla	to brighten, to illuminate
razsvetljeváti (impf) 4.1.2.	razsvetljújem	razsvetljúj razsvetljújte	razsvetljevàl, razsvetljevála	to enlighten, to illuminate
razšíriti ** (pf) 3.1.	razšírim	razšíri razšírite	razšíril, razšírila	to amplify, to extend
razšírjati (impf) 1.1.	razšírjam	razšírjaj razšírjajte	razšírjal, razšírjala	to propagate
raztápljati (impf) 1.1.	raztápljam	raztápljaj raztápljajte	raztápljal, raztápljala	to dissolve
raztégniti/ raztegníti (pf) 2.2.9.	raztégnem	raztégni raztégnite/ raztegníte	raztégnil, raztegníla	to spread, to stretch

nedoločnik the infinitive	sedanjik the present tense	velelnik the imperative	deležnik na -l the -l participle	prevod nedoločnika transl. of infinitive
raztegováti (impf) 4.1.1.	raztegújem	raztegúj raztegújte	raztegovàl, raztegovála	to stretch, to spread
raztézati * (impf) 1.1.	raztézam	raztézaj raztézajte	raztézal, raztézala	to extend, to stretch
raztopíti (pf) 3.1.	raztopím	raztôpi raztopíte	raztópil, raztopíla	to dissolve
raztrésti (pf) 2.11.1.	raztrésem	raztrési raztrésite	raztrésel, raztrésla	to scatter
raztŕgati (pf) 1.1.	raztŕgam	raztŕgaj raztŕgajte	raztŕgal, raztŕgala	to tear
razuméti *** (impf, pf) 2.1.	razúmem	razúmi razúmite/razumíte	razumél, razuméla	to understand
razváditi (pf) 3.1.	razvádim	razvádi razvádite	razvádil, razvádila	to spoil
razvájati (impf) 1.1.	razvájam	razvájaj razvájajte	razvájal, razvájala	to spoil, to pamper
razvedríti (pf) 3.1.	razvedrím	razvêdri razvedríte	razvédril, razvedríla	to cheer up
razveljáviti * (pf) 3.1.	razveljávim	razveljávi razveljávite	razveljávil, razveljávila	to cancel, to invalidate
razveselíti * (pf) 3.1.	razveselím	razvesêli razveselíte	razvesélil, razveselíla	to make happy, to cheer up
razveseljeváti (impf) 4.1.2.	razveseljújem	razveseljúj ° razveseljújte	razveseljevàl, razveseljevála	to make happy
razvíjati ** (impf) 1.1.	razvíjam	razvíjaj razvíjajte	razvíjal, razvíjala	to develop
razvíti *** (pf) 4.4.2.	razvíjem	razvíj razvíjte	razvíl, razvíla	to develop
razvrstíti * (pf) 3.1.	razvrstím	razvŕsti razvrstíte	razvŕstil, razvrstíla	to arrange, to sort

nedoločnik the infinitive	sedanjik the present tense	velelnik the imperative	deležnik na -/ the -/ participle	prevod nedoločnika transl. of infinitive
razvŕščati (impf) 1.1.	razvŕščam	razvŕščaj razvŕščajte	razvŕščal, razvŕščala	to arrange, to sort
reagírati * (impf, pf) 1.1.	reagíram	reagíraj reagírajte	reagíral, reagírala	to react
realizírati (impf, pf) 1.1.	realizíram	realizíraj realizírajte	realizíral, realizírala	to materialise
rêči *** (pf) 2.10.1.	rêčem	rêci recíte	rékel, rêkla	to say
redíti (impf) 3.1.	redím	rêdi redíte	redíl, redíla	to keep
registrírati * (impf, pf) 1.1.	registríram	registríraj registrírajte	registríral, registrírala	to register
rekonstruírati (impf, pf) 1.1.	rekonstruíram	rekonstruíraj rekonstruírajte	rekonstruíral, rekonstruírala	to reconstruct
reševáti ** (impf) 4.1.2.	rešújem	rešúj rešújte	reševàl, reševála	to solve; to save, to rescue
rešíti/rešíti *** (pf) 3.1.	réšim	réši réšite/rešíte	réšil, rešíla	to solve; to save, to rescue
rézati * (impf) 2.6.7.	réžem	réži réžite	rézal, rézala	to cut, to slice
rezervírati (impf, pf) 1.1.	rezervíram	rezervíraj rezervírajte	rezervíral, rezervírala	to book
režírati * (impf, pf) 1.1.	režíram	režíraj režírajte	režíral, režírala	to direct
rímati (impf, pf) 1.1.	rímam	rímaj rímajte	rímal, rímala	to make rhymes
ríniti (impf) 2.2.9.	rínem	ríni rínite	rínil, rínila	to push
rísati * (impf) 2.6.6.	ríšem	ríši ríšite	rísal, rísala	to draw

nedoločnik the infinitive	sedanjik the present tense	velelnik the imperative	deležnik na -l the -l participle	prevod nedoločnika transl. of infinitive
ríti (impf) 4.4.2.	ríjem	ríj ríjte	ríl, ríla	to grub, to dig
rjovéti (impf) 3.2.	rjovím	rjôvi rjovíte	rjovél, rjovéla	to roar
rjúti (impf) 2.7.2. + 4.4.3.	rjôvem + rjújem	rjôvi + rjúj ° rjôvite/rjovíte + rjújte	rjúl, rjúla	to roar
rodíti (impf, pf) 3.1.	rodím	rôdi rodíte	rodíl, rodíla	to give birth
rojévati (impf) 1.1.	rojévam	rojévaj rojévajte	rojéval, rojévala	to be giving birth
rómati (impf) 1.1.	rómam	rómaj rómajte	rómal, rómala	to go on a pilgrimage
rópati (impf) 1.1.	rópam	rópaj rópajte	rópal, rópala	to rob
rumenéti (impf) 3.2.	rumením	rumêni ° rumeníte	rumenél, rumenéla	to yellow
rúšiti/rušíti * (impf) 3.1.	rúšim	rúši rúšite/rušíte	rúšil, rušíla	to demolish, to destroy
rúvati (impf) 1.1. + 4.2.	rúvam + rújem	rúvaj + rúj rúvajte + rújte	rúval, rúvala	to root out
sadíti (impf) 3.1.	sadím	sádi sadíte	sadíl, sadíla	to plant
samévati (impf) 1.1.	samévam	samévaj samévajte	saméval, samévala	to live a solitary life
saníratí (impf, pf) 1.1.	saníram	saníraj sanírajte	saníral, sanírala	to improve (sanitary conditions, a situation)
sanjáriti (impf) 3.1.	sanjárim	sanjári sanjárite	sanjáril, sanjárila	to daydream, to dream
sánjati * (impf) 1.1.	sánjam	sánjaj sánjajte	sánjal, sánjala	to dream

138

nedoločnik the infinitive	sedanjik the present tense	velelnik the imperative	deležnik na -l the -l participle	prevod nedoločnika transl. of infinitive
scáti (impf) 4.6. + 3.5.	ščíjem + ščím °	ščíj + ščì ° ščíjte	scál, scála	to piss
scvréti (pf) 2.5.4.	scvrèm	scvrì scvríte	scvŕl, scvŕla	to burn, to fry
séči (pf) 2.10.2.	séžem	sézi sézite	ségel, ségla	to reach
sédati (impf) 1.1.	sédam	sédaj sédajte	sédal, sédala	to sit down
sedéti *** (impf) 3.2.	sedím	sêdi sedíte	sedél, sedéla	to sit
ségati ** (impf) 1.1.	ségam	ségaj ségajte	ségal, ségala	to extend, to reach to
segréti * (pf) 4.4.1.	segrêjem	segrêj segrêjte	segrél, segréla	to warm
segrévati (impf) 1.1.	segrévam	segrévaj segrévajte	segréval, segrévala	to warm
sejáti (impf) 4.3.	sêjem	sêj sêjte	sejál, sejála	to sow
sékati (impf) 1.1.	sékam	sékaj sékajte	sékal, sékala	to fell, to chop
sekljáti (impf) 1.1.	sekljám	sekljàj sekljájte	sekljàl, sekljála	to chop
selíti * (impf) 3.1.	sélim	sêli selíte	sêlil, selíla	to move
sesáti (impf) 1.1.	sesàm	sesàj sesájte	sesàl, sesála	to hoover, to suck
sesekljáti (pf) 1.1.	sesekljám	sesekljàj sesekljájte	sesekljàl, sesekljála	to chop, to mince
sestájati se (impf) 1.1.	sestájam se	sestájaj se sestájajte se	sestájal se, sestájala se	to meet regularly

nedoločnik the infinitive	sedanjik the present tense	velelnik the imperative	deležnik na -l the -l participle	prevod nedoločnika transl. of infinitive
sestáti se ** (pf) 2.2.1.	sestánem se	sestáni se sestaníte se	sestàl se, sestála se	to meet
sestáviti * (pf) 3.1.	sestávim	sestávi sestávite	sestávil, sestávila	to compose, to assemble
sestávljati ** (impf) 1.1.	sestávljam	sestávljaj sestávljajte	sestávljal, sestávljala	to consist of
sésti ** (pf) 2.11.2.	sédem	sédi sédite	sédel, sédla	to sit down
sesúti (pf) 4.4.3.	sesújem	sesúj sesújte	sesúl, sesúla	to smash
seštéti (pf) 4.4.1.	seštêjem	seštêj seštêjte	seštél, seštéla	to add
seštévati (impf) 1.1.	seštévam	seštévaj seštévajte	seštéval, seštévala	to add up
seznániti/ seznaníti ** (pf) 3.1.	seznánim	seznáni seznánite/ seznaníte	seznánil, seznaníla	to introduce, to acquaint
seznánjati (impf) 1.1.	seznánjam	seznánjaj seznánjajte	seznánjal, seznánjala	to introduce, to acquaint
sezúti (pf) 4.4.3.	sezújem	sezúj sezújte	sezúl, sezúla	to take off shoes
shrániti/shraníti * (pf) 3.1.	shránim	shráni shránite/shraníte	shránil, shraníla	to store
shranjeváti * (impf) 4.1.2.	shranjújem	shranjúj shranjújte	shranjevàl, shranjevála	to store, to keep
shújšati (pf) 1.1.	shújšam	shújšaj shújšajte	shújšal, shújšala	to lose weight
sijáti * (impf) 4.3.	síjem	síj ° síjte	sijál, sijála	to shine
síliti * (impf) 3.1.	sílim	síli sílite	sílil, sílila	to force

140

nedoločnik the infinitive	sedanjik the present tense	velelnik the imperative	deležnik na -l the -l participle	prevod nedoločnika transl. of infinitive
simbolizírati (impf, pf) 1.1.	simbolizíram	simbolizíraj simbolizírajte	simbolizíral, simbolizírala	to symbolize
sivéti (impf) 3.2.	sivím	sívi ° sivíte	sivél, sivéla	to become gray
skákati/skakáti * (impf) 2.6.2.	skáčem	skáči skáčite	skákal, skakála	to bounce, to jump
skalíti (pf) 3.1.	skalím	skáli skalíte	skálil, skalíla	to ruin
skládati (impf) 1.1.	skládam	skládaj skládajte	skládal, skládala	to compose
sklánjati (impf) 1.1.	sklánjam	sklánjaj sklánjajte	sklánjal, sklánjala	to decline, to inflect
sklánjati se (impf) 1.1.	sklánjam se	sklánjaj se sklánjajte se	sklánjal se, sklánjala se	to bend (over)
skleníti *** (pf) 2.2.9.	sklénem	sklêni skleníte	sklênil, skleníla	to decide, to conclude
sklépati ** (impf) 1.1.	sklépam	sklépaj sklépajte	sklépal, sklépala	to infer
sklícati * (pf) 2.6.1.	sklíčem	sklíči sklíčite	sklícal, sklícala/sklicála	to convene
skliceváti (impf) 4.1.2.	sklicújem	sklicúj sklicújte	sklicevàl, sklicevála	to convene
skliceváti se na * (impf) 4.1.2.	sklicújem se na	sklicúj se na sklicújte se na	sklicevàl se na, sklicevála se na	to appeal to
sklóníti * (pf) 3.1.	sklónim	sklôni skloníte	sklônil, skloníla	to bend
skočíti * (pf) 3.1.	skóčim	skôči skočíte	skôčil, skočíla	to jump
skomígniti (pf) 2.2.9.	skomígnem	skomígni skomígnite	skomígnil, skomígnila	to shrug

nedoločnik the infinitive	sedanjik the present tense	velelnik the imperative	deležnik na -l the -l participle	prevod nedoločnika transl. of infinitive
skópati * (pf) 1.1. + 2.6.11.	skópam + skópljem	skópaj + skóplji ° skópajte + skópljite/skopljíte	skópal, skópala	to bathe
skrájšati * (pf) 1.1.	skrájšam	skrájšaj skrájšajte	skrájšal, skrájšala	to shorten
skrajševáti (impf) 4.1.2.	skrajšújem	skrajšúj skrajšújte	skrajševàl, skrajševála	to shorten
skrbéti ** (impf) 3.2.	skrbím	skŕbi skrbíte	skrbél, skrbéla	to care, to worry
skŕčiti * (pf) 3.1.	skŕčim	skŕči skŕčite	skŕčil, skŕčila	to contract
skríti * (pf) 4.4.2.	skríjem	skríj skríjte	skríl, skríla	to hide, to conceal
skritizírati (pf) 1.1.	skritizíram	skritizíraj skritizírajte	skritizíral, skritizírala	to pass a negative judgement
skrívati ** (impf) 1.1.	skrívam	skrívaj skrívajte	skríval, skrívala	to hide, to conceal
skúhati * (pf) 1.1.	skúham	skúhaj skúhajte	skúhal, skúhala	to cook, to prepare food
skúšati *** (impf) 1.1.	skúšam	skúšaj skúšajte	skúšal, skúšala	to try, to attempt
slabéti (impf) 3.2.	slabím	slábi ° slabíte	slabél, slabéla	to grow weak
slabíti (impf) 3.1.	slabím	slábi ° slabíte	slabíl, slabíla	to weaken
slábšati (impf) 1.1.	slábšam	slábšaj slábšajte	slábšal, slábšala	to make worse, to worsen
sláčiti (impf) 3.1.	sláčim	sláči sláčite	sláčil, sláčila	to undress
sladkáti (impf) 1.1.	sladkám	sladkàj sladkájte	sladkàl, sladkála	to sweeten

nedoločnik the infinitive	sedanjik the present tense	velelnik the imperative	deležnik na -l the -l participle	prevod nedoločnika transl. of infinitive
slavíti * (impf) 3.1.	slavím	slávi slavíte	slavíl, slavíla	to celebrate
sléči * (pf) 2.10.1.	sléčem	sléci slécite	slékel, slékla	to undress
sledíti *** (impf) 3.1.	sledím	slêdi sledíte	sledíl, sledíla	to follow
slepíti (impf) 3.1.	slepím	slépi slepíte	slepíl, slepíla	to deceive
slíkati * (impf) 1.1.	slíkam	slíkaj slíkajte	slíkal, slíkala	to paint
slíniti (impf) 3.1.	slínim	slíni slínite	slínil, slínila	to wet with saliva
slíšati *** (impf, pf) 3.3.3.	slíšim	/	slíšal, slíšala	to hear
slonéti * (impf) 3.2.	sloním	slôni sloníte	slonél, slonéla	to base, to lean
slovéniti (impf) 3.1.	slovénim	slovéni ° slovénite	slovénil, slovénila	to make Slovene
slovéti * (impf) 3.2.	slovím	slôvi ° slovíte	slovél, slovéla	to be known for
slútiti/slutíti * (impf) 3.1.	slútim	slúti ° slútite/slutíte	slútil, slutíla	to have a hunch
slúžiti/slúžíti ** (impf) 3.1.	slúžim	slúži slúžite/slúžíte	slúžil, slúžila	to serve
smehljáti se (impf) 1.1.	smehljám se	smehljáj se smehljájte se	smehljàl se, smehljála se	to smile
smejáti se * (impf) 4.3. + 3.4.	smêjem se + smejím se	smêj se smêjte se	smêjal se, smejála se	to laugh
sméti *** (impf) 2.1.	smém	/	smél, sméla	to be allowed to

143

nedoločnik the infinitive	sedanjik the present tense	velelnik the imperative	deležnik na -l the -l participle	prevod nedoločnika transl. of infinitive
smíliti se (impf) 3.1.	smílim se	smíli se smílite se	smílil se, smílila se	to have pity on
smodíti (impf) 3.1.	smodím	smôdi smodíte	smodíl, smodíla	to singe
smrčáti (impf) 3.3.1.	smrčím	smŕči smrčíte	smŕčal, smrčála	to snore
smrdéti (impf) 3.2.	smrdím	smŕdi ° smrdíte	smrdél, smrdéla	to stink
smúčati * (impf) 1.1.	smúčam	smúčaj smúčajte	smúčal, smúčala	to ski
smúkati (impf) 1.1.	smúkam	smúkaj smúkajte	smúkal, smúkala	to strip off
smúkniti (pf) 2.2.9.	smúknem	smúkni smúknite	smúknil, smúknila	to slip
snémati * (impf) 1.1.	snémam	snémaj snémajte	snémal, snémala	to film, to shoot
snéti * (pf) 2.2.3.	snámem	snêmi snemíte	snél, snéla	to take down, to detach
snežíti (impf) 3.1.	sneží	snêži ° snežíte	snežíl, snežíla	to snow
snúbiti/snubíti (impf) 3.1.	snúbim	snúbi snúbite	snúbil, snubíla	to woo, to propose
sočustvováti (impf) 4.1.1.	sočustvújem	sočustvúj sočustvújte	sočustvovàl, sočustvovála	to sympathise
sodelováti *** (impf) 4.1.1.	sodelújem	sodelúj sodelújte	sodelovàl, sodelovála	to co-operate
sóditi/sodíti *** (impf) 3.1.	sódim	sódi sódite/sodíte	sódil, sodíla	to judge; to belong
soglášati * (impf) 1.1.	soglášam	soglášaj soglášajte	soglášal, soglášala	to agree

144

nedoločnik the infinitive	sedanjik the present tense	velelnik the imperative	deležnik na -l the -l participle	prevod nedoločnika transl. of infinitive
solíti (impf) 3.1.	solím	sôli solíte	solíl, solíla	to salt
sónčiti (impf) 3.1.	sónčim	sónči sónčite	sónčil, sónčila	to sunbathe
soóčati * (impf) 1.1.	soóčam	soóčaj soóčajte	soóčal, soóčala	to confront, to face
soóčiti * (pf) 3.1.	soóčim	soóči soóčite	soóčil, soóčila	to confront, to face
sopíhati (impf) 1.1.	sopíham	sopíhaj sopíhajte	sopíhal, sopíhala	to puff
sôpsti (impf) 2.11.7.	sôpem	sôpi sopíte	sôpel, sôpla	to wheeze
sovrážiti/sovražíti * (impf) 3.1.	sovrážim	sovráži sovrážite/ sovražíte	sovrážil, sovrážila	to hate
spádati ** (impf) 1.1.	spádam	spádaj spádajte	spádal, spádala	to belong
spájati (impf) 1.1.	spájam	spájaj spájajte	spájal, spájala	to join
spáti ** (impf) 3.4.	spím	spì spíte	spál, spála	to sleep
specializírati (impf, pf) 1.1.	specializíram	specializíraj specializírajte	specializíral, specializírala	to specialize
spêči (pf) 2.10.1.	spêčem	spêci specíte	spékel, spêkla	to bake
speljáti * (pf) 2.3.2.	spéljem	spêlji speljíte	spêljal, speljála	to mislead; to route
spéti (pf) 2.2.8.	spnèm	spnì spníte	spél, spéla	to clamp
spíti (pf) 4.4.2.	spíjem	spíj spíjte	spíl, spíla	to drink up

145

nedoločnik the infinitive	sedanjik the present tense	velelnik the imperative	deležnik na -l the -l participle	prevod nedoločnika transl. of infinitive
splávati (pf) 1.1.	splávam	splávaj splávajte	splával, splávala	to start swimming; to lose (a project)
splêsti (pf) 2.11.3.	splêtem	splêti spletíte	splêtel, splêtla	to knit
splétati (impf) 1.1.	splétam	splétaj splétajte	splétal, splétala	to knit
splézati (pf) 1.1.	splézam	splézaj splézajte	splézal, splézala	to climb
splôščiti (pf) 3.1.	splôščim	splôšči splôščite/sploščíte	splôščil, splôščila/ sploščíla	to flatten
spočéti (pf) 2.2.8.	spočnèm	spočni spočníte	spočél, spočéla	to conceive
spočíti se (pf) 4.4.2.	spočíjem se	spočíj se spočíjte se	spočíl se, spočíla se	to rest, to take a rest
spodbudíti * (impf) 3.1.	spodbudím	spodbúdi spodbudíte	spodbúdil, spodbudíla	to motivate, to encourage
spodbújati ** (impf) 1.1.	spodbújam	spodbújaj spodbújajte	spodbújal, spodbújala	to encourage
spodíti (pf) 3.1.	spodím	spôdi spodíte	spódil, spodíla	to chase away
spodletéti (pf) 3.2.	spodletím	spodlêti ° spodletíte	spodlêtel, spodletéla	to fail
spodóbiti se * (impf) 3.1.	spodóbi se	spodóbi se ° spodóbite se	spodóbil se, spodóbila se	to befit
spoglédati se (pf) 1.1.	spoglédam se	spoglêj se spoglêjte se	spoglédal se, spoglédala se	to look at each other
spogledováti se (impf) 4.1.1.	spogledújem se	spogledúj se spogledújte se	spogledovàl se, spogledovála se	to flirt
spojíti (pf) 3.1.	spojím	spôji spojíte	spójil, spojíla	to join

nedoločnik the infinitive	sedanjik the present tense	velelnik the imperative	deležnik na -l the -l participle	prevod nedoločnika transl. of infinitive
spomínjati se *** (impf) 1.1.	spomínjam se	spomínjaj se spomínjajte se	spomínjal se, spomínjala se	to remember
spômniti (se) *** (pf) 3.1.	spômnim (se)	spômni (se) spômnite (se)	spômnil (se), spômnila (se)	to remind, (to remember)
spopádati se * (impf) 1.1.	spopádam se	spopádaj se spopádajte se	spopádal se, spopádala se	to face
spopásti se * (pf) 2.11.2.	spopádem se	spopádi se spopádite se	spopádel se, spopádla se	to face
spoprijémati se (impf) 1.1. + 2.6.10.	spoprijémam se + spoprijémljem se	spoprijémaj se + spoprijêmi se spoprijémajte se + spoprijemíte se	spoprijémal se, spoprijémala se	to deal with
spoprijéti se (pf) 2.2.2.	spoprímem se	spoprími se spoprímite se	spoprijél se, spoprijéla se	to deal with
sporazuméti se * (pf) 2.1.	sporazúmem se	sporazúmi se sporazúmite se/ sporazumíte se	sporazumél se, sporazuméla se	to agree, to to manage to communicate
sporazumévati se (impf) 1.1.	sporazumévam se	sporazumévaj se sporazumévajte se	sporazuméval se, sporazumévala se	to communicate
sporéči se (pf) 2.10.1.	sporêčem se	sporêči se sporecíte se	sporékel se, sporêkla se	to have an argument
sporóčati * (impf) 1.1.	sporóčam	sporóčaj sporóčajte	sporóčal, sporóčala	to communicate
sporočíti *** (pf) 3.1.	sporočím	sporôči sporočíte	sporóčil, sporočíla	to communicate
sposóditi si/ sposodíti si pf 3.1.	sposódim si	sposódi si sposódite/ sposodíte si	sposódil si, sposodíla si	to borrow
sposójati si impf 1.1.	sposójam si	sposójaj si sposójajte si	sposójal si, sposójala si	to borrow
spoštováti ** (impf) 4.1.1.	spoštújem	spoštúj spoštújte	spoštovàl, spoštovála	to respect

147

nedoločnik the infinitive	sedanjik the present tense	velelnik the imperative	deležnik na -l the -l participle	prevod nedoločnika transl. of infinitive
spotákniti/ spotakníti (pf) 2.2.9.	spotáknem	spotákni spotáknite/ spotakníte	spotáknil, spotakníla	to stumble
spotíkati (impf) 1.1.	spotíkam	spotíkaj spotíkajte	spotíkal, spotíkala	to stumble
spotíti (pf) 3.1.	spotím	spôti ° spotíte	spotíl, spotíla	to sweat
spovédati se (pf) 5.1.	spovém se	spovêj se spovêjte se	spovédal se, spovédala se	to confess
spovedováti se (impf) 4.1.1.	spovedújem se	spovedúj se spovedújte se	spovedovàl se, spovedovála se	to confess
spoznáti *** (pf) 1.1.	spoznám	spoznáj spoznájte	spoznál, spoznála	to realise; to meet
spoznáti se na (pf) 1.1.	spoznám se na	spoznáj se na ° spoznájte se na	spoznál se na, spoznála se na	to be familiar with
spoznávati * (impf) 1.1.	spoznávam	spoznávaj spoznávajte	spoznával, spoznávala	to get to know
spraševáti *** (impf) 4.1.2.	sprašújem	sprašúj sprašújte	spraševàl, spraševála	to ask
správiti *** (pf) 3.1.	správim	správi správite	správil, správila	to put in place, to tidy up; to reconcile
správljati * (impf) 1.1.	správljam	správljaj správljajte	správljaj, správljala	to tidy up; to reconcile
spreglédati * (pf) 1.1.	spreglédam	spreglêj spreglêjte	spreglédal, spreglédala	to overlook
spregledováti (impf) 4.1.1.	spregledújem	spregledúj ° spregledújte	spregledovàl, spregledovála	to overlook
spregovoríti ** (pf) 3.1.	spregovorím	spregovôri spregovoríte	spregovóril, spregovoríla	to speak out
sprehájati * (impf) 1.1.	sprehájam	sprehájaj sprehájajte	sprehájal, sprehájala	to go for a walk

148

nedoločnik the infinitive	sedanjik the present tense	velelnik the imperative	deležnik na -l the -l participle	prevod nedoločnika transl. of infinitive
sprehodíti * (pf) 3.1.	sprehódim	sprehôdi sprehodíte	sprehôdil, sprehodíla	to take for a walk
sprejémati ** (impf) 1.1.	sprejémam	sprejémaj sprejémajte	sprejémal, sprejémala	to accept
sprejéti *** (pf) 2.2.7.	sprêjmem	sprêjmi sprêjmite	sprejél, sprejéla	to accept, to receive
spremeníti *** (pf) 3.1.	spremením	spremêni spremeníte	spreménil, spremeníla	to change, to modify
spremínjati *** (impf) 1.1.	spremínjam	spremínjaj spremínjajte	spremínjal, spremínjala	to change, to modify
sprémiti (pf) 3.1.	sprémim	sprémi sprémite	sprémil, sprémila	to accompany
sprémljati *** (impf) 1.1.	sprémljam	sprémljaj sprémljajte	sprémljal, sprémljala	to accompany
spréti (pf) 2.5.4.	sprèm	sprì spríte	spŕl, spŕla	to make quarrel
sprijázniti se * (pf) 3.1.	sprijáznim se	sprijázni se sprijáznite se	sprijáznil se, sprijáznila se	to reconcile oneself
sprostíti * (pf) 3.1.	sprostím	sprôsti sprostíte	sprôstil, sprostíla	to ease, to vent
spróščati * (impf) 1.1.	spróščam	spróščaj spróščajte	spróščal, spróščala	to ease, to vent
spróžati (impf) 1.1.	spróžam	spróžaj spróžajte	spróžal, spróžala	to fire; to cause
spróžiti/sprožíti ** (pf) 3.1.	spróžim	spróži spróžite/sprožíte	spróžil, sprožíla	to fire; to cause
spustíti ** (pf) 3.1.	spustím	spústi spustíte	spústil, spustíla	to let loose, to let go
spúščati * (impf) 1.1.	spúščam	spúščaj spúščajte	spúščal, spúščala	to let loose, to let go

149

nedoločnik the infinitive	sedanjik the present tense	velelnik the imperative	deležnik na -l the -l participle	prevod nedoločnika transl. of infinitive
sramováti se (impf) 4.1.1.	sramújem se	sramúj se sramújte se	sramovàl se, sramovála se	to be ashamed
sráti (impf) 2.5.6.	sérjem	sêrji serjíte	sràl, srála	to shit, to excrete
srbéti (impf) 3.2.	srbí	/	srbél, srbéla	to itch
sréčati ** (pf) 1.1.	sréčam	sréčaj sréčajte	sréčal, sréčala	to meet
srečeváti * (impf) 4.1.2.	srečújem	srečúj srečújte	srečevàl, srečevála	to meet
sŕkati (impf) 1.1.	sŕkam	sŕkaj sŕkajte	sŕkal, sŕkala	to sip
sŕkniti (pf) 2.2.9.	sŕknem	sŕkni sŕknite	sŕknil, sŕknila	to take a sip
stákniti/stakníti (pf) 2.2.9.	stáknem	stákni stáknite/stakníte	stáknil, stakníla	to catch (a flu)
stalíti (pf) 3.1.	stalím	stáli stalíte	stálil, stalíla	to melt
stánjšati (pf) 1.1.	stánjšam	stánjšaj stánjšajte	stánjšal, stánjšala	to thin, to reduce
stanováti * (impf) 4.1.1.	stanújem	stanúj stanújte	stanovàl, stanovála	to live
stárati (impf) 1.1.	stáram	stáraj stárajte	stáral, stárala	to age
státi *** (impf) 3.6.	stojím	stój stójte	stál, stála	to stand
státi ** (impf) 2.2.1.	stánem	/	stàl, stála	to cost
stáviti * (impf, pf) 3.1.	stávim	stávi stávite	stávil, stávila	to bet

150

nedoločnik the infinitive	sedanjik the present tense	velelnik the imperative	deležnik na -l the -l participle	prevod nedoločnika transl. of infinitive
stávkati * (impf) 1.1.	stávkam	stávkaj stávkajte	stávkal, stávkala	to strike
stêči ** (pf) 2.10.1.	stêčem	stêci stecíte	stékel, stêkla	to run
stéhtati (pf) 1.1.	stéhtam	stéhtaj stéhtajte	stéhtal, stéhtala	to weigh
stêpsti (pf) 2.11.7.	stêpem	stêpi stepíte	stépel, stêpla	to beat, to fight
stíkati (impf) 1.1.	stíkam	stíkaj stíkajte	stíkal, stíkala	to raffle through
stískati * (impf) 1.1.	stískam	stískaj stískajte	stískal, stískala	to squeeze
stísniti * (pf) 2.2.9.	stísnem	stísni stísnite	stísnil, stísnila	to squeeze
stkáti (pf) 2.3.1.	stkèm	stkì stkíte	stkàl, stkála	to weave
stláčiti (impf) 3.1.	stláčim	stláči stláčite	stláčil, stláčila	to compress
stókati (impf) 1.1.	stókam	stókaj stókajte	stókal, stókala	to moan
stôlči (pf) 2.10.1.	stôlčem	stôlci stôlcite	stôlkel, stôlkla	to beat, to smash
stópati * (impf) 1.1.	stópam	stópaj stópajte	stópal, stópala	to tread
stópiti/stopíti *** (pf) 3.1.	stópim	stópi stópite/stopíte	stópil, stopíla	to step
stopíti (pf) 3.1.	stopím	stôpi stopíte	stopíl, stopíla	to melt
stopnjeváti * (impf) 4.1.2.	stopnjújem	stopnjúj stopnjújte	stopnjevàl, stopnjevála	to intensify

nedoločnik the infinitive	sedanjik the present tense	velelnik the imperative	deležnik na -/ the -/ participle	prevod nedoločnika transl. of infinitive
storíti *** (pf) 3.1.	storím	stôri storíte	stóril, storíla	to do
strádati (impf) 1.1.	strádam	strádaj strádajte	strádal, strádala	to starve
strašíti (impf) 3.1.	straším	stráši strašíte	strašíl, strašíla	to haunt
strážiti/stražíti (impf) 3.1.	strážim	stráži strážite/stražíte	strážil, stražíla	to guard
strditi/strdíti (pf) 3.1.	strdim/strdím	strdi strdite/strdíte	strdil, strdíla	to harden
stréči * (impf) 2.10.2.	strézem	strézi strézite	strégel, strégla	to serve
stréljati * (impf) 1.1.	stréljam	stréljaj stréljajte	stréljal, stréljala	to shoot
strésati (impf) 1.1.	strésam	strésaj strésajte	strésal, strésala	to shake
strésti * (pf) 2.11.1.	strésem	strési strésite	strésel, strésla	to shake
stréti (pf) 2.5.4.	strèm	stri stríte	stŕl, stŕla	to crush
stŕgati (impf, pf) 1.1.	stŕgam	stŕgaj stŕgajte	stŕgal, stŕgala	to grate, to tear
stríči (impf) 2.10.2.	strížem	strízi strízite	strígel, strígla	to cut (hair)
strínjati se *** (impf) 1.1.	strínjam se	strínjaj se strínjajte se	strínjal se, strínjala se	to agree
strméti * (impf) 3.2.	strmím	stŕmi ° strmíte	strmél, strméla	to stare
strmoglaviti (pf) 3.1.	strmoglávim	strmoglávi strmoglávite	strmoglávil, strmoglávila	to crash

152

nedoločnik the infinitive	sedanjik the present tense	velelnik the imperative	deležnik na -l the -l participle	prevod nedoločnika transl. of infinitive
stŕniti/strníti * (pf) 2.2.9.	stŕnem	stŕni stŕnite/strníte	stŕnil, strníla	to condense
súkati (impf) 1.1. + 2.6.2.	súkam + súčem	súkaj + súči súkajte + súčite	súkal, súkala	to twist
súmiti * (impf) 3.1.	súmim	súmi ° súmite	súmil, súmila	to suspect
súniti (pf) 2.2.9.	súnem	súni súnite	súnil, súnila	to thrust, to snatch
sušíti (impf) 3.1.	suším	súši sušíte	sušíl, sušíla	to dry, to cure
súvati (impf) 1.1.	súvam	súvaj súvajte	súval, súvala	to thrust
svaríti * (impf) 3.1.	svarím	svári svaríte	svaríl, svaríla	to warn, to caution
svétiti (impf) 3.1.	svétim	svéti svetíte	svétil, svetíla	to shine
svetováti * (impf, pf) 4.1.1.	svetújem	svetúj svetújte	svetovàl, svetovála	to advise
šahírati (impf) 1.1.	šahíram	šahíraj šahírajte	šahíral, šahírala	to play chess
šáliti se (impf) 3.1.	šálim se	šáli se šálite se	šálil se, šálila se	to joke
ščítiti * (impf) 3.1.	ščítim	ščíti ščítite	ščítil, ščítila	to protect
šépati (impf) 1.1.	šépam	šépaj šépajte	šépal, šépala	to limp
šepetáti (impf) 1.1. + 2.6.3.	šepetám + šepéčem	šepetàj + šepéči šepetájte + šepéčite	šepetàl, šepetála	to whisper
šépniti (pf) 2.2.9.	šépnem	šépni šépnite	šépnil, šépnila	to whisper

153

nedoločnik the infinitive	sedanjik the present tense	velelnik the imperative	deležnik na -l the -l participle	prevod nedoločnika transl. of infinitive
šíniti (pf) 2.2.9.	šínem	šíni šínite	šínil, šínila	to flash, to whizz
šíriti ** (impf) 3.1.	šírim	šíri šírite	šíril, šírila	to spread
šívati (impf) 1.1.	šívam	šívaj šívajte	šíval, šívala	to sew
škóditi * (impf, pf) 3.1.	škódim	škódi škódite	škódil, škódila	to harm
škodováti * (impf) 4.1.1.	škodújem	škodúj škodújte	škodovàl, škodovála	to harm
škrípati (impf) 1.1. + 2.6.11.	škrípam + škrípljem	škrípaj + škríplji škrípajte + škrípljite	škrípal, škrípala	to creak
škropíti (impf) 3.1.	škropím	škrôpi škropíte	škropíl, škropíla	to spray
šokírati (impf, pf) 1.1.	šokíram	šokíraj šokírajte	šokíral, šokírala	to shock
šólati (impf) 1.1.	šólam	šólaj šólajte	šólal, šólala	to educate
štéti *** (impf) 4.4.1.	štêjem	štêj štêjte	štél, štéla	to count
štópati (impf, pf) 1.1.	štópam	štópaj štópajte	štópal, štópala	to hitchhike
študírati * (impf) 1.1.	študíram	študíraj študírajte	študíral, študírala	to study
šuméti (impf) 3.2.	šumím	šúmi šumíte	šumél, šuméla	to fizz
tájati (impf) 1.1.	tájam	tájaj tájajte	tájal, tájala	to melt
tajíti (impf) 3.1.	tajím	táji tajíte	tajíl, tajíla	to conceal, to hide

154

nedoločnik the infinitive	sedanjik the present tense	velelnik the imperative	deležnik na -l the -l participle	prevod nedoločnika transl. of infinitive
tánjšati (impf) 1.1.	tánjšam	tánjšaj tánjšajte	tánjšal, tánjšala	to thin
tárnati (impf) 1.1.	tárnam	tárnaj tárnajte	tárnal, tárnala	to whine
têči *** (impf) 2.10.1.	têčem	têci tecíte	tékel, têkla	to run
téhtati * (impf) 1.1.	téhtam	téhtaj téhtajte	téhtal, téhtala	to weigh
tékati (impf) 1.1.	tékam	tékaj tékajte	tékal, tékala	to run
tekmováti * (impf) 4.1.1.	tekmújem	tekmúj tekmújte	tekmovàl, tekmovála	to compete
telefoníriti (impf) 3.1.	telefonárim	telefonári telefonárite	telefonáril, telefonárila	to phone
telefonírati * (impf, pf) 1.1.	telefoníram	telefoníraj telefonírajte	telefoníral, telefonírala	to phone
telováditi (impf) 3.1.	telovádim	telovádi telovádite	telovádil, telovádila	to work out
temeljíti ** (impf) 3.1.	temeljím	temêlji temeljíte	temeljíl, temeljíla	to base upon
temnéti (impf) 3.2.	temním	tèmni ° temníte	temnél, temnéla	to darken
temníti (impf) 3.1.	temním	tèmni ° temníte	temníl, temníla	to darken, to become dark
têpsti (impf) 2.11.7.	têpem	têpi tepíte	tépel, têpla	to beat, to fight
térjati * (impf) 1.1.	térjam	térjaj térjajte	térjal, térjala	to claim
tesníti (impf) 3.1.	tesním	têsni tesníte	tesníl, tesníla	to washer

nedoločnik the infinitive	sedanjik the present tense	velelnik the imperative	deležnik na -l the -l participle	prevod nedoločnika transl. of infinitive
testírati (impf, pf) 1.1.	testíram	testíraj testírajte	testíral, testírala	to test
težíti * (impf) 3.1.	težím	têži težíte	težíl, težíla	to gravitate; to bug
téžkati (impf) 1.1.	téžkam	téžkaj téžkajte	téžkal, téžkala	to weigh
tičáti * (impf) 3.3.1.	tičím	tíči tičíte	tíčal, tíčala	to be, to stick (in)
tíkati * (impf) 1.1.	tíkam	tíkaj tíkajte	tíkal, tíkala	to be on first name terms
típati (impf) 1.1.	típam	típaj típajte	típal, típala	to touch
típkati (impf) 1.1.	típkam	típkaj típkajte	típkal, típkala	to type
tískati (impf) 1.1.	tískam	tískaj tískajte	tískal, tískala	to print
tiščáti (impf) 3.3.1.	tiščím	tíšči tiščíte	tíščal, tiščála	to press, to squeeze
tkáti (impf) 2.3.1.	tkèm	tkì tkíte	tkàl, tkála	to weave
tláčiti (impf) 3.1.	tláčim	tláči tláčite	tláčil, tláčila	to oppress
točíti (impf) 3.1.	tóčim	tôči točíte	tôčil, točíla	to pour
tolážiti/tolažíti (impf) 3.1.	tolážim	toláži tolážite	tolážil, tolážila	to console
tôlči * (impf) 2.10.1.	tôlčem	tôlci tôlcite	tôlkel, tôlkla	to beat
toníti (impf) 2.2.9.	tónem	tôni toníte	tônil, toníla	to sink

156

nedoločnik the infinitive	sedanjik the present tense	velelnik the imperative	deležnik na -l the -l participle	prevod nedoločnika transl. of infinitive
topíti (impf) 3.1.	topím	tôpi topíte	topíl, topíla	to melt
tóžiti/tožíti * (impf) 3.1.	tóžim	tóži tóžite/tožíte	tóžil, tožíla	to sue
trájati *** (impf) 1.1.	trájam	trájaj trájajte	trájal, trájala	to last
tŕčiti * (pf) 3.1.	tŕčim	tŕči tŕčite	tŕčil, tŕčila	to clash, to collide, to crash
tŕditi/trdíti *** (impf) 3.1.	tŕdim/trdím	tŕdi tŕdite/trdíte	tŕdil, trdíla	to claim
trenírati * (impf) 1.1.	treníram	treníraj trenírajte	treníral, trenírala	to coach, to train
trepetáti (impf) 1.1. + 2.6.3.	trepetám + trepéčem	trepetàj + trepéči trepetájte + trepéčite	trepetàl, trepetála	to tremble
trésti * (impf) 2.11.1.	trésem	trési trésite	trésel, trésla	to shake
tréščiti * (pf) 3.1.	tréščim	tréšči tréščite	tréščil, tréščila	to crash
tréti (impf) 2.5.4.+2.5.2.	trèm + tárem	trì ° tríte	tŕl, tŕla	to crack, to crush
tŕgati (impf) 1.1.	tŕgam	tŕgaj tŕgajte	tŕgal, tŕgala	to tear, to pick
trgováti * (impf) 4.1.1.	trgújem	trgúj trgújte	trgovàl, trgovála	to trade
tŕkati (impf) 1.1.	tŕkam	tŕkaj tŕkajte	tŕkal, tŕkala	to knock
tróbiti (impf) 3.1.	tróbim	tróbi tróbite	tróbil, tróbila	to trumpet
trpéti * (impf) 3.2.	trpím	tŕpi trpíte	trpél, trpéla	to suffer

nedoločnik the infinitive	sedanjik the present tense	velelnik the imperative	deležnik na -l the -l participle	prevod nedoločnika transl. of infinitive
trúditi se/trudíti se (impf) 3.1.	trúdim se	trúdi se trúdite se/ trudíte se	trúdil se, trudíla se	to try, to strive
tvégati (impf, pf) 1.1.	tvégam	tvégaj tvégajte	tvégal, tvégala	to risk
tvóriti * (impf) 3.1.	tvórim	tvóri tvórite	tvóril, tvórila	to form
ubádati se * (impf) 1.1.	ubádam se	ubádaj se ubádajte se	ubádal se, ubádala se	to deal with
ubíjati * (impf) 1.1.	ubíjam	ubíjaj ubíjajte	ubíjal, ubíjala	to kill
ubíti *** (pf) 4.4.2.	ubíjem	ubíj ubíjte	ubil, ubíla	to kill
ublažíti (pf) 3.1.	ublažím	ubláži ublažíte	ublážil, ublažíla	to relieve
ubógati * (impf, pf) 1.1.	ubógam	ubógaj ubógajte	ubógal, ubógala	to obey
ubrániti/ubraníti * (pf) 3.1.	ubránim	ubráni ubránite/ ubraníte	ubránil, ubraníla	to defend
ubráti * (pf) 2.5.1.	ubêrem	ubêri uberíte	ubrál, ubrála	to take (a route)
učinkováti * (impf) 4.1.1.	učinkújem	učinkúj učinkújte	učinkovàl, učinkovála	to have an effect
učíti * (impf) 3.1.	učím	úči učíte	učíl, učíla	to teach, to instruct
učíti se * (impf) 3.1.	učím se	úči se učíte se	učíl se, učíla se	to learn
udáriti * (pf) 3.1.	udárim	udári udárite	udáril, udárila	to strike
udárjati (impf) 1.1.	udárjam	udárjaj udárjajte	udárjal, udárjala	to hit

nedoločnik the infinitive	sedanjik the present tense	velelnik the imperative	deležnik na -l the -l participle	prevod nedoločnika transl. of infinitive
udeleževáti se * (impf) 4.1.2.	udeležújem se	udeležúj se udeležújte se	udeleževàl se, udeleževála se	to attend, to participate
udeležíti se ** (pf) 3.1.	udeležím se	udeléži se udeležíte se	udeležíl se, udeležíla se	to attend, to participate
ugájati * (impf) 1.1.	ugájam	ugájaj ugájajte	ugájal, ugájala	to please
ugániti/uganíti (pf) 2.2.9.	ugánem	ugáni ugánite/uganíte	ugánil, uganíla	to guess
ugásniti * (pf) 2.2.9.	ugásnem	ugásni ugásnite	ugásnil, ugásnila	to turn off
ugášati (impf) 1.1.	ugášam	ugášaj ugášajte	ugášal, ugášala	to turn off
ugíbati * (impf) 1.1.	ugíbam	ugíbaj ugíbajte	ugíbal, ugíbala	to guess
uglédati * (pf) 1.1.	uglédam	uglêj ° uglêjte	uglédal, uglédala	to catch sight
ugnáti * (pf) 2.6.5.	užênem	užêni uženíte	ugnàl, ugnála	to drive someone into a corner
ugodíti * (pf) 3.1.	ugodím	ugôdi ugodíte	ugódil, ugodíla	to comply
ugotávljati *** (impf) 1.1.	ugotávljam	ugotávljaj ° ugotávljajte	ugotávljal, ugotávljala	to ascertain, to find
ugotovíti *** (pf) 3.1.	ugotovím	ugotôvi ugotovíte	ugotôvil, ugotovíla	to ascertain, to find out
ugovárjati * (impf) 1.1.	ugovárjam	ugovárjaj ugovárjajte	ugovárjal, ugovárjala	to object, to protest
ugrábiti/ugrabíti (pf) 3.1.	ugrábim	ugrábi ugrábite/ugrabíte	ugrábil, ugrabíla	to kidnap
uhájati (impf) 1.1.	uhájam	uhájaj uhájajte	uhájal, uhájala	to leak

nedoločnik the infinitive	sedanjik the present tense	velelnik the imperative	deležnik na -l the -l participle	prevod nedoločnika transl. of infinitive
uíti * (pf) 2.8.1.	uídem	uídi uídite	ušèl, ušlà	to escape
ujémati se * (impf) 1.1.	ujémam se	ujémaj se ° ujémajte se	ujémal se, ujémala se	to get along
ujéti ** (pf) 2.2.3.	ujámem	ujêmi ujemíte	ujél, ujéla	to catch
ukázati/ukazáti * (pf) 2.6.7.	ukážem	ukáži ukážite/ukažíte	ukázal, ukazála	to order
ukazováti (impf) 4.1.1.	ukazújem	ukazúj ukazújte	ukazovàl, ukazovála	to command, to issue orders
ukíniti (pf) 2.2.9.	ukínem	ukíni ukínite	ukínil, ukínila	to stop, to abolish
ukínjati (impf) 1.1.	ukínjam	ukínjaj ukínjajte	ukínjal, ukínjala	to stop, to abolish
ukrásti * (pf) 2.11.2.	ukrádem	ukrádi ukrádite	ukrádel, ukrádla	to steal
ukreníti (pf) 2.2.9.	ukrénem	ukrêni ukreníte	ukrênil, ukreníla	to act, to take steps
ukrépati * (impf) 1.1.	ukrépam	ukrépaj ukrépajte	ukrépal, ukrépala	to act, to take a step
ukvárjati se *** (pf) 1.1.	ukvárjam se	ukvárjaj se ukvárjajte se	ukvárjal se, ukvárjala se	to deal with, to do
uléči se (pf) 2.10.2.	uléžem se	ulézi se ulézite se	ulégel se, ulêgla se	to lie down
ulovíti (pf) 3.1.	ulovím	ulôvi ulovíte	ulóvil, ulovíla	to catch
umákniti/ umakníti ** (pf) 2.2.9.	umáknem	umákni umáknite/ umakníte	umáknil, umakníla	to withdraw
umázati (pf) 2.6.7.	umážem	umáži umážite	umázal, umázala/ umazála	to make dirty

160

nedoločnik the infinitive	sedanjik the present tense	velelnik the imperative	deležnik na -l the -l participle	prevod nedoločnika transl. of infinitive
umestiti (pf) 3.1.	umestim	umesti umestite	umestil, umestila	to insert, to instal
uméšati (pf) 1.1.	uméšam	uméšaj uméšajte	uméšal, umešála	to mix
umíkati * (impf) 1.1.	umíkam	umíkaj umíkajte	umíkal, umíkala	to withdraw
umírati * (impf) 1.1.	umíram	umíraj ° umírajte	umíral, umírala	to die
umiríti * (pf) 3.1.	umirím	umíri umiríte	umíril, umiríla	to calm down
umíti (pf) 4.4.2.	umíjem	umíj umíjte	umìl, umíla	to wash
umívati (impf) 1.1.	umívam	umívaj umívajte	umíval, umívala	to wash
umoríti * (pf) 3.1.	umorím	umôri umoríte	umóril, umoríla	to murder
umréti *** (pf) 2.5.4.	umrèm	umrì umríte	umàl, umàla	to die
uničeváti * (impf) 4.1.2.	uničújem	uničúj uničújte	uničevàl, uničevála	to destroy
uníčiti ** (pf) 3.1.	uníčim	uníči uníčite	uníčil, uníčila	to destroy, to ruin
upádati (impf) 1.1.	upádam	upádaj ° upádajte	upádal, upádala	to decline
upásti (pf) 2.11.2.	upádem	upádi ° upádite	upádel, upádla	to decline, to subside
úpati *** (impf) 1.1.	úpam	úpaj úpajte	úpal, úpala	to hope
upírati (impf) 1.1.	upíram	upíraj upírajte	upíral, upírala	to fix one's eyes/ gaze

161

nedoločnik the infinitive	sedanjik the present tense	velelnik the imperative	deležnik na -l the -l participle	prevod nedoločnika transl. of infinitive
upirati se * (impf) 1.1.	upiram se	upiraj se upirajte se	upiral se, upirala se	to resist, to rebel
upočasníti * (pf) 3.1.	upočasním	upočásni upočasníte	upočásnil, upočasníla	to slow down
upodóbiti (pf) 3.1.	upodóbim	upodóbi upodóbite	upodóbil, upodóbila	to depict, to portray
upokojíti * (pf) 3.1.	upokojím	upokôji upokojíte	upokójil, upokojíla	to retire
uporábiti/ uporabíti *** (pf) 3.1.	uporábim	uporábi uporábite/ uporabíte	uporábil, uporabíla	to use
uporábljati *** (impf) 1.1.	uporábljam	uporábljaj uporábljajte	uporábljal, uporábljala	to use
upoštévati *** (impf, pf) 1.1.	upoštévam	upoštévaj upoštévajte	upoštéval, upoštévala	to consider
upravíčiti (pf) 3.1.	upravíčim	upravíči upravíčite	upravíčil, upravíčila	to entitle (to), to justify
uprávljati * (impf) 1.1.	uprávljam	uprávljaj uprávljajte	uprávljal, uprávljala	to manage, to administer
upréti se * (pf) 2.5.4.	uprèm se	uprì se upríte se	upŕl se, upŕla se	to rebel
uprizárjati (impf) 1.1.	uprizárjam	uprizárjaj uprizárjajte	uprizárjal, uprizárjala	to stage
uprizoríti * (pf) 3.1.	uprizorím	uprizôri uprizoríte	uprizóril, uprizoríla	to stage
uravnávati * (impf) 1.1.	uravnávam	uravnávaj uravnávajte	uravnával, uravnávala	to regulate
uravnotéžim (pf) 3.1.	uravnotéžim	uravnotéži uravnotéžite	uravnotéžil, uravnotéžila	to create a balance
uredíti (pf) 3.1.	uredím	urêdi uredíte	urédil, uredíla	to sort out, to regulate

nedoločnik the infinitive	sedanjik the present tense	velelnik the imperative	deležnik na -l the -l participle	prevod nedoločnika transl. of infinitive
urêjati ** (impf) 1.1.	urêjam	urêjaj urêjajte	urêjal, urêjala	to edit; to take care
uresničeváti * (impf) 4.1.2.	uresničújem	uresničúj uresničújte	uresničevàl, uresničevála	to realize, to carry out
uresníčiti ** (pf) 3.1.	uresníčim	uresníči uresníčite	uresníčil, uresníčila	to materialise, to carry out
úriti (pf) 3.1.	úrim	úri úrite	úril, úrila	to train, to exercise
usédati se (impf) 1.1.	usédam se	usédaj se ° usédajte se	usédal se, usédala se	to subside
usésti se * (pf) 2.11.2.	usédem se	usédi se usédite se	usédel se, usédla se	to sit down
uskladíti * (pf) 3.1.	uskladím	uskládi uskladíte	uskládil, uskladíla	to co-ordinate, to harmonise
usklajeváti * (impf) 4.1.2.	usklajújem	usklajúj usklajújte	usklajevàl, usklajevála	to co-ordinate, to harmonise
usmériti * (pf) 3.1.	usmérim	usméri usmérite	usméril, usmérila	to direct
usmérjati * (impf) 1.1.	usmérjam	usmérjaj usmérjajte	usmérjal, usmérjala	to direct
usmíliti se (pf) 3.1.	usmílim se	usmíli se usmílite se	usmílil se, usmílila se	to take pity on
usmrtíti (pf) 3.1.	usmrtím	usmŕti usmrtíte	usmŕtil, usmrtíla	to execute
usóditi/usodíti (pf) 3.1.	usódim	usódi ° usódite/usodíte	usódil, usodíla	to dare
uspéti *** (pf) 2.1.	uspèm	/	uspél, uspéla	to succeed
uspévati * (impf) 1.1.	uspévam	uspévaj ° uspévajte	uspéval, uspévala	to be successful to thrive

163

nedoločnik the infinitive	sedanjik the present tense	velelnik the imperative	deležnik na -l the -l participle	prevod nedoločnika transl. of infinitive
usposóbiti (pf) 3.1.	usposóbim	usposóbi usposóbite	usposóbil, usposóbila	to prepare, to train
ustalíti (pf) 3.1.	ustalím	ustáli ustálite	ustálil, ustalíla	to stabilise
ustanávljati * (impf) 1.1.	ustanávljam	ustanávljaj ustanávljajte	ustanávljal, ustanávljala	to establish, to found
ustanovíti *** (pf) 3.1.	ustanovím	ustanôvi ustanovíte	ustanôvil, ustanovíla	to establish, to found
ustáviti *** (pf) 3.1.	ustávim	ustávi ustávite	ustávil, ustávila	to stop
ustávljati * (impf) 1.1.	ustávljam	ustávljaj ustávljajte	ustávljal, ustávljala	to stop
ustrášiti * (pf) 3.1.	ustrášim	ustráši ustrášite	ustrášil, ustrášila	to frighten
ustréči (pf) 2.10.2.	ustréžem	ustrézi ustrézite	ustrégel, ustrégla	to oblige
ustrelíti * (pf) 3.1.	ustrelím	ustrêli ustrelíte	ustrélil, ustrelíla	to shoot
ustrézati ** (pf) 1.1.	ustrézam	ustrézaj ° ustrézajte	ustrézal, ustrézala	to suit
ustváriti *** (pf) 3.1.	ustvárim	ustvári ustvárite	ustváril, ustvárila	to create
ustvárjati ** (impf) 1.1.	ustvárjam	ustvárjaj ustvárjajte	ustvárjal, ustvárjala	to create
utégniti/utegníti ** (impf, pf) 2.2.9.	utégnem	utégni ° utégnite/utegníte	utégnil, utegníla	to manage, to have time
utemeljeváti * (impf) 4.1.2.	utemeljújem	utemeljúj utemeljújte	utemeljevàl, utemeljevála	to base on
utemeljíti * (pf) 3.1.	utemeljím	utemêlji utemeljíte	uteméljil, utemeljíla	to justify, to base on

nedoločnik the infinitive	sedanjik the present tense	velelnik the imperative	deležnik na -l the -l participle	prevod nedoločnika transl. of infinitive
utíhniti (pf) 2.2.9.	utíhnem	utíhni utíhnite	utíhnil, utíhnila	to fall silent
utoníti (pf) 2.2.9.	utónem	utôni utoníte	utônil, utoníla	to drown
utŕditi/utrdíti * (pf) 3.1.	utŕdim/utrdím	utŕdi utŕdite/utrdíte	utŕdil, utrdíla	to fortify, to make firm
utŕgati (pf) 1.1.	utŕgam	utŕgaj utŕgajte	utŕgal, utŕgala	to pick
utrípati (impf) 1.1. + 2.6.11.	utrípam + utrípljem	utrípaj + utríplji ° utripajte + utrípljite	utrípal, utrípala	to pulse
utrjeváti (impf) 4.1.2.	utrjújem	utrjúj utrjújte	utrjevàl, utrjevála	to fortify, to make firm
utrpéti (pf) 3.2.	utrpím	utŕpi utrpíte	utrpél, utrpéla	to suffer
utrúditi/utrudíti (pf) 3.1.	utrúdim	utrúdi utrúdite/utrudíte	utrúdil, utrudíla	to tire
utrújati (impf) 1.1.	utrújam	utrújaj utrújajte	utrújal, utrújala	to tire
uvájati * (impf) 1.1.	uvájam	uvájaj uvájajte	uvájal, uvájala	to introduce
uvážati * (impf) 1.1.	uvážam	uvážaj uvážajte	uvážal, uvážala	to import
uveljáviti ** (pf) 3.1.	uveljávim	uveljávi uveljávite	uveljávil, uveljávila	to enforce
uveljávljati * (impf) 1.1.	uveljávljam	uveljávljaj uveljávljajte	uveljávljal, uveljávljala	to enforce
uvêsti ** (pf) 2.11.2.	uvêdem	uvêdi uvêdite/uvedíte	uvêdel, uvêdla	to introduce
uvídeti (pf) 3.2.	uvídim	uvídi uvídite	uvídel, uvídela	to realize

165

nedoločnik the infinitive	sedanjik the present tense	velelnik the imperative	deležnik na -l the -l participle	prevod nedoločnika transl. of infinitive
uvozíti * (pf) 3.1.	uvózim	uvôzi uvozíte	uvôzil, uvozíla	to import
uvrstíti ** (pf) 3.1.	uvrstím	uvŕsti uvrstíte	uvŕstil, uvrstíla	to place, to insert
uvŕščati * (impf) 1.1.	uvŕščam	uvŕščaj uvŕščajte	uvŕščal, uvŕščala	to place, to insert
uzakóniti (pf) 3.1.	uzakónim	uzakóni uzakónite	uzakónil, uzakónila	to legalize
užáliti/užalíti (pf) 3.1.	užálim	užáli užálite	užálil, užalíla	to offend
užívati ** (impf) 1.1.	užívam	užívaj užívajte	užíval, užívala	to enjoy
vábiti/vabíti (impf) 3.1.	vábim	vábi vábite/vabíte	vábil, vabíla	to invite
váditi * (impf) 3.1.	vádim	vádi vádite	vádil, vádila	to practise, to rehearse
valíti (impf) 3.1.	valím	váli valíte	valíl, valíla	to incubate
váljati (impf) 1.1.	váljam	váljaj váljajte	váljal, váljala	to roll
valovíti (impf) 3.1.	valovím	valôvi ° valovíte	valovíl, valovíla	to undulate
várati (impf) 1.1.	váram	váraj várajte	váral, várala	to deceive, to cheat on
varčeváti (impf) 4.1.2.	varčújem	varčúj varčújte	varčevàl, varčevála	to save
varováti ** (impf) 4.1.1.	varújem	varúj varújte	varovàl, varovála	to protect
vdájati se (impf) 1.1.	vdájam se	vdájaj se ° vdájajte se	vdájal se, vdájala se	to indulge

nedoločnik the infinitive	sedanjik the present tense	velelnik the imperative	deležnik na -/ the -/ participle	prevod nedoločnika transl. of infinitive
vdáti se * (pf) 1.1.	vdám se	vdáj se vdájte se	vdál se, vdála se	to surrender
vdíhniti (pf) 2.2.9.	vdíhnem	vdíhni vdíhnite	vdíhnil, vdíhnila	to inhale
vdihováti (impf) 4.1.1.	vdihújem	vdihúj vdihújte	vdihovàl, vdihovála	to inhale
vdírati (impf) 1.1.	vdíram	vdíraj vdírajte	vdíral, vdírala	to encroach, to break
vdréti * (pf) 2.5.4.	vdrèm	vdrì vdríte	vdŕl, vdŕla	to invade, to break (into a house)
véčati * (impf) 1.1.	véčam	véčaj véčajte	véčal, véčala	to increase, to magnify
večérjati (impf) 1.1.	večérjam	večérjaj večérjajte	večérjal, večérjala	to dine
védeti *** (impf) 5.1.	vém	védi védite	védel, védela	to know
vedeževáti (impf) 4.1.2.	vedežújem	vedežúj vedežújte	vedeževàl, vedeževála	to tell (someone's) fortune
veljáti *** (impf) 1.1.	veljám	veljàj ° veljájte	veljàl, veljála	to be known as; to be valid
verjéti *** (impf, pf) 2.2.3.	verjámem	verjêmi verjemíte	verjél, verjéla	to believe
verováti * (impf, pf) 4.1.1.	verújem	verúj verújte	verovàl, verovála	to believe
veselíti se ** (impf) 3.1.	veselím se	vesêli se veselíte se	veselíl se, veselíla se	to be glad
vesláti (impf) 1.1.	veslám	veslàj veslájte	veslàl, veslála	to row
vêsti se (impf) 2.11.2.	vêdem se	vêdi se vêdite se/ vedíte se	vêdel se, vêdla se	to behave, to act

nedoločnik the infinitive	sedanjik the present tense	velelnik the imperative	deležnik na -l the -l participle	prevod nedoločnika transl. of infinitive
vêsti (impf) 2.11.4.	vêzem	vêzi vezíte	vêzel, vêzla	to embroider
véti (impf) 4.4.1.	vêjem	vêj ° vêjte	vél, véla	to blow
vézati/vezáti * (impf) 2.6.7.	véžem	véži véžite/vežíte	vézal, vezála	to bind
vgradíti * (pf) 3.1.	vgradím	vgrádi vgradíte	vgrádil, vgradíla	to build in
vídeti *** (impf, pf) 3.2.	vídim	/	vídel, vídela	to see
víhati (impf) 1.1.	víham	víhaj víhajte	víhal, víhala	to turn up
víkati (impf) 1.1.	víkam	víkaj víkajte	víkal, víkala	to use the polite form
viséti * (impf) 3.2.	visím	vísi ° visíte	visél, viséla	to hang
víšati (impf) 1.1.	víšam	víšaj víšajte	víšal, víšala	to raise
víti (impf) 4.4.2.	víjem	víj víjte	víl, víla	to wring
vključeváti ** (impf) 4.1.2.	vključújem	vključúj vključújte	vključevàl, vključevála	to include
vključíti ** (pf) 3.1.	vključím	vključi vključite	vključíl, vključíla	to include
vklópiti * (pf) 3.1.	vklópim	vklópi vklópite	vklópil, vklopíla	to engage, to switch on
vkŕcati se (pf) 1.1.	vkŕcam se	vkŕcaj se vkŕcajte se	vkŕcal se, vkŕcala se	to board
vkrcávati se (impf) 1.1.	vkrcávam se	vkrcávaj se vkrcávajte se	vkrcával se, vkrcávala se	to board

168

nedoločnik the infinitive	sedanjik the present tense	velelnik the imperative	deležnik na -l the -l participle	prevod nedoločnika transl. of infinitive
vláčiti (impf) 3.1.	vláčim	vláči vláčite	vláčil, vlačíla	to drag
vládati *** (impf) 1.1.	vládam	vládaj vládajte	vládal, vládala	to govern, to rule
vlágati * (impf) 1.1.	vlágam	vlágaj vlágajte	vlágal, vlágala	to invest
vléči (impf) 2.10.1.	vléčem	vléci vlécite	vlékel, vlékla	to pull
vlíti (pf) 4.4.2.	vlíjem	vlíj vlíjte	vlíl, vlíla	to pour into
vlívati (impf) 1.1.	vlívam	vlívaj vlívajte	vlíval, vlívala	to pour into
vlomíti * (pf) 3.1.	vlómim	vlômi vlomíte	vlômil, vlomíla	to break into
vložíti *** (pf) 3.1.	vložím	vlôži vložíte	vlóžil, vložíla	to invest, to deposit
vméšati (pf) 1.1.	vméšam	vméšaj vméšajte	vméšal, vmešála	to interfere
vméšati se * (pf) 1.1.	vméšam se	vméšaj se vméšajte se	vméšal se, vmešála se	to intervene
vmešávati (impf) 1.1.	vmešávam	vmešávaj vmešávajte	vmešával, vmešávala	to mix in, to add in
vmešávati se (impf) 1.1.	vmešávam se	vmešávaj se vmešávajte se	vmešával se, vmešávala se	to interfere
vnášati * (impf) 1.1.	vnášam	vnášaj vnášajte	vnášal, vnášala	to enter, to insert
vnémati (impf) 1.1.	vnémam	vnémaj ° vnémajte	vnémal, vnémala	to inflame
vnêsti * (pf) 2.11.1.	vnêsem	vnêsi vnesíte	vnésel, vnêsla	to enter, to insert

169

nedoločnik the infinitive	sedanjik the present tense	velelnik the imperative	deležnik na -l the -l participle	prevod nedoločnika transl. of infinitive
vnéti (pf) 2.2.3.	vnámem	vnêmi ° vnemíte	vnél, vnéla	to inflame
vodíti *** (impf) 3.1.	vódim	vôdi vodíte	vôdil, vodíla	to lead
volíti * (impf, pf) 3.1.	vólim	vôli volíte	vôlil, volíla	to vote
vónjati (impf) 1.1.	vónjam	vónjaj vónjajte	vónjal, vónjala	to smell
vóščiti/vošćíti (impf, pf) 3.1.	vóščim	vóšči vóščite	vóščil, voščíla	to congratulate
vozíti (impf) 3.1.	vózim	vôzi vozíte	vôzil, vozíla	to drive
vpeljáti * (pf) 2.3.2.	vpéljem	vpêlji vpeljíte	vpêljal, vpeljála	to introduce
vpéti (pf) 2.2.8.	vpnèm	vpni ° vpníte	vpél, vpéla	to fit in
vpísati/vpisáti ** (pf) 2.6.6.	vpíšem	vpíši vpíšite	vpísal, vpisála	to record, to enroll, to inscribe
vpisováti (impf) 4.1.1.	vpisújem	vpisúj vpisújte	vpisovàl, vpisovála	to record, to enroll, to inscribe
vpíti * (impf) 4.4.2.	vpíjem	vpíj vpíjte	vpìl, vpíla	to shout
vpláčati/vplačáti (pf) 1.1.	vpláčam	vpláčaj vpláčajte	vpláčal, vplačála	to pay in
vplêsti (pf) 2.11.3.	vplêtem	vplêti vpletíte	vplêtel, vplêtla	to involve
vplétati (impf) 1.1.	vplétam	vplétaj vplétajte	vplétal, vplétala	to involve
vplívati *** (impf) 1.1.	vplívam	vplívaj vplívajte	vplíval, vplívala	to influence

nedoločnik the infinitive	sedanjik the present tense	velelnik the imperative	deležnik na -l the -l participle	prevod nedoločnika transl. of infinitive
vprášati/vprašáti *** (pf) 1.1.	vprášam	vprášaj vprášajte	vprášal, vprašála	to ask
vráčati ** (impf) 1.1.	vráčam	vráčaj vráčajte	vráčal, vráčala	to return, to reciprocate
vráčati se ** (impf) 1.1.	vráčam se	vráčaj se vráčajte se	vráčal se, vráčala se	to go back
vréči ** (pf) 2.10.3.	vŕžem	vŕzi vŕzite	vŕgel, vŕgla	to throw
vréti * (impf) 2.5.4.	vrèm	vrì ° vríte	vrél, vréla	to boil
vŕniti/vrníti * (pf) 2.2.9.	vŕnem	vŕni vŕnite/vrníte	vŕnil, vrníla	to give back, to return
vŕniti se/vrníti se *** (pf) 2.2.9.	vŕnem se	vŕni se vŕnite se/vrníte se	vŕnil se, vrníla se	to come back
vróčati * (impf) 1.1.	vróčam	vróčaj vróčajte	vróčal, vróčala	to hand in
vročíti * (pf) 3.1.	vročím	vrôči vročíte	vróčil, vročíla	to hand in
vrstíti * (impf) 3.1.	vrstím	vŕsti ° vrstíte	vrstíl, vrstíla	to put into a line
vŕtati (impf) 1.1.	vŕtam	vŕtaj vŕtajte	vŕtal, vŕtala	to drill
vrtéti * (impf) 3.2.	vrtím	vŕti vrtíte	vrtél, vrtéla	to spin
vrvéti (impf) 3.2.	vrvím	vŕvi ° vrvíte	vrvél, vrvéla	to bustle
vsadíti (pf) 3.1.	vsadím	vsádi vsadíte	vsádil, vsadíla	to implant
vsájati (impf) 1.1.	vsájam	vsájaj vsájajte	vsájal, vsájala	to implant

171

nedoločnik the infinitive	sedanjik the present tense	velelnik the imperative	deležnik na -l the -l participle	prevod nedoločnika transl. of infinitive
vsebováti *** (impf) 4.1.1.	vsebújem	vsebúj ° vsebújte	vsebovàl, vsebovála	to contain
vselíti se (pf) 3.1.	vselím se	vsêli se vselíte se	vsêlil se, vselíla se	to move in
vsíliti (pf) 3.1.	vsílim	vsíli vsílite	vsílil, vsílila	to impose
vsiljeváti * (impf) 4.1.2.	vsiljújem	vsiljúj vsiljújte	vsiljevàl, vsiljevála	to impose
vstájati (impf) 1.1.	vstájam	vstájaj vstájajte	vstájal, vstájala	to rise
vstáti * (pf) 2.2.1.	vstánem	vstáni vstaníte	vstàl, vstála	to rise, to stand up
vstáviti * (pf) 3.1.	vstávim	vstávi vstávite	vstávil, vstávila	to insert
vstávljati (impf) 1.1.	vstávljam	vstávljaj vstávljajte	vstávljal, vstávljala	to insert
vstópati * (impf) 1.1.	vstópam	vstópaj vstópajte	vstópal, vstópala	to enter
vstópiti/vstopíti ** (pf) 3.1.	vstópim	vstópi vstópite/vstopíte	vstópil, vstopíla	to enter
vsúti (pf) 4.4.3.	vsújem	vsúj vsújte	vsúl, vsúla	to pour in
vtákniti/vtakníti * (pf) 2.2.9.	vtáknem	vtákni vtáknite/vtakníte	vtáknil, vtakníla	to insert, to plug in
vtípkati * (pf) 1.1.	vtípkam	vtípkaj vtípkajte	vtípkal, vtípkala	to type in
vtísniti (pf) 2.2.9.	vtísnem	vtísni vtísnite	vtísnil, vtísnila	to impress
vzbudíti * (pf) 3.1.	vzbudím	vzbúdi ° vzbudíte	vzbúdil, vzbudíla	to arouse, to excite

172

nedoločnik the infinitive	sedanjik the present tense	velelnik the imperative	deležnik na -l the -l participle	prevod nedoločnika transl. of infinitive
vzbújati * (impf) 1.1.	vzbújam	vzbújaj vzbújajte	vzbújal, vzbújala	to arouse, to excite
vzdíhniti (pf) 2.2.9.	vzdíhnem	vzdíhni vzdíhnite	vzdíhnil, vzdíhnila	to sigh
vzdihováti (impf) 4.1.1.	vzdihújem	vzdihúj vzdihújte	vzdihovàl, vzdihovála	to sigh
vzdržáti * (pf) 3.3.2.	vzdržím	vzdŕži vzdržíte	vzdŕžal, vzdržála	to indure
vzdrževáti * (impf) 4.1.2.	vzdržújem	vzdržúj vzdržújte	vzdrževàl, vzdrževála	to maintain
vzéti *** (pf) 2.2.3.	vzámem	vzêmi vzemíte	vzél, vzéla	to take
vzgájati * (impf) 1.1.	vzgájam	vzgájaj vzgájajte	vzgájal, vzgájala	to raise, to bring up
vzgojíti (pf) 3.1.	vzgojím	vzgôji vzgojíte	vzgójil, vzgojíla	to raise, to bring up
vzklíkniti * (pf) 2.2.9.	vzklíknem	vzklíkni ° vzkliknite	vzklíknil, vzklíknila	to exclaim
vznemíriti (pf) 3.1.	vznemírim	vznemíri vznemírite	vznemíril, vznemírila	to alarm, to upset
vznemírjati * (impf) 1.1.	vznemírjam	vznemírjaj vznemírjajte	vznemírjal, vznemírjala	to bug
vzpénjati se * (impf) 1.1.	vzpénjam se	vzpénjaj se vzpénjajte se	vzpénjal se, vzpénjala se	to ascend
vzpéti se (pf) 2.2.8.	vzpnèm se	vzpnì se vzpníte se	vzpél se, vzpéla se	to ascend
vzpostáviti ** (pf) 3.1.	vzpostávim	vzpostávi vzpostávite	vzpostávil, vzpostávila	to establish
vzpostávljati * (impf) 1.1.	vzpostávljam	vzpostávljaj vzpostávljajte	vzpostávljal, vzpostávljala	to establish

nedoločnik the infinitive	sedanjik the present tense	velelnik the imperative	deležnik na -l the -l participle	prevod nedoločnika transl. of infinitive
vztrájati ** (impf) 1.1.	vztrájam	vztrájaj vztrájajte	vztrájal, vztrájala	to insist, to persevere
vžgáti (pf) 2.3.1.	vžgèm	vžgì vžgíte	vžgál, vžgála	to ignite; to start
vžígati (impf) 1.1.	vžígam	vžígaj vžígajte	vžígal, vžígala	to ignite; to start
zabávati * (impf) 1.1.	zabávam	zabávaj zabávajte	zabával, zabávala	to amuse
zabeléžiti * (pf) 3.1.	zabeléžim	zabeléži zabeléžite	zabeléžil, zabeléžila	to jot down, to note down
zabíti (pf) 4.4.2.	zabíjem	zabíj zabíjte	zabìl, zabíla	to nail, to strike
zabrísati (pf) 2.6.6.	zabríšem	zabríši zabríšite	zabrísal, zabrísala	to blur
zacvetéti (pf) 3.2.	zacvetím	zacvêti ° zacvetíte	zacvetél, zacvetéla	to flourish
zacvíliti (pf) 3.1.	zacvílim	zacvíli ° zacvílite	zacvílil, zacvilíla	to squeak
začénjati * (impf) 1.1.	začénjam	začénjaj začénjajte	začénjal, začénjala	to begin, to start
začéti *** (pf) 2.2.8.	začnèm	začnì začníte	začél, začéla	to begin, to start
začíniti (pf) 3.1.	začínim	začíni začínite	začínil, začínila	to spice
začŕtati (pf) 1.1.	začŕtam	začŕtaj začŕtajte	začŕtal, začŕtala	to trace out
začúditi se/ začudíti se (pf) 3.1.	začúdim se	začúdi se ° začúdite se/ začudíte se	začúdil se, začudíla se	to be surprised, to wonder
začútiti/začutíti * (pf) 3.1.	začútim	začúti ° začútite/začutíte	začútil, začutíla	to feel, to sense

nedoločnik the infinitive	sedanjik the present tense	velelnik the imperative	deležnik na -l the -l participle	prevod nedoločnika transl. of infinitive
zadáti (pf) 1.1.	zadám	zadàj zadájte	zadál, zadála	to inflict
zadáviti (pf) 3.1.	zadávim	zadávi zadávite	zadávil, zadávila	to strangle
zadélati (pf) 1.1.	zadélam	zadélaj zadélajte	zadélal, zadélala	to stop up
zadéti ** (pf) 2.2.6.	zadénem	zadêni zadeníte	zadél, zadéla	to hit, to strike
zadévati * (impf) 1.1.	zadévam	zadévaj ° zadévajte	zadéval, zadévala	to concern
zadírati se (impf) 1.1.	zadíram se	zadíraj se zadírajte se	zadíral se, zadírala se	to yell
zadolžíti (pf) 3.1.	zadolžím	zadôlži zadolžíte	zadôlžil, zadolžíla	to appoint
zadolžíti se (pf) 3.1.	zadolžím se	zadôlži se zadolžíte se	zadôlžil se, zadolžíla se	to run into debt, to incur debts
zadostíti (pf) 3.1.	zadostím	zadôsti zadostíte	zadóstil, zadostíla	to meet (criteria, standards)
zadostováti * (impf) 4.1.1.	zadostújem	zadostúj ° zadostújte	zadostovàl, zadostovála	to suffice
zadóščati * (impf) 1.1.	zadóščam	zadóščaj ° zadóščajte	zadóščal, zadóščala	to suffice
zadovoljeváti (impf) 4.1.2.	zadovoljújem	zadovoljúj zadovoljújte	zadovoljevàl, zadovoljevála	to satisfy
zadovoljíti * (pf) 3.1.	zadovoljím	zadovôlji zadovoljíte	zadovóljil, zadovoljíla	to satisfy
zadrémati (pf) 1.1. + 2.6.10.	zadrémam + zadrémljem	zadrémaj + zadrémlji zadrémajte + zadrémljite	zadrémal, zadremála	to doze off, to nap
zadréti se (pf) 2.5.3.	zadêrem se	zadêri se zaderíte se	zadŕl se, zadŕla se	to yell

175

nedoločnik the infinitive	sedanjik the present tense	velelnik the imperative	deležnik na -l the -l participle	prevod nedoločnika transl. of infinitive
zadržáti * (pf) 3.3.2.	zadržím	zadŕži zadržíte	zadŕžal, zadržála	to retain
zadrževáti * (impf) 4.1.2.	zadržújem	zadržúj zadržújte	zadrževàl, zadrževála	to keep back
zadušíti (pf) 3.1.	zaduším	zadúši zadušíte	zadúšil, zadušíla	to soffocate, to smother
zaglédati ** (pf) 1.1.	zaglédam	/	zaglédal, zaglédala	to catch sight of, to see
zagnáti * (pf) 2.6.5.	zažênem	zažêni zaženíte	zagnàl, zagnála	to toss
zagnúsiti (pf) 3.1.	zagnúsim	zagnúsi zagnúsite	zagnúsil, zagnúsila	to disgust
zagoréti * (pf) 3.2.	zagorím	zagôri zagoríte	zagôrel, zagoréla	to catch fire
zagotávljati *** (impf) 1.1.	zagotávljam	zagotávljaj zagotávljajte	zagotávljal, zagotávljala	to assure
zagotovíti *** (pf) 3.1.	zagotovím	zagotôvi zagotovíte	zagotôvil, zagotovíla	to assure
zagovárjati * (impf) 1.1.	zagovárjam	zagovárjaj zagovárjajte	zagovárjal, zagovárjala	to advocate
zagrábiti/zagrabíti (pf) 3.1.	zagrábim	zagrábi zagrábite/zagrabíte	zagrábil, zagrabíla	to grasp
zagreníti (pf) 3.1.	zagrením	zagrêni zagreníte	zagrénil, zagreníla	to embitter
zagrešíti * (pf) 3.1.	zagreším	zagréši zagrešíte	zagréšil, zagrešíla	to commit, to perpetrate
zagrísti (pf) 2.11.4.	zagrízem	zagrízi zagrízite	zagrízel, zagrízla	to bite
zagrozíti * (pf) 3.1.	zagrozím	zagrôzi zagrozíte	zagrózil, zagrozíla	to threaten

nedoločnik the infinitive	sedanjik the present tense	velelnik the imperative	deležnik na -l the -l participle	prevod nedoločnika transl. of infinitive
zagúgati (pf) 1.1.	zagúgam	zagúgaj zagúgajte	zagúgal, zagúgala	to rock, to swing
zahájati * (impf) 1.1.	zahájam	zahájaj zahájajte	zahájal, zahájala	to frequently go to
zahotéti se (pf) 2.9.	zahóče se	/	zahôtelo se	to crave
zahrepenéti (pf) 3.2.	zahrepením	zahrepêni ° zahrepeníte	zahrepenél, zahrepenéla	to long
zahrôpsti (pf) 2.11.7.	zahrôpem	zahrôpi zahropíte	zahrôpel, zahrôpla	to wheeze
zahtévati *** (impf, pf) 1.1.	zahtévam	zahtévaj zahtévajte	zahtéval, zahtévala	to demand
zahváliti se/ zahvalíti se * (pf) 3.1.	zahválim se	zahváli se zahválite se/ zahvalíte se	zahválil se, zahvalíla se	to thank
zahvaljeváti se * (impf) 4.1.2.	zahvaljújem se	zahvaljúj se zahvaljújte se	zahvaljevàl se, zahvaljevála se	to thank
zaigráti * (pf) 1.1.	zaigrám	zaigràj zaigrájte	zaigràl, zaigrála	to play
zainteresírati (pf) 1.1.	zainteresíram	zainteresíraj zainteresírajte	zainteresíral, zainteresírala	to arouse interest
zaíti * (pf) 2.8.1.	zaídem	zaídi zaídite	zašèl, zašlà	to stray
zajáhati (pf) 1.1.	zajáham	zajáhaj zajáhajte	zajáhal, zajáhala	to mount
zajecljáti (pf) 1.1.	zajecljám	zajecljàj zajecljájte	zajecljàl, zajecljála	to stummer, to stutter
zajémati * (impf) 1.1.	zajémam	zajémaj zajémajte	zajémal, zajémala	to ladle, to take
zajéti * (pf) 2.2.3.	zajámem	zajêmi zajemíte	zajél, zajéla	to encompass

nedoločnik / the infinitive	sedanjik / the present tense	velelnik / the imperative	deležnik na -l / the -l participle	prevod nedoločnika / transl. of infinitive
zajókati/zajokáti (pf) 1.1. + 2.6.2.	zajókam + zajóčem	zajókaj + zajóči ° zajókajte + zajóčite	zajókal, zajokála	to burst out crying, to start crying
zajtrkováti (impf) 4.1.1.	zajtrkújem	zajtrkúj zajtrkújte	zajtrkovàl, zajtrkovála	to breakfast
zakláti (pf) 2.4.2.	zakóljem	zakôlji zakoljíte	zaklàl, zaklála	to slaughter
zakleníti (pf) 2.2.9.	zaklénem	zaklêni zakleníte	zaklênil, zakleníla	to lock
zaklépati (impf) 1.1.	zaklépam	zaklépaj zaklépajte	zaklépal, zaklépala	to lock
zakléti (pf) 2.4.4.	zakôlnem	zakôlni zakôlnite	zaklél, zakléla	to curse, to swear
zaklícati (pf) 2.6.1.	zaklíčem	zaklíči zaklíčite	zaklícal, zaklícala/ zaklicála	to call out
zaključeváti * (impf) 4.1.2.	zaključújem	zaključúj zaključújte	zaključevàl, zaključevála	to conclude
zakljúčiti ** (pf) 3.1.	zakljúčim	zakljúči zakljúčite	zakljúčil, zakljúčila	to conclude
zakopáti (pf) 1.1. + 2.6.11.	zakopám + zakópljem	zakôpaj + zakôplji zakopájte + zakôpljite/ zakopljíte	zakôpal, zakopála	to bury
zakričáti (pf) 3.3.1.	zakričím	zakríči zakríčite	zakríčal, zakričála	to scream
zakríti (pf) 4.4.2.	zakríjem	zakríj zakríjte	zakríl, zakríla	to cover, to cloak
zakríviti (pf) 3.1.	zakrívim	zakrívi zakrívíte	zakrívil, zakrivíla	to commit
zalájati (pf) 1.1.	zalájam	zalájaj zalájajte	zalájal, zalájala	to bark

nedoločnik the infinitive	sedanjik the present tense	velelnik the imperative	deležnik na -l the -l participle	prevod nedoločnika transl. of infinitive
zaléči (impf, pf) 2.10.2.	zaléžem	zalézi zalézite	zalégel, zalêgla	to do, to weigh
zalépiti (pf) 3.1.	zalépim	zalépi zalépite	zalépil, zalepíla	to glue
zaletávati se (impf) 1.1.	zaletávam se	zaletávaj se zaletávajte se	zaletával se, zaletávala se	to crash, to bump in
zaletéti se * (pf) 3.2.	zaletím se	zalêti se zaletíte se	zalêtel se, zaletéla se	to crash, to bump in
zalíti * (pf) 4.4.2.	zalíjem	zalíj zalíjte	zalíl, zalíla	to water
zalívati * (impf) 1.1.	zalívam	zalívaj zalívajte	zalíval, zalívala	to water
zaljúbiti se/ zaljubíti se * (pf) 3.1.	zaljúbim se	zaljúbi se zaljúbite se/ zaljubíte se	zaljúbil se, zaljubíla se	to fall in love
zaljúbljati se (impf) 1.1.	zaljúbljam se	zaljúbljaj se zaljúbljajte se	zaljúbljal se, zaljúbljala se	to be falling in love
zalótiti/zalotíti * (pf) 3.1.	zalótim	zalóti zalótite/zalotíte	zalótil, zalotíla	to catch
založíti (pf) 3.1.	založím	zalôži založíte	zalóžil, založíla	to lose; to stock
zamašíti (pf) 3.1.	zamaším	zamáši zamašíte	zamášil, zamašíla	to choke, to cork
zaménjati *** (pf) 1.1.	zaménjam	zaménjaj zaménjajte	zaménjal, zaménjala	to change, to exchange
zamenjávati (impf) 1.1.	zamenjávam	zamenjávaj zamenjávajte	zamenjával, zamenjávala	to change, to exchange
zamenjeváti (impf) 4.1.2.	zamenjújem	zamenjúj zamenjújte	zamenjevàl, zamenjevála	to change, to exchange
zamériti * (pf) 3.1.	zamérim	zaméri zamérite	zaméril, zamérila	to resent

nedoločnik the infinitive	sedanjik the present tense	velelnik the imperative	deležnik na -l the -l participle	prevod nedoločnika transl. of infinitive
zamísliti se * (pf) 3.1.	zamíslim se	zamísli se zamíslite se	zamíslil se, zamíslila se	to start thinking
zamísliti si * (pf) 3.1.	zamíslim si	zamísli si zamíslite si	zamíslil si, zamíslila si	to imagine
zamíšljati si (impf) 1.1.	zamíšljam si	zamíšljaj si zamíšljajte si	zamíšljal si, zamíšljala si	to imagine
zamolčáti (pf) 3.3.1.	zamolčím	zamôlči zamolčíte	zamôlčal, zamolčála	to suppress
zamréti (pf) 2.5.4.	zamrèm	zamrì zamríte	zamŕl, zamŕla	to die away
zamrmráti (pf) 1.1.	zamrmrám	zamrmràj zamrmrájte	zamrmràl, zamrmrála	to mumble, to murmur
zamŕzniti (pf) 2.2.9.	zamŕznem	zamŕzni zamŕznite	zamŕznil, zamŕznila	to freeze
zamudíti * (pf) 3.1.	zamudím	zamúdi zamudíte	zamúdil, zamudíla	to miss, to be late
zamújati (impf) 1.1.	zamújam	zamújaj zamújajte	zamújal, zamújala	to be late
zanášati (impf) 1.1.	zanášam	zanášaj zanášajte	zanášal, zanášala	to carry away
zanášati se na (impf) 1.1.	zanášam se na	zanášaj se na zanášajte se na	zanášal se na, zanášala se na	to rely on
zanemáriti * (pf) 3.1.	zanemárim	zanemári zanemárite	zanemáril, zanemárila	to neglect
zanemárjati (impf) 1.1.	zanemárjam	zanemárjaj zanemárjajte	zanemárjal, zanemárjala	to neglect
zanêsti * (pf) 2.11.1.	zanêsem	zanêsi zanesíte	zanésel, zanêsla	to carry away, to skid
zanêsti se na (pf) 2.11.1.	zanêsem se na	zanêsi se na zanesíte se na	zanésel se na, zanêsla se na	to rely on

nedoločnik the infinitive	sedanjik the present tense	velelnik the imperative	deležnik na -l the -l participle	prevod nedoločnika transl. of infinitive
zaničeváti (impf) 4.1.2.	zaničújem	zaničúj zaničújte	zaničevàl, zaničevála	to despise
zaníkati * (pf) 1.1.	zaníkam	zaníkaj zaníkajte	zaníkal, zaníkala	to deny
zanímati *** (impf) 1.1.	zanímam	zanímaj zanímajte	zanímal, zanímala	to interest
zaokróžiti (pf) 3.1.	zaokróžim	zaokróži zaokróžite	zaokróžil, zaokrožíla	to round up
zaostájati * (impf) 1.1.	zaostájam	zaostájaj zaostájajte	zaostájal, zaostájala	to lag behind
zaostáti * (pf) 2.2.1.	zaostánem	zaostáni zaostaníte	zaostàl, zaostála	to lag behind
zaostríti * (pf) 3.1.	zaostrím	zaôstri zaostríte	zaóstril, zaostríla	to sharpen; to become tense
zapásti * (pf) 2.11.2.	zapádem	zapádi zapádite	zapádel, zapádla	to lapse
zapeljáti * (pf) 2.3.2.	zapéljem	zapêlji zapeljíte	zapêljal, zapeljála	to seduce; to drive into
zapéti * (pf) 4.5.	zapôjem	zapój zapójte	zapél, zapéla	to sing
zapéti (pf) 2.2.8.	zapnèm	zapnì zapníte	zapél, zapéla	to button, to fasten
zapíhati (pf) 1.1.	zapíham	zapíhaj zapíhajte	zapíhal, zapihála	to blow
zapírati * (impf) 1.1.	zapíram	zapíraj zapírajte	zapíral, zapírala	to close, to shut
zapísati/zapisáti *** (pf) 2.6.6.	zapíšem	zapíši zapíšite	zapísal, zapisála	to write down
zapisováti * (impf) 4.1.1.	zapisújem	zapisúj zapisújte	zapisovàl, zapisovála	to write down, to record

181

nedoločnik the infinitive	sedanjik the present tense	velelnik the imperative	deležnik na -l the -l participle	prevod nedoločnika transl. of infinitive
zaplávati (pf) 1.1.	zaplávam	zaplávaj zaplávajte	zaplával, zaplávala	to start swimming, to swim
zapléniti/zapleníti (pf) 3.1.	zaplénim	zapléni, zaplénite/ zapleníte	zaplénil, zapleníla	to confiscate
zaplésati/zaplesáti (pf) 2.6.6.	zapléšem	zapléši zapléšite	zaplésal, zaplesála	to dance
zaplêsti se * (pf) 2.11.3.	zaplêtem se	zaplêti se zapletíte se	zaplêtel se, zaplêtla se	to get intagled; to get involved
zaplétati (impf) 1.1.	zaplétam	zaplétaj zaplétajte	zaplétal, zaplétala	to complicate
zapôlniti/ zapolníti * (pf) 3.1.	zapôlnim	zapôlni zapôlnite/ zapolníte	zapôlnil, zapolníla	to fill
zapômniti si * (pf) 3.1.	zapômnim si	zapômni si zapômnite si	zapômnil si, zapômnila si	to remember
zaposlíti * (pf) 3.1.	zaposlím	zapôsli zaposlíte	zapóslil, zaposlíla	to engage; to employ
zaposlováti * (impf) 4.1.1.	zaposlújem	zaposlúj zaposlújte	zaposlovàl, zaposlovála	to employ
zapovédati (pf) 5.1.	zapovém	zapovêj zapovêjte	zapovédal, zapovédala	to tell, to order
zapráviti * (pf) 3.1.	zaprávim	zaprávi zaprávite	zaprávil, zaprávila	to spend
zaprávljati (impf) 1.1.	zaprávljam	zaprávljaj zaprávljajte	zaprávljal, zaprávljala	to spend
zapréti *** (pf) 2.5.4.	zaprèm	zaprì zapríte	zapŕl, zapŕla	to close, to shut
zapretíti * (pf) 3.1.	zapretím	zaprêti zapretíte	zaprétil, zapretíla	to threaten
zaprosíti * (pf) 3.1.	zaprósim	zaprôsi zaprosíte	zaprôsil, zaprosíla	to ask

182

nedoločnik the infinitive	sedanjik the present tense	velelnik the imperative	deležnik na -l the -l participle	prevod nedoločnika transl. of infinitive
zapustíti *** (pf) 3.1.	zapustím	zapústi zapustíte	zapústil, zapustíla	to leave, to abandon
zapúščati * (impf) 1.1.	zapúščam	zapúščaj zapúščajte	zapúščal, zapúščala	to leave
zaračúnati * (pf) 1.1.	zaračúnam	zaračúnaj zaračúnajte	zaračúnal, zaračúnala	to charge
zarézati (pf) 2.6.7.	zaréžem	zaréži zaréžite	zarézal, zarézala	to cut
zarjovéti (pf) 3.2.	zarjovím	zarjôvi ° zarjovíte	zarjovél, zarjovéla	to roar
zarjúti (pf) 2.7.2. + 4.4.3.	zarjôvem + zarjújem	zarjôvi + zarjúj ° zarjôvite/ zarjovíte + zarjújte	zarjúl, zarjúla	to roar
zasadíti (pf) 3.1.	zasadím	zasádi zasadíte	zasádil, zasadíla	to plant
zaséči * (pf) 2.10.2.	zaséžem	zasézi zasézite	zaségel, zaségla	to confiscate
zasédati * (impf) 1.1.	zasédam	zasédaj zasédajte	zasédal, zasédala	to occupy
zasedéti se (impf) 3.2.	zasedím se	zasêdi se zasedíte se	zasedél se, zasedéla se	to remain sitting too long, to overstay
zasénčiti (pf) 3.1.	zasénčim	zasénči zasénčite	zasénčil, zasénčila	to shade
zasésti * (pf) 2.11.2.	zasédem	zasédi zasédlte	zasédel, zasédla	to occupy
zasídrati (pf) 1.1.	zasídram	zasídraj zasídrajte	zasídral, zasídrala	to anchor
zaskrbéti * (pf) 3.2.	zaskrbí	/	zaskrbél, zaskrbéla	to make worry
zaslédíti * (pf) 3.1.	zasledím	zaslêdi zasledíte	zaslédil, zaslédíla	to find out, to trace

183

nedoločnik the infinitive	sedanjik the present tense	velelnik the imperative	deležnik na -l the -l participle	prevod nedoločnika transl. of infinitive
zasledováti (impf) 4.1.1.	zasledújem	zasledúj zasledújte	zasledovàl, zasledovála	to follow, to chase, to pursue
zaslíšati * (pf) 3.3.3.	zaslišim	zaslíši ° zaslíšite	zaslíšal, zaslíšala	to hear; to interrogate
zasliševáti (impf) 4.1.2.	zaslišújem	zaslišúj zaslišújte	zaslíševàl, zaslíševála	to interrogate
zaslovéti (pf) 3.2.	zaslovím	zaslôvi ° zaslovíte	zaslovél, zaslovéla	to become famous
zaslútiti/zaslutíti (pf) 3.1.	zaslútim	zaslúti ° zaslútite/zaslutíte	zaslútil, zaslutíla	to have a presentiment
zaslúžiti/zaslužíti ** (pf) 3.1.	zaslúžim	zaslúži zaslúžite/zaslužíte	zaslúžil, zaslužíla	to earn
zasmejáti se * (pf) 4.3. + 3.4.	zasmêjem se + zasmejím se	zasmêj se zasmêjte se	zasmêjal se, zasmejála se	to burst out laughing
zasmíliti se (pf) 3.1.	zasmílim se	zasmíli se zasmílite se	zasmílil se, zasmílila se	to arouse pity
zasmrčáti (pf) 3.3.1.	zasmrčím	zasmŕči zasmrčíte	zasmŕčal, zasmrčála	to start snoring
zasnováti * (pf) 4.1.1.	zasnújem	zasnúj zasnújte	zasnovál, zasnovála	to design, to plan
zasnúbiti/zasnubíti (pf) 3.1.	zasnúbim	zasnúbi zasnúbite	zasnúbil, zasnubíla	to propose
zaspáti * (pf) 3.4.	zaspím	zaspì zaspíte	zaspál, zaspála	to fall asleep
zasrbéti (pf) 3.2.	zasrbí	zasŕbi ° zasrbíte	zasrbél, zasrbéla	to itch
zastaréti * (pf) 3.2.	zastarím	zastári ° zastaríte	zastarél, zastaréla	to become obsolete
zastáti (pf) 2.2.1.	zastánem	zastáni ° zastaníte	zastàl, zastála	to halt to a standstil

184

nedoločnik the infinitive	sedanjik the present tense	velelnik the imperative	deležnik na -l the -l participle	prevod nedoločnika transl. of infinitive
zastáviti * (pf) 3.1.	zastávim	zastávi zastávite	zastávil, zastávila	to pawn, to risk (one's reputation)
zastávljati * (impf) 1.1.	zastávljam	zastávljaj zastávljajte	zastávljal, zastávljala	to pawn, to risk (one's reputation)
zastókati (pf) 1.1.	zastókam	zastókaj zastókajte	zastókal, zastókala	to moan
zastópati * (impf) 1.1.	zastópam	zastópaj zastópajte	zastópal, zastópala	to represent
zasúkati (pf) 1.1. + 2.6.2.	zasúkam + zasúčem	zasúkaj + zasúči zasúkajte + zasúčite	zasúkal, zasúkala	to roll up
zasúti (pf) 4.4.3.	zasújem	zasúj zasújte	zasúl, zasúla	to shower
zaščítiti * (pf) 3.1.	zaščítim	zaščíti zaščítite	zaščítil, zaščítila	to protect
zašepetáti (pf) 1.1. + 2.6.3.	zašepetám + zašepéčem	zašepetàj + zašepéči zašepetájte + zašepéčite	zašepetàl, zašepetála	to whisper
zašíti (pf) 4.4.2.	zašíjem	zašíj zašíjte	zašíl, zašíla	to sew up
zaškrípati (pf) 1.1. + 2.6.11.	zaškrípam + zaškrípljem	zaškrípaj + zaškríplji ° zaškrípajte + zaškrípljite	zaškrípal, zaškrípala	to creak, to make a creaking sound
zašuméti (pf) 3.2.	zašumím	zašúmi ° zašumíte	zašumél, zašuméla	to rustle
zatajíti (pf) 3.1.	zatajím	zatáji zatajíte	zatájil, zatajíla	to conceal
zatákniti/ zatakníti * (pf) 2.2.9.	zatáknem	zatákni zatáknite/ zatakníte	zatáknil, zatáknila	to jam

nedoločnik the infinitive	sedanjik the present tense	velelnik the imperative	deležnik na -l the -l participle	prevod nedoločnika transl. of infinitive
zatéči * (pf) 2.10.1.	zatêčem	zatêci zatecíte	zatékel, zatêkla	to find refuge
zatékati (impf) 1.1.	zatékam	zatékaj zatékajte	zatékal, zatékala	to find refuge
zatŕditi/zatrdíti * (pf) 3.1.	zatŕdim/zatrdím	zatŕdi zatŕdite/zatrdíte	zatŕdil, zatrdíla	to claim
zatréti (pf) 2.5.4.	zatrèm	zatrì zatríte	zatŕl, zatŕla	to suppress
zatrjeváti * (impf) 4.1.2.	zatrjújem	zatrjúj zatrjújte	zatrjevàl, zatrjevála	to claim
zatróbiti (pf) 3.1.	zatróbim	zatróbi zatróbite	zatróbil, zatróbila	to honk, to sound the trumpet
zaúpati ** (impf, pf) 1.1.	zaúpam	zaúpaj zaúpajte	zaúpal, zaúpala	to trust, to confide
zaustáviti * (pf) 3.1.	zaustávim	zaustávi zaustávite	zaustávil, zaustávila	to stop
zaužíti (pf) 4.4.2.	zaužíjem	zaužíj zaužíjte	zaužíl, zaužíla	to consume
zavájati (impf) 1.1.	zavájam	zavájaj zavájajte	zavájal, zavájala	to lead on
zavarováti (pf) 4.1.1.	zavarújem	zavarúj zavarújte	zavarovàl, zavarovála	to protect
zavédati se *** (impf) 1.1.	zavédam se	zavédaj se zavédajte se	zavédal se, zavédala se	to be aware of
zavédeti se * (pf) 5.1.	zavém se	zavédi se zavédite se	zavédel se, zavédela se	to come round, to come to
zavesláti (pf) 1.1.	zaveslám	zaveslàj zaveslájte	zaveslàl, zaveslála	to row, to start rowing
zavêsti * (pf) 2.11.2.	zavêdem	zavêdi zavêdite/zavedíte	zavédel, zavêdla	to mislead

186

nedoločnik the infinitive	sedanjik the present tense	velelnik the imperative	deležnik na -l the -l participle	prevod nedoločnika transl. of infinitive
zavézati/zavezáti * (pf) 2.6.7.	zavéžem	zavéži zavéžite/zavežíte	zavézal, zavezála	to tie; to bind to
zavezováti * (impf) 4.1.1.	zavezújem	zavezúj zavezújte	zavezovàl, zavezovála	to tie
zavídati (impf) 1.1.	zavídam	zavídaj zavídajte	zavídal, zavídala	to envy
zavíjati (impf) 1.1.	zavíjam	zavíjaj zavíjajte	zavíjal, zavíjala	to howl
zavírati * (impf) 1.1.	zavíram	zavíraj zavírajte	zavíral, zavírala	to brake
zavíti * (pf) 4.4.2.	zavíjem	zavíj zavíjte	zavíl, zavíla	to wrap; to turn
zavládati * (pf) 1.1.	zavládam	zavládaj zavládajte	zavládal, zavládala	to begin to rule
zavléči * (pf) 2.10.1.	zavléčem	zavléci zavlécite	zavlékel, zavlékla	to protract, to prolong
zavpíti * (pf) 4.4.2.	zavpíjem	zavpíj zavpíjte	zavpíl, zavpíla	to cry, to shout
zavráčati * (impf) 1.1.	zavráčam	zavráčaj zavráčajte	zavráčal, zavráčala	to reject
zavréči * (pf) 2.10.3.	zavŕžem	zavŕzi zavŕzite	zavŕgel, zavŕgla	to reject
zavréti (pf) 2.5.4.	zavrèm	zavrì zavríte	zavrél, zavréla	to boil
zavréti (pf) 2.5.4.	zavrèm	zavrì zavríte	zavŕl, zavŕla	to brake
zavŕniti/zavrníti ** (pf) 2.2.9.	zavŕnem	zavŕni zavŕnite/zavrníte	zavŕnil, zavŕnila	to reject
zavrtéti * (pf) 3.2.	zavrtím	zavŕti zavrtíte	zavrtél, zavrtéla	to turn round, to spin

187

nedoločnik the infinitive	sedanjik the present tense	velelnik the imperative	deležnik na -l the -l participle	prevod nedoločnika transl. of infinitive
zavzémati ** (impf) 1.1.	zavzémam	zavzémaj zavzémajte	zavzémal, zavzémala	to occupy
zavzémati se za ** (impf) 1.1.	zavzémam se za	zavzémaj se za zavzémajte se za	zavzémal se za, zavzémala se za	to advocate for
zavzéti * (pf) 2.2.3.	zavzámem	zavzêmi zavzemíte	zavzél, zavzéla	to take over, to capture
zazdéti se * (pf) 3.2.	zazdím se	/	zazdèl se, zazdéla se	to seem, to strike
zaznamováti * (impf, pf) 4.1.1.	zaznamújem	zaznamúj zaznamújte	zaznamovàl, zaznamovála	to mark
zaznáti * (pf) 1.1.	zaznám	zaznàj zaznájte	zaznàl, zaznála	to perceive
zaznávati * (impf) 1.1.	zaznávam	zaznávaj ° zaznávajte	zaznával, zaznávala	to perceive
zazréti (pf) 2.5.4.	zazrèm	zazrì zazríte	zazŕl, zazŕla	to perceive
zazvoníti (pf) 3.1.	zazvoním	zazvôni zazvoníte	zazvónil, zazvoníla	to ring
zaželéti si * (pf) 3.2.	zaželím si	zažêli si zaželíte si	zažêlel si, zaželéla si	to wish for
zažgáti * (pf) 2.3.1.	zažgèm	zažgì zažgíte	zažgál, zažgála	to burn
zažvížgati (pf) 1.1.	zažvížgam	zažvížgaj zazvížgajte	zazvížgal, zazvížgala	to whistle
zbáti se (pf) 3.6.	zbojím se	zbój se zbójte se	zbál se, zbála se	to be afraid
zbégati (pf) 1.1.	zbégam	zbégaj zbégajte	zbégal, zbégala	to confuse
zbežáti * (pf) 3.3.2.	zbežím	zbéži zbežíte	zbéžal, zbežála	to run away

188

nedoločnik the infinitive	sedanjik the present tense	velelnik the imperative	deležnik na -l the -l participle	prevod nedoločnika transl. of infinitive
zbírati ** (impf) 1.1.	zbíram	zbíraj zbírajte	zbíral, zbírala	to collect, to raise
zbíti (pf) 4.4.2.	zbíjem	zbíj zbíjte	zbìl, zbíla	to beat down, to knock
zboléti * (pf) 3.2.	zbolím	zbôli zbolíte	zbôlel, zboléla	to fall ill
zbolévati (impf) 1.1.	zbolévam	zbolévaj ° zbolévajte	zboléval, zbolévala	to be falling ill
zbráti *** (pf) 2.5.1.	zbêrem	zbêri zberíte	zbrál, zbrála	to collect
zbrísati * (pf) 2.6.6.	zbríšem	zbríši zbríšite	zbrísal, zbrísala	to erase, to cancel
zbudíti * (pf) 3.1.	zbudím	zbúdi zbudíte	zbúdil, zbudíla	to wake
zbújati * (impf) 1.1.	zbújam	zbújaj zbújajte	zbújal, zbújala	to rouse, to wake
zdélati (pf) 1.1.	zdélam	zdélaj zdélajte	zdélal, zdélala	to work over
zdéti se *** (impf) 3.2.	zdím se	/	zdèl se, zdéla se	to seem
zdírjati (pf) 1.1.	zdírjam	zdírjaj zdírjajte	zdírjal, zdírjala	to run off
zdráviti *** (impf) 3.1.	zdrávim	zdrávi zdrávite	zdrávil, zdrávila	to treat
zdrobíti (pf) 3.1.	zdrobím	zdrôbi zdrobíte	zdróbil, zdrobíla	to crush
zdŕsniti * (pf) 2.2.9.	zdŕsnem	zdŕsni ° zdŕsnite	zdŕsnil, zdŕsnila	to slip
združévati * (impf) 4.1.2.	združújem	združúj združújte	združevàl, združevála	to combine, to merge

nedoločnik the infinitive	sedanjik the present tense	velelnik the imperative	deležnik na -l the -l participle	prevod nedoločnika transl. of infinitive
zdrúžiti/združíti ** (pf) 3.1.	zdrúžim	zdrúži zdrúžite/združíte	zdrúžil, zdrúžila/ združíla	to combine, to merge
zdržáti * (pf) 3.3.2.	zdržím	zdŕži zdržíte	zdŕžal, zdržála	to hold on, to endure
zébsti (impf) 2.11.6.	zébe	/	zéblo	to make feel cold
zelenéti (impf) 3.2.	zelením	zelêni ° zeleníte	zelenél, zelenéla	to become green
zeleníti (impf) 3.1.	zelením	zelêni ° zeleníte	zeleníl, zeleníla	to become green
zgániti/zganíti (pf) 2.2.9.	zgánem	zgáni zgánite/zganíte	zgánil, zganíla	to fold
zglédati * (pf) 1.1.	zglédam	/	zglédal, zglédala	to seem
zgledováti se (impf) 4.1.1.	zgledújem se	zgledúj se zgledújte se	zgledovál se, zgledovála se	to follow (an example)
zgníti (pf) 4.4.2.	zgníjem	zgníj zgníjte	zgníl, zgníla	to rot
zgodíti se *** (pf) 3.1.	zgodí se	zgôdi se zgodíte se	zgódil se, zgodíla se	to happen, to occur
zgoréti (pf) 3.2.	zgorím	zgôri ° zgoríte	zgôrel, zgoréla	to burn down
zgostíti (pf) 3.1.	zgostím	zgôsti zgostíte	zgóstil, zgostíla	to condense
zgrábiti/zgrabíti * (pf) 3.1.	zgrábim	zgrábi zgrábite/zgrabíte	zgrábil, zgrabíla	to grasp
zgradíti ** (pf) 3.1.	zgradím	zgrádi zgradíte	zgrádil, zgradíla	to build, to coustruct
zgrešíti * (pf) 3.1.	zgréšim	zgréši zgrešíte	zgréšil, zgrešíla	to miss

nedoločnik the infinitive	sedanjik the present tense	velelnik the imperative	deležnik na -l the -l participle	prevod nedoločnika transl. of infinitive
zgroziti se (pf) 3.1.	zgrozim se	zgrôzi se zgrozite se	zgrózil se, zgrozíla se	to be shocked
zgúbati (pf) 1.1.	zgúbam	zgúbaj zgúbajte	zgúbal, zgúbala	to crease, to furrow
zgubíti (pf) 3.1.	zgubím	zgúbi zgubíte	zgúbil, zgubíla	to lose
zídati (impf) 1.1.	zídam	zídaj zídajte	zídal, zidála	to build
zjasníti se (pf) 3.1.	zjasní se	zjásni se zjasníte se	zjásnil se, zjasníla se	to clear
zlágati (impf) 1.1.	zlágam	zlágaj zlágajte	zlágal, zlágala	to arrange in layers
zlagáti se (impf) 2.6.4.	zlážem se	zláži se zlážite se	zlagàl se, zlagála se	to lie
zlatíti (impf) 3.1.	zlatím	zláti ° zlatíte	zlátil, zlatíla	to gild
zlésti * (pf) 2.11.4.	zlézem	zlézi zlézite	zlézel, zlézla	to creep
zlíkati (pf) 1.1.	zlíkam	zlíkaj zlíkajte	zlíkal, zlíkala	to iron
zlíti * (pf) 4.4.2.	zlíjem	zlíj zlíjte	zlíl, zlíla	to amalgamate, to pour into
zlomíti * (pf) 3.1.	zlómim	zlômi zlomíte	zlômil, zlomíla	to break
zlorábiti (pf) 3.1.	zlorábim	zlorábi zlorábite	zlorábil, zlorábila	to abuse
zlorábljati (impf) 1.1.	zlorábljam	zlorábljaj zlorábljajte	zlorábljal, zlorábljala	to abuse
zložíti * (pf) 3.1.	zlóžim	zlôži zložíte	zlóžil, zložíla	to fold

191

nedoločnik the infinitive	sedanjik the present tense	velelnik the imperative	deležnik na -l the -l participle	prevod nedoločnika transl. of infinitive
zmágati *** (pf) 1.1.	zmágam	zmágaj zmágajte	zmágal, zmágala	to win
zmagováti * (impf) 4.1.1.	zmagújem	zmagúj zmagújte	zmagovàl, zmagovála	to win
zmájati/zmajáti (pf) 4.3.	zmájem	zmájaj zmájajte/zmajájte	zmájal, zmájala/ zmajála	to shake
zmánjkati * (pf) 1.1.	zmánjka	zmánjkaj ° zmánjkajte	zmánjkal, zmánjkala	to run short
zmanjkováti (impf) 4.1.1.	zmanjkúje	zmanjkúj ° zmanjkújte	zmanjkovàl, zmanjkovála	to run short
zmánjšati *** (pf) 1.1.	zmánjšam	zmánjšaj zmánjšajte	zmánjšal, zmánjšala	to reduce
zmanjševáti * (impf) 4.1.2.	zmanjšújem	zmanjšúj zmanjšújte	zmanjševàl, zmanjševála	to reduce
zmečkáti (pf) 1.1.	zmečkám	zmečkàj zmečkájte	zmečkàl, zmečkála	to crush
zméniti se/ zmeníti se * (pf) 3.1.	zménim se	zméni se zménite se/ zmeníte se	zménil se, zmeníla se	to make an appointment
zmésti (pf) 2.11.2.	zmêdem	zmêdi zmedíte	zmêdel, zmêdla	to confuse
zméšati * (pf) 1.1.	zméšam	zméšaj zméšajte	zméšal, zmešála	to mix
zmetáti (pf) 2.6.3.	zméčem	zmêči zmečíte	zmêtal, zmetála	to throw off
zmléti (pf) 2.4.3.	zméljem	zmêlji zmeljíte	zmlél, zmléla	to grind up
zmôči ** (pf) 2.10.4.	zmórem	/	zmôgel, zmôgla	to manage, to be able to
zmočíti (pf) 3.1.	zmóčim	zmôči zmočíte	zmôčil, zmočíla	to wet

192

nedoločnik the infinitive	sedanjik the present tense	velelnik the imperative	deležnik na -l the -l participle	prevod nedoločnika transl. of infinitive
zmótiti/zmotíti * (pf) 3.1.	zmótim	zmóti zmótite/zmotíte	zmótil, zmotíla	to intrude
znájti se *** (pf) 2.8.2.	znájdem se	znájdi se znájdite se	znášel se, znášla se	to manage; to get around
znášati *** (impf) 1.1.	znášam	znášaj znášajte	znášal, znášala	to amount to
znášati se nad (impf) 1.1.	znášam se nad	znášaj se nad znášajte se nad	znášal se nad, znášala se nad	to take it out of someone
znáti *** (pf) 1.1.	znám	/	znàl, znála	to know, can, to be able to
znebíti se * (pf) 3.1.	znebím se	znêbi se znebíte se	znébil se, znebíla se	to ditch, to get rid of
znêsti (pf) 2.11.1.	znêsem	znêsi znesíte	znésel, znêsla	to amount to; to lay (an egg)
znêsti se nad (pf) 2.11.1.	znêsem se nad	znêsi se nad znesíte se nad	znésel se nad, znêsla se nad	to take it out of someone
znížati * (pf) 1.1.	znížam	znížaj znížajte	znížal, znížala	to lower, to reduce
zniževáti (impf) 4.1.2.	znižújem	znižúj znižújte	zniževàl, zniževála	to reduce
znoréti (pf) 3.2.	znorím	znôri znoríte	znôrel, znoréla	to flip uot
zóbati (impf) 1.1. + 2.6.9.	zóbam + zóbljem	zóbaj + zôblji zóbajte + zôbljite	zôbal, zôbala/zobála	to peck
zoráti (pf) 2.5.5.	zôrjem/zórjem	zôrji/zórji zôrjite	zorál, zorála	to plough up
zoréti (impf) 3.2.	zorím	zôri ° zoríte	zôrel/zorél, zoréla	to ripen, to mature
zóžiti (pf) 3.1.	zóžim	zóži zóžite	zóžil, zóžila	to narrow

nedoločnik the infinitive	sedanjik the present tense	velelnik the imperative	deležnik na -l the -l participle	prevod nedoločnika transl. of infinitive
zrásti * (pf) 2.11.5. + 2.11.1.	zrástem + zrásem	zrásti + zrási ° zrástite + zrásite	zrástel + zrásel, zrástla + zrásla	to grow up
zrcáliti (impf) 3.1.	zrcálim	zrcáli ° zrcálite	zrcálil, zrcálila	to mirror
zredíti (pf) 3.1.	zredím	zrêdi zredíte	zrédil, zredíla	to make gain weight
zréti * (impf) 2.5.4.	zrèm	zrì zríte	zŕl, zŕla	to look at
zrézati (pf) 2.6.7.	zréžem	zréži zréžite	zrézal, zrézala	to cut in pieces
zrúšiti/zrušíti * (pf) 3.1.	zrúšim	zrúši zrúšite/zrušíte	zrúšil, zrušíla	to bring down, to demolish
zvéčati (pf) 1.1.	zvéčam	zvéčaj zvéčajte	zvéčal, zvéčala	to increase, to magnify
zvečeváti (impf) 4.1.2.	zvečújem	zvečúj zvečújte	zvečevàl, zvečevála	to increase, to magnify
zvédeti ** (pf) 5.1.	zvém	zvédi zvédite	zvédel, zvédela	to learn
zvenéti * (impf) 3.2.	zvením	zvêni ° zveníte	zvenél, zvenéla	to sound
zvézati/zvezáti (pf) 2.6.7.	zvéžem	zvéži zvéžite	zvézal, zvezála	to bind, to put through
zvíjati (impf) 1.1.	zvíjam	zvíjaj zvíjajte	zvíjal, zvíjala	to roll
zvíšati * (pf) 1.1.	zvíšam	zvíšaj zvíšajte	zvíšal, zvíšala	to increase
zviševáti (impf) 4.1.2.	zvišújem	zvišúj zvišújte	zviševàl, zviševála	to increase
zvíti (pf) 4.4.2.	zvíjem	zvíj zvíjte	zvíl, zvíla	to twist

nedoločnik the infinitive	sedanjik the present tense	velelnik the imperative	deležnik na -*l* the -*l* participle	prevod nedoločnika transl. of infinitive
zvoníti (impf) 3.1.	zvoním	zvôni zvoníte	zvoníl, zvoníla	to chime, to ring
zvrstíti * (pf) 3.1.	zvrstím	zvŕsti zvrstíte	zvŕstil, zvrstíla	to arrange
žágati (impf) 1.1.	žágam	žágaj žágajte	žágal, žágala	to saw
žáliti/žalíti * (impf) 3.1.	žálim	žáli žálite	žálil, žalíla	to insult
žalostíti (impf) 3.1.	žalostím	žalôsti žalostíte	žalostíl, žalostíla	to sadden
žalováti (impf) 4.1.1.	žalújem	žalúj žalújte	žalovàl, žalovála	to mourn
žaréti (impf) 3.2.	žarím	žári ° žaríte	žarél, žaréla	to glow
želéti *** (impf) 3.2.	želim	žêli želíte	žêlel, želéla	to wish
ženíti (impf) 3.1.	žénim	žêni ženíte	žênil, ženíla	to marry
žéti (impf) 2.2.5.	žánjem	žánji žánjite	žél, žéla	to reap
žgáti (impf) 2.3.1.	žgèm	žgì žgíte	žgál, žgála	to burn
živéti *** (impf) 3.2.	živím	žívi živíte	živél, živéla	to live
žréti (impf) 2.5.4.	žrèm	žrì žríte	žŕl, žŕla	to devour
žrtvováti * (impf, pf) 4.1.1.	žrtvújem	žrtvúj žrtvújte	žrtvovàl, žrtvovála	to sacrifice
žvéčiti (impf) 3.1.	žvéčim	žvéči žvéčite	žvéčil, žvéčila	to chew

195

nedoločnik the infinitive	sedanjik the present tense	velelnik the imperative	deležnik na -l the -l participle	prevod nedoločnika transl. of infinitive
žvížgati (impf) 1.1.	žvížgam	žvížgaj žvížgajte	žvížgal, žvížgala	to whistle

SEDANJIK, NEDOLOČNIK
THE PRESENT TENSE, THE INFINITIVE

sedanjik the present tense	nedoločnik the infinitive	prevod nedoločnika translation of infinitive
aktiviram	aktivirati	to activate
analiziram	analizirati	to analyse
angažiram	angažirati	to engage
aretiram	aretirati	to arrest
asfaltiram	asfaltirati	to pave
baham se	bahati se	to boast, to brag
bárvam	bárvati	to paint; to dye (fabrics, hair)
bedím	bedéti	to stay up, to be awake
bégam	bégati	to wander, to confuse
beléžim	beléžiti	to note down, to record
bélim	béliti/beliti	to paint a flat
beráčim	beráčiti	to beg
bêrem	bráti	to read
besním	besnéti	to rage
bežím	bežáti	to flee, to run away
bíčam	bíčati	to lash, to whip
bíjem	bíti	to strike
bívam	bívati	to dwell
blagoslovím	blagosloviti	to bless
blebéčem	blebetáti	to babble, to waffle
blebetám	blebetáti	to babble, to waffle
blêdem	blêsti	to be delirious
bledím	bledéti	to fade
blestím	blestéti	to shine
bleščím se	bleščáti se	to gleam
blížam	blížati	to approach
blokíram	blokírati	to block
bóbnam	bóbnati	to drum
bôdem	bôsti	to sting
bodrím	bodríti	to encourage
bogatím	bogatéti	to get rich, to enrich
bogatím	bogatíti	to make rich, to enrich
bojím se	báti se	to fear, to be afraid (of)
bojújem se	bojeváti se	to fight, to struggle
bolí	boléti	to hurt, to ache
bóljšam se	bóljšati se	to improve
bombardíram	bombardírati	to bomb
borím se	boríti se	to fight, to struggle
botrújem	botrováti	to be responsible for
bóžam	bóžati	to caress

197

sedanjik the present tense	nedoločnik the infinitive	prevod nedoločnika translation of infinitive
bránim	brániti/braníti	to defend
brêdem	brêsti	to wade
bremením	bremeníti	to burden, to load
brígam se	brígati se	to take care
bríjem	bríti	to shave
bríšem	brísati	to wipe
bŕskam	bŕskati	to search, to rummage
brúham	brúhati	to vomit
brúhnem	brúhniti	to burst
brúsim	brúsiti	to whet
búljim	búljiti	to stare
cedím	cedíti	to strain, to drool
célim	céliti/celíti	to heal
cénim	céniti/ceníti	to appreciate, to value
cépim	cépiti/cepíti	to cleave; to vaccinate
cíljam	cíljati	to aim at
citíram	citírati	to quote
cmérim se	cmériti se	to whimper
cŕknem	cŕkniti	to kick the bucket
cvetím	cvetéti	to blossom, to flourish
cvílim	cvíliti	to whine
cvrêm	cvréti	to fry
čákam	čákati	to wait
čáram	čárati	to conjure
častím	častíti	to worship
čečkám	čečkáti	to scribble, to scrawl
čepím	čepéti	to squat
čestítam	čestítati	to congratulate
čéšem	česáti	to comb
čístim	čístiti	to clean
člénim	čléniti	to dissect
črním	črnéti	to blacken
čŕnim/črním	čŕniti/črníti	to blacken; to hate
čŕpam	čŕpati	to pump
čŕtam	čŕtati	to cut out, to exclude; to draw lines
čúdim se	čúditi se/čudíti se	to wonder
čújem	čúti	to be awake
čútim	čútiti/čutíti	to feel
čúvam	čúvati	to guard, to watch, to watch over
čvekám	čvekáti	to babble
dájem	dájati/dajáti	to give
dáljšam	dáljšati	to prolong, to lenghten
dám	dáti	to give

198

sedanjik the present tense	nedoločnik the infinitive	prevod nedoločnika translation of infinitive
daní se	daníti se	to dawn
darújem	darováti	to donate
dávim	dáviti	to strangle
debelím	debelíti	to make fat
dedújem	dedováti	to inherit
definíram	definírati	to define
dêjem °	dejáti	to say, to tell
délam	délati	to work, to do
delím	delíti	to divide; to share
delújem	delováti	to act, to work
dém °	dejáti	to say, to tell
dénem °	déti	to say; to put
dêrem	dréti	to rush; to skin
dêrem se	dréti se	to yell
dežúje	deževáti	to rain
díham	díhati	to breathe
diplomíram	diplomírati	to graduate
dírkam	dírkati	to race
diším	dišáti	to give off a pleasant scent
divjám	divjáti	to storm, to rage
dobím	dobíti	to get
dobívam	dobívati	to get on several occasions
dočákam	dočákati	to live to see
dodájam	dodájati	to add
dodám	dodáti	to add
dodelím	dodelíti	to assign
dogája se	dogájati se	to happen
dogodí se	dogodíti se	to happen
dogovárjam se	dogovárjati se	to make arrangements, to negotiate
dogovorím se	dogovoríti se	to agree on
dohitévam	dohitévati	to be catching up
dohitím	dohitéti	to catch up
dojámem	dojéti	to realise
dojémam	dojémati	to perceive
dokazújem	dokazováti	to prove, to evidence
dokážem	dokázati/dokazáti	to prove
dokončám	dokončáti	to finish
dokopám	dokopáti	to get (down) to
dokópljem	dokopáti	to get (down) to
doktoríram	doktorírati	to earn a PhD
dokumentíram	dokumentírati	to document, to evidence
dôlbem	dôlbsti	to chisel
doletím	doletéti	to befall
dolgočásim	dolgočásiti	to bore
dolgújem	dolgováti	to owe
dolíjem	dolíti	to add liquid by pouring, to fill up by pouring

sedanjik the present tense	nedoločnik the infinitive	prevod nedoločnika translation of infinitive
dolívam	dolívati	to add liquid by pouring, to fill up by pouring
dolóčam	dolóčati	to define, to determine
dolóčim	dolóčiti/določíti	to define, to determine
doménim se	doméniti se/ domeníti se	to arrange
domíslim	domísliti	to think, to work out
domíšljam si	domíšljati si	to imagine
domnévam	domnévati	to presume, to suppose
domújem	domováti	to dwell, to live
dopisújem	dopisováti	to add (in writing)
dopisújem si	dopisováti si	to correspond
dopíšem	dopísati/dopisáti	to add (in writing)
dopôlnim	dopôlniti/dopolníti	to supplement
dopolnjújem	dopolnjeváti	to complement
dopustím	dopustíti	to allow
dopúščam	dopúščati	to allow
doségam	doségati	to measure up, to reach
doséžem	doséči	to reach
dospèm	dospéti	to arrive at
dostávim	dostáviti	to deliver
dotáknem se	dotákniti se/dotakníti se	to touch
dotíkam se	dotíkati se	to touch
doúmem	douméti	to comprehend, to grasp
dovólim	dovolíti	to allow
dovoljújem	dovoljeváti	to allow
dozorím	dozoréti	to ripen, to mature
doživím	doživéti	to experience
doživljam	dožívljati	to experience
drámim	drámiti/dramíti	to wake
dražím	dražíti	to raise the price
drážim	drážiti	to irritate, to incite
drèm	dréti	to rush; to skin
drémam	drémati	to doze
drémljem	drémati	to doze
dŕgnem	dŕgniti	to rub
drhtím	drhtéti	to shudder
drobím	drobíti	to crumble, to crush
dŕsam se	dŕsati se	to skate
drsím	drséti	to slide
drúžim se	drúžiti se/družíti se	to keep company, to spend time with
drvím	drvéti	to race
dŕznem si (se)	dŕzniti si (se)	to dare, to venture
držím	držáti	to hold
duším	dušíti	to suffocate, to smother, to simmer
dvígam	dvígati	to lift, to raise
dvígnem	dvígniti	to lift, to raise
dvigújem	dvigováti	to raise

200

sedanjik the present tense	nedoločnik the infinitive	prevod nedoločnika translation of infinitive
dvómim	dvómiti	to doubt
eksplodíram	eksplodírati	to explode
enáčim	enáčiti	to equate, to equal
filozofíram	filozofírati	to philosophize; to babble
financíram	financírati	to finance
fotografíram	fotografírati	to photograph
frfotám	frfotáti	to flutter, to flit
funkcioníram	funkcionírati	to function
gábim se	gábiti se	to disgust, to nauseate
gánem	gániti/ganíti	to touch; to move
garám	garáti	to toil
gasím	gasíti	to extinguish, to put out
gíbam se	gíbati se	to move
glasím se	glasíti se	to be called
glasújem	glasováti	to vote
glédam	glédati	to look, to watch
glôdam	glôdati	to gnaw
gnêtem	gnêsti	to knead
gníjem	gníti	to rot, to fester
gnojím	gnojíti	to fertilize
gnúsim se	gnúsiti se	to disgust
gódem	gósti	to play the violin
gódim	góditi	to suit, to be enjoying
gojím	gojíti	to cultivate
goljufám	goljufáti	to cheat
gôltam	gôltati	to devour, to gulp
gorím	goréti	to burn
gospodárim	gospodáriti	to manage, to run (a farm)
gospodínjim	gospodínjiti	to keep house
gostím	gostíti	to entertain; to thicken
gostújem	gostováti	to be on tour, to make a guest appearance
govorím	govoríti	to speak
grábim	grábiti/grabíti	to grab
gradím	gradíti	to build, to construct
grčím	grčáti	to grumble, to growl
grêjem	gréti	to warm
grém	iti	to go
grením	greníti	to embitter
greším	grešíti	to sin
grízem	grísti	to bite
grozím	grozíti	to threaten
gúbam	gúbati	to crease, to fold
gúgam	gúgati	to rock

sedanjik the present tense	nedoločnik the infinitive	prevod nedoločnika translation of infinitive
hitím	hitéti	to hurry
hladím	hladíti	to cool
hóčem	hotéti	to want
hódim	hodíti	to walk
hránim	hrániti/hraníti	to nourish; to keep
hrepením	hrepenéti	to long, to yearn
hrôpem	hrôpsti	to wheeze
hújšam	hújšati	to be on a diet
hválim	hváliti/hvalíti	to praise
identificíram	identificírati	to identify
ignoríram	ignorírati	to ignore
igrám	igráti	to play (a violin); to act, to perform
igrám se	igrati se	to play
ilustríram	ilustrírati	to illustrate
imám	iméti	to have
imenújem	imenováti	to name
informíram	informírati	to inform
integríram	integrírati	to integrate
interpretíram	interpretírati	to interpret
investíram	investírati	to invest
iskrím se	iskríti se	to spark
íščem	iskáti	to look for, to search, to seek
izbêrem	izbráti	to choose
izbíram	izbírati	to choose
izbóljšam	izbóljšati	to improve
izboljšújem	izboljševáti	to improve
izbríšem	izbrísati	to erase, to rub (out); to delete
izbrúhnem	izbrúhniti	to burst, to erupt
izbúljim	izbúljiti	to bulge, to open wide
izčŕpam	izčŕpati	to exhaust
izdájam	izdájati	to publish; to betray
izdám	izdáti	to publish; to betray, to give away
izdélam	izdélati	to make out, to produce
izdelújem	izdelováti	to manufacture
izdêrem	izdréti	to extract, to pull out
izdíram	izdírati	to extract, to pull
izdrêm	izdréti	to extract, to pull out
izenáčim	izenáčiti	to (make) equal, to equalize, to even up
izgínem	izgíniti	to disappear, to vanish
izgínjam	izgínjati	to be vanishing
izglasújem	izglasováti	to vote through
izglédam	izglédati	to look
izgovárjam	izgovárjati	to pronounce
izgovárjam se na	izgovárjati se na	to make excuse
izgovorím	izgovoríti	to enunciate, to pronounce

sedanjik the present tense	nedoločnik the infinitive	prevod nedoločnika translation of infinitive
izgovorím se na	izgovoríti se na	to make excuse
izgubím	izgubíti	to lose
izgúbljam	izgúbljati	to lose
izhájam	izhájati	to be published; to come from
izídem	izíti	to be published
izjávim	izjáviti	to give a statement
izjávljam	izjávljati	to give a statement
izkazújem	izkazováti	to demonstrate
izkážem	izkázati/izkazáti	to demonstrate
izkážem se	izkázati se/izkazáti se	to turn out, to prove oneself
izkljúčim	izkljúčiti	to exclude
izključújem	izključeváti	to exclude
izklópim	izklópiti	to disconnect
izkopám	izkopáti	to dig out, to excavate
izkopávam	izkopávati	to excavate
izkópljem	izkopáti	to dig out, to excavate
izkorístim	izkorístiti	to use to one's advantage
izkoríščam	izkoríščati	to exploit
izkŕcam	izkŕcati	to land
izkrcávam	izkrcaváti	to land
izkrvavím	izkrvavéti	to bleed to death
izkúsim	izkúsiti	to experience
izkúšam	izkúšati	to experience
izlíjem	izlíti	to empty (a liquid)
izlívam	izlívati	to empty (a liquid)
izlóčam	izlóčati	to exlude, to secrete
izlóčim	izlóčiti/izločíti	to eliminate
izmáknem	izmákniti/izmakníti	to snatch away
izménjam	izménjati	to exchange
izmenjávam	izmenjávati	to alternate
izmérim	izmériti	to measure
izmíkam	izmíkati	to dodge, to take away
izmíslim si	izmísliti si	to invent, to think out
izmíšljam si	izmíšljati si	to make up
izmúznem se	izmúzniti se	to cvadc
iznájdem	iznájti	to invent
izníčim	izníčiti	to override, to annul
izoblikújem	izoblikováti	to form, to shape
izobrázim	izobráziti	to educate
izobražújem	izobraževáti	to educate
izogíbam se	izogíbati se	to avoid
izógnem se	izogníti se	to avoid
izolíram	izolírati	to insulate, to isolate
izpádem	izpásti	to drop out, to turn out
izpéljem	izpeljáti	to carry out
izpíjem	izpíti	to drink out

sedanjik the present tense	nedoločnik the infinitive	prevod nedoločnika translation of infinitive
izpisújem	izpisováti	to copy
izpíšem	izpísati/izpisáti	to copy out
izpíšem se	izpísati se/izpisáti se	to drop out
izpláčam	izpláčati/izplačáti	to pay off, to pay out
izplačújem	izplačeváti	to pay off, to pay out
izpôlnim	izpôlniti/izpolníti	to fulfil, to complete (a form), to carry out
izpolnjújem	izpolnjeváti	to fulfil, to complete (a form)
izpopôlnim	izpopôlniti/izpopolníti	to improve
izpostávim	izpostáviti	to expose
izpostávljam	izpostávljati	to expose
izpovedújem	izpovedováti	to confess
izpovém	izpovédati	to confess
izpráznim	izprázniti/izprazníti	to empty
izpúlim	izpúliti/izpulíti	to extract, to pull out
izpustím	izpustíti	to release, to let go
izrábim	izrábiti/izrabíti	to wear out; to exploit
izračúnam	izračúnati	to calculate
izrázim	izráziti	to express
izrážam	izrážati	to express
izrêčem	izrêči	to utter
izrékam	izrékati	to utter, to pronounce
izrézem	izrézati	to cut out
izróčam	izróčati	to deliver
izročím	izročíti	to deliver
izrújem	izrúvati	to root out
izrúvam	izrúvati	to root out
izselím	izselíti	to evict, to move out
izsílim	izsíliti	to extort
izsledím	izsledíti	to trace
izstópam	izstópati	to stand out
izstópim	izstópiti/izstopíti	to get off
izstrelím	izstrelíti	to shoot, to fire
iztêčem	iztêči	to run out
iztégnem	iztégniti/iztegníti	to extend, to reach out
iztegújem	iztegováti	to extend, to reach out
iztékam	iztékati	to run out
iztérjam	iztérjati	to exact, to extort
iztŕgam	iztŕgati	to rip out
iztŕžim	iztŕžiti	to get
izúmim	izúmiti	to invent
izúmljam	izúmljati	to invent
izumrém	izumréti	to die out, to become extinct
izúrim	izúriti	to train
izvájam	izvájati	to perform, to carry out
izvalím	izvalíti	to hatch
izvážam	izvážati	to export

204

sedanjik the present tense	nedoločnik the infinitive	prevod nedoločnika translation of infinitive
izvêdem	izvêsti	to carry out
izvém	izvédeti	to find out, to learn
izvêzem	izvêsti	to embroider
izvíram	izvírati	to originate; to spring
izvléčem	izvléči	to get out
izvólim	izvolíti	to elect
izvózim	izvozíti	to export
izvrším	izvršíti	to carry out, to execute
izvršújem	izvrševáti	to exercise, to perform
izvŕtam	izvrtati	to drill
izvzámem	izvzéti	to except
izzívam	izzívati	to challenge, to defy
izzôvem	izzváti	to provoke
izzvením	izzvenéti	to cease to sound, to sound
izžênem	izgnáti	to exile
izžrébam	izžrébati	to draw, to raffle
jádram	jádrati	to sail
jáham	jáhati	to ride
jámčim	jámčiti	to guarantee
jasní se	jasníti se	to clear, to clear up
jávim	jáviti	to let someone know
jecljám	jecljáti	to stammer, to stutter
jém	jésti	to eat
jêmljem	jemáti	to take
jezím	jezíti	to anger, to irritate
jóčem	jókati/jokáti	to cry
jókam	jókati/jokáti	to cry
kadím	kadíti	to smoke
kalím	kalíti	to disturb; to sprout; to temper
kandidíram	kandidírati	to contest, to stand
kánem	kániti/kaníti	to intend; to drip
kapljám	kapljáti	to drip, to dribble
kártam	kártati	to play cards
kaznújem	kaznováti	to punish
kážem	kázati/kazáti	to show, to indicate
kesám se	kesáti se	to repent
kíham	kíhati	to sneeze
kíhnem	kíhniti	to sneeze
klánjam se	klánjati se	to bow
klečím	klečáti	to kneel
klepetám	klepetáti	to chatter, to gossip
klíčem	klícati	to call
klíknem	klíkniti	to click
klónim	kloníti	to succumb

sedanjik the present tense	nedoločnik the infinitive	prevod nedoločnika translation of infinitive
kmetújem	kmetováti	to farm
kôlcam	kôlcati	to hiccup
kôlcnem	kôlcniti	to hiccup
kolesárim	kolesáriti	to cycle
kóljem	kláti	to butcher, to slaughter
kôlnem	kléti	to swear
kombiniram	kombinirati	to combine
komentiram	komentirati	to comment
komuniciram	komunicirati	to communicate
končám	končáti	to finish
končújem	končeváti	to finish
kontroliram	kontrolirati	to control
kopám	kopáti	to dig
kópam	kópati	to bathe
kopíčim	kopíčiti	to accumulate
kopiram	kopirati	to copy
kópljem	kópati	to bathe
kópljem	kopáti	to dig
korákam	korákati	to march
korístim	korístiti	to be of use, to serve
kósam se	kósati se	to contend
kosím	kosíti	to mow
kósim	kósiti	to lunch
krádem	krásti	to steal
krájšam	krájšati	to shorten
krasím	krasíti	to adorn, to decorate
kŕčim	kŕčiti	to clear land for cultivation; to contract
krénem	kreníti	to set off, to set out
krepím	krepíti	to strengthen
kričím	kričáti	to scream
kríjem	kríti	to cover
krílim	kríliti	to flutter
kritiziram	kritizirati	to criticize
krivím	krivíti	to blame
krížam	krížati	to crucify; to cross
kŕmim	kŕmiti	to feed
krojím	krojíti	to tailor
krónam	krónati	to crown
króžim	króžiti	to circulate, to circle
kŕstim	kŕstiti/krstíti	to christen, to baptize
kŕšim	kŕšiti/kršíti	to break (a law)
krvavím	krvavéti	to bleed
kúham	kúhati	to cook
kújem	továti	to forge
kúpim	kúpiti/kupíti	to buy, to purchase
kupújem	kupováti	to buy, to purchase

sedanjik the present tense	nedoločnik the infinitive	prevod nedoločnika translation of infinitive
kúrim	kúriti/kuríti	to heat
kvalificíram	kvalificírati	to qualify
kvárim	kváriti	to damage; to spoil
lájam	lájati	to bark
lájšam	lájšati	to alleviate
lastím si	lastíti si	to claim
lastnínim	lastníniti	to privatise, to nationalise
lážem	lagáti	to lie
ledením	ledenéti	to ice
lenárim	lenáriti	to be idle, to be lazy
lépim	lépiti	to glue
lépšam	lépšati	to beautify
lesketám se	lesketáti se	to glisten
létam	létati	to go from one place to another
letím	letéti	to fly
letújem	letováti	to spend the vacation
lézem	lésti	to creep
léžem	léči	to lie down
ležím	ležáti	to lie
líjem	líti	to pour
líkam	líkati	to iron
lístam	lístati	to browse
lížem	lízati/lizáti	to lick
ljúbim	ljúbiti/ljubíti	to love
lóčim	lóčiti/ločíti	to separate, to distinguish
ločújem	ločeváti	to separate, to distinguish
lómim	lomíti	to break
lotévam se	lotévati se	to start working on
lótim se	lótiti se/lotíti se	to start working, to start dealing with
lovím	lovíti	to hunt
lúknjam	lúknjati	to make holes, to perforate
lúpim	lúpiti/lupíti	to peel
máham	máhati/maháti	to wave
májem	májati/majáti	to shake
málicam	málicati	to have a snack
mámim	mamíti	to tempt
mánem	méti	to rub
mánjkam	mánjkati	to lack
mánjšam	mánjšati	to make smaller, shorter
máram	márati	to care, to like
maščújem se	maščeváti se	to revenge
maším	mašíti	to stuff
mážem	mázati	to apply cream
méčem	metáti	to throw

sedanjik the present tense	nedoločnik the infinitive	prevod nedoločnika translation of infinitive
mečkám	mečkáti	to crush
mêde	mêsti	to churn, to fall heavily (snow)
meglí se	meglíti se	to become foggy
mehčám	mehčáti	to soften
mejím	mejíti	to border
méljem	mléti	to grind
ménim	méniti/meníti	to believe, to think
ménjam	ménjati	to change
menjávam	menjávati	to alternate, to change
mérim	mériti	to measure
méšam	méšati	to mix, to stir
mête	mêsti	to churn, to fall heavily (snow)
mígam	mígati	to move, to beckon
mílim	míliti	to ease (the tension)
mínem	miníti	to pass
minévam	minévati	to be passing
mirím	miríti	to calm down
mirújem	mirováti	to stand still, to be at a standstill
míslim	mísliti	to think
mlátim	mlátiti/mlatíti	to hit, to thresh
móčim	močíti	to wet
molčím	molčáti	to be silent
mólim	molíti	to pray
môlzem	môlsti	to milk
móram	mórati	must, to have to
mórem	môči	can, to be able to
morím	moríti	to nag; to murder
mótim	mótiti/motíti	to disturb
mótim se	mótiti se/motíti se	to be wrong, to be mistaken
motivíram	motivírati	to motivate
mrmrám	mrmráti	to murmur
múčim	múčiti	to torture
mudím se	mudíti se	to be in a place
nabávim	nabáviti	to acquire, to buy
nabêrem	nabráti	to gather
nabíjem	nabíti	to load
nabíram	nabírati	to pick
nabrúsim	nabrúsiti	to sharpen
načnèm	načéti	to begin; to erode; to broach (a subject)
načrtújem	načrtováti	to plan
nadaljújem	nadaljeváti	to continue, to go on
nadêjam se	nadêjati se	to hope
nadénem	nadéti	to put on
nadévam	nadévati	to stuff
nadlegújem	nadlegováti	to molest

208

sedanjik the present tense	nedoločnik the infinitive	prevod nedoločnika translation of infinitive
nadomestím	nadomestíti	to replace
nadoméščam	nadoméščati	to fill in
nadredím	nadredíti	to put in charge of
nadzíram	nadzírati	to supervise
nadzorújem	nadzorováti	to control
nagájam	nagájati	to tease
nagarám	nagaráti	to work hard (without profit), to earn by working hard
nagíbam	nagíbati	to incline
nágnem	nágniti	to incline
nagovárjam	nagovárjati	to be talking into
nagovorím	nagovoríti	to address
nagradím	nagradíti	to reward
nahájam se	nahájati se	to be in a place
nahránim	nahrániti/nahraníti	to feed
najámem	najéti	to hire
najávim	najáviti	to announce
najávljam	najávljati	to announce
nájdem	nájti	to find
najdévam	najdévati	to be finding out
najém se	najésti se	to appease one's hunger
najémam	najémati	to hire
nakazújem	nakazováti	to imply
nakážem	nakázati/nakazáti	to indicate; to transfer money
naklónim	nakloníti	to favour
nakopíčim	nakopíčiti	to accumulate
nakúpim	nakúpiti/nakupíti	to buy, to purchase
nakupújem	nakupováti	to buy, to purchase
nalágam	nalágati	to put on
naletávam	naletávati	to come across
naletím	naletéti	to come across
naložím	naložíti	to put on, to impose
namákam	namákati	to irrigate
namážem	namázati	to spread, to grease
naménim	naméniti/nameníti	to allocate, to intend for
naménjam	naménjati	to allocate
namerávam	namerávati	to intend, to mean to
namérim	namériti	to aim at
namestím	namestíti	to install, to place
naméščam	naméščati	to install, to place
namígnem	namígniti	to hint
namigújem	namigováti	to allude, to imply
namóčim	namóčiti	to soak
nanášam se na	nanášati se na	to refer to
nanêsem	nanêsti	to apply
nanízam	nanízati	to string
napádam	napádati	to attack

sedanjik the present tense	nedoločnik the infinitive	prevod nedoločnika translation of infinitive
napádem	napásti	to assault, to attack
napéljem	napeljáti	to induce; to install
napeljújem	napeljeváti	to induce; to install
napénjam	napénjati	to strain
napíhnem	napíhniti	to blow up, to inflate
napíšem	napísati/napisáti	to write (down)
napnèm	napéti	to strain
napóčim	napóčiti	to arrive, to break
napôlnim	napôlniti/napolníti	to fill
napotím	napotíti	to give directions
napovedújem	napovedováti	to announce, to predict
napovém	napovédati	to announce, to predict
naprávim	napráviti	to do, to make
napredújem	napredováti	to advance, to progress
narásem	narásti	to become bigger, larger, taller
narástem	narásti	to become bigger, larger, taller
naráščam	naráščati	to be in the process of becoming bigger, larger, taller
naravnám	naravnáti	to set, to tune
naredím	naredíti	to do, to make
narekújem	narekováti	to dictate
naréžem	narézati	to slice
naríšem	narísati	to draw
naróčam	naróčati	to order, to commission
naročím	naročíti	to order, to commission
nasédem	nasésti	to strand
nasélim	naselíti	to inhabit
nasledìm	nasledíti	to succeed
naslíkam	naslíkati	to paint, to depict
naslónim	naslóniti	to lean
naslovím	naslovíti	to address
nasméhnem se	nasméhniti se	to smile
nasmêjem se	nasmejáti se	to laugh
nasmejím se	nasmejáti se	to laugh
nasprotújem	nasprotováti	to oppose
nastájam	nastájati	to be taking shape, to be in the process of creation
nastánem	nastáti	to be formed, to be created
nastánim	nastániti/nastaníti	to accommodate
nastávim	nastáviti	to set
nastávljam	nastávljati	to set
nastópam	nastópati	to appear (in public)
nastópim	nastópiti/nastopíti	to set in, to arise, to appear (in public)
nastrádam	nastrádati	to have a damage, to have an accident, to suffer
naštéjem	naštéti	to enumerate, to list
naštévam	naštévati	to enumerate, to list
natákam	natákati	to pour
natáknem	natákniti/natakníti	to put on

sedanjik the present tense	nedoločnik the infinitive	prevod nedoločnika translation of infinitive
natípkam	natípkati	to type
natísnem	natísniti	to print
natóčim	natočíti	to pour
natŕgam	natŕgati	to tear
naučím	naučíti	to teach
naučím se	naučíti se	to learn
navádim	naváditi	to accustom
navájam	navájati	to quote
navdúšim	navdúšiti	to thrill, to make enthusiastic
navdušújem	navduševáti	to make enthusiastic
navêdem	navêsti	to quote
navelíčam se	navelíčati se	to get bored
navéžem	navézati/navezáti	to refer; to make a connection, to attach
navíjam	navíjati	to cheer
negújem	negováti	to nurse
néham	néhati	to stop
nêsem	nêsti	to carry
níham	níhati	to oscillate
nízam	nízati	to thread
nížam	nížati	to decrease
norčújem se	norčeváti se	to make fun
norím	noréti	to rage, to be crazy about
nósim	nósiti	to wear, to carry
núdim	núditi/nudíti	to offer, to provide
obárvam	obárvati	to paint, to stain
občudújem	občudováti	to admire
občútim	občútiti/občutíti	to feel
obdájam	obdájati	to surround
obdarím	obdaríti	to give a gift
obdávčim	obdávčiti	to tax
obdélam	obdélati	to treat, to process
obdelújem	obdelováti	to cultivate, to work
obdržím	obdržáti	to keep, to retain
obêrem	obráti	to pick
obésim	obésiti	to hang
obéšam	obéšati	to hang
obétam	obétati	to promise
obídem	obíti	to bypass
obíram	obírati	to pick
obiskújem	obiskováti	to attend, to visit
obíščem	obiskáti	to visit
objámem	objéti	to hug, to embrace
objávim	objáviti	to publish, to make public
objávljam	objávljati	to publish, to make public
objémam	objémati	to hug, to embrace

sedanjik the present tense	nedoločnik the infinitive	prevod nedoločnika translation of infinitive
obkróžam	obkróžati	to surround
obkróžim	obkróžiti	to encircle, to tick (in a form)
oblačí se	oblačíti se	to become cloudy
obláčim	obláčiti	to dress
obléčem	obléči	to get dressed
obležím	obležáti	to remain lying, to be confined to bed
oblikújem	oblikováti	to mould, to shape, to design
obljúbim	obljúbiti/obljubíti	to promise
obljúbljam	obljúbljati	to promise
obložím	obložíti	to overlay
obnášam se	obnášati se	to behave
obnávljam	obnávljati	to renew
obnêsem se	obnêsti se	to be effective
obnovím	obnovíti	to renew
obogatím	obogatéti	to become rich, to enrich
oborožím	oborožíti	to arm
oborožújem	oboroževáti	to arm
obotávljam se	obotávljati se	to hesitate
obožújem	oboževáti	to adore
obráčam	obráčati	to flip, to turn
obračúnam	obračúnati	to settle accounts
obračunávam	obračunávati	to keep regular accounts
obratújem	obratováti	to work
obravnávam	obravnávati	to deal with, to treat
obrazložím	obrazložíti	to explain
obrêdem	obrêsti	to tour, to visit
obremením	obremeníti	to burden
obremenjújem	obremenjeváti	to burden, to preoccupy
obrestújem	obrestováti	to pay interest
obríjem	obríti	to shave
obríšem	obrísati	to wipe
obŕnem	obŕniti/obrníti	to turn, to reverse
obrodím	obrodíti	to bear fruit
obsédem	obsésti	to obsess
obségam	obségati	to encompass, to comprise
obséžem	obséči	to encompass, to comprise
obsódim	obsóditi/obsodíti	to sentence, to convict
obsójam	obsójati	to condemn
obstájam	obstájati	to exist
obstánem	obstáti	to stop
obtičím	obtičáti	to get stuck
obtóžim	obtóžiti/obtožíti	to accuse
obtožújem	obtoževáti	to accuse
obudím	obudíti	to revive
obújem	obúti	to put on shoes
obúpam	obúpati	to give up

212

sedanjik the present tense	nedoločnik the infinitive	prevod nedoločnika translation of infinitive
obupávam	obupávati	to despair
obúvam	obúvati	to be putting on shoes
obvarújem	obvarováti	to preserve, to protect
obveljám	obveljàti	to prevail
obvestím	obvestíti	to inform
obvéščam	obvéščati	to keep informed
obvéžem	obvézati/obvezáti	to bandage
obvládam	obvládati	to master
obvladújem	obvladováti	to be in charge of
obžalújem	obžalováti	to regret
océnim	océniti/oceníti	to assess, to evaluate
ocenjújem	ocenjeváti	to assess, to evaluate
ocvrèm	ocvréti	to fry
očáram	očárati	to charm
očístim	očístiti	to clean, to tidy up
očítam	očítati	to reproach
odbíjam	odbíjati	to refuse, to strike back
odbíjem	odbíti	to strike back
odcedím	odcedíti	to strain
oddáhnem si (se)	oddáhniti si (se)/ oddahníti si (se)	to take a rest, to take a breath
oddájam	oddájati	to emit; to let (rooms)
oddaljím	oddaljíti	to remove
oddaljújem	oddaljeváti	to remove
oddám	oddáti	to give away, to rent out
odgovárjam	odgovárjati	to answer
odgovorím	odgovoríti	to answer
odgríznem	odgrízniti	to bite off
odhájam	odhájati	to be leaving
odídem	odíti	to go, to leave
odigrám	odigráti	to play
odkímam	odkímati	to shake (head)
odklánjam	odklánjati	to refuse
odklénem	odkleníti	to unlock
odklépam	odklépati	to unlock
odklónim	odkloníti	to refuse
odkríjem	odkríti	to discover, to find out
odkrívam	odkrívati	to discover, to find out
odkúpim	odkúpiti/odkupíti	to buy off
odkupújem	odkupováti	to be buying off
odlágam	odlágati	to put it off, to postpone
odletím	odletéti	to take off, to fly away
odlikújem	odlikováti	to decorate
odlóčam	odlóčati	to decide
odlóčim	odlóčiti/odločíti	to decide, to take a decision
odložím	odlóžiti	to defer, to postpone

213

sedanjik the present tense	nedoločnik the infinitive	prevod nedoločnika translation of infinitive
odmáknem	odmákniti/odmakníti	to remove
odmérim	odmériti	to measure out
odmévam	odmévati	to echo
odnášam	odnášati	to carry (off, away, out)
odnéham	odnéhati	to cease, to give up
odnêsem	odnêsti	to carry (off, away, out)
odobrávam	odobrávati	to approve
odobrím	odobríti	to approve
odpádem	odpásti	to fall away, to be cancelled
odpéljem	odpeljáti	to take off, to drive off
odpénjam	odpénjati	to unbutton
odpíram	odpírati	to open
odpíšem	odpísati/odpisáti	to answer in writing
odplôvem	odplúti	to sail off
odplújem	odplúti	to sail off
odpnèm	odpéti	to unbutton
odpotújem	odpotováti	to depart, to leave
odpovedújem	odpovedováti	to cancel
odpovém	odpovédati	to cancel
odprávim	odpráviti	to abolish
odprávljam	odprávljati	to abolish
odprèm	odpréti	to open
odpustím	odpustíti	to forgive
odpúščam	odpúščati	to forgive
odrásem	odrásti	to grow up
odrástem	odrásti	to grow up
odráščam	odráščati	to be growing up
odrážam	odrážati	to reflect
odrêčem	odrêči	to give up
odredím	odredíti	to decree, to ordain
odrékam	odrékati	to deny
odréžem	odrézati	to cut off
odréžem se	odrézati se	to do well
odrínem	odríniti	to leave
odrívam	odrívati	to push off
odsékam	odsékati	to cut off
odsévam	odsévati	to mirror, to reflect
odstávim	odstáviti	to depose, to put away
odstávljam	odstávljati	to depose, to put away
odstópam	odstópati	to withdraw, to resign
odstópim	odstópiti/odstopíti	to withdraw, to resign
odstránim	odstrániti/odstraníti	to remove
odstranjújem	odstranjeváti	to remove
odsvetújem	odsvetováti	to dissuade from
odštêjem	odštéti	to deduct, to subtract
odštévam	odštévati	to deduct, to subtract

sedanjik the present tense	nedoločnik the infinitive	prevod nedoločnika translation of infinitive
odtájam	odtájati	to defrost
odtŕgam	odtŕgati	to detach
odtrgújem	odtrgováti	to be detaching
odtujím	odtujíti	to alienate
odvádim	odváditi	to wean
odvájam	odvájati	to be weaning
odvéžem	odvézati/odvezáti	to undo, to untie
odvíjam	odvíjati	to unwind, to unwrap
odvíjam se	odvíjati se	to be going on, to unwind
odvráčam	odvráčati	to divert
odvŕnem	odvŕniti/odvrníti	to say back; to divert
odvŕžem	odvréči	to throw away
odvzámem	odvzéti	to deprive
odvzémam	odvzémati	to deprive
odzívam se	odzívati se	to react
odzôvem se	odzváti se	to react, to respond
odžênem	odgnáti	to drive away, to turn away
ogíbam se	ogíbati se	to avoid
oglásim se/oglasím se	oglásiti se/oglasíti se	to come round; to call
oglášam se	oglášati se	to respond
oglédam si (se)	oglédati si (se)	to look around, to inspect, to visit
ogledújem si (se)	ogledováti si (se)	to inspect, to visit, to be looking around
ógnem se/ôgnem se	ogníti se	to avoid
ogórčim	ogórčiti	to shock
ogrêjem	ogréti	to warm up
ogrévam	ogrévati	to warm
ogrozím	ogrozíti	to endanger
ogróžam	ogróžati	to threaten, to endanger
ohladím	ohladíti	to chill, to cool
ohlájam	ohlájati	to chill, to cool
ohránim	ohrániti/ohraníti	to preserve, to keep
ohránjam	ohránjati	to keep
oklépam	oklépati	to clasp, to clutch
okrasím	okrasíti	to decorate
okrepím	okrepíti	to strengthen, to enhance
okŕnem	okŕniti/okrníti	to impair
okúsim	okúsiti	to taste
okúžim	okúžiti	to infect
olájšam	olájšati	to make easier
olépšam	olépšati	to make it sound/seem better
olúpim	olúpiti/olupíti	to peel
omáhnem	omáhniti/omahníti	to fall, to stagger, to totter
omahújem	omahováti	to hesitate
omámim	omámiti	to drug
omedlévam	omedlévati	to pass out
omedlím	omedléti	to pass out

sedanjik the present tense	nedoločnik the infinitive	prevod nedoločnika translation of infinitive
omehčám	omehčáti	to soften
omejím	omejíti	to restrict
omejújem	omejeváti	to restrict
oménim	oméniti/omeníti	to mention
oménjam	oménjati	to mention
omílim	omíliti	to ease (the tension)
omíslim si	omísliti si	to think of
omogóčam	omogóčati	to enable
omogóčim	omogóčiti	to enable
onemogóčam	onemogóčati	to prevent
onemogóčim	onemogóčiti	to prevent
onesnážim	onesnážiti	to pollute
onesnažújem	onesnaževáti	to pollute
onesvéstim se	onesvéstiti se	to faint
onesvéščam se	onesvéščati se	to be loosing consciousness
opázim	opáziti/opazíti	to notice
opazújem	opazováti	to observe
opážam	opážati	to notice
opêčem	opêči	to burn
opêrem	opráti	to wash
operíram	operírati	to operate
opéšam	opéšati	to grow tired
opíram	opírati	to base something on
opisújem	opisováti	to describe, to portray
opíšem	opísati/opisáti	to describe
opomórem si (se)	opomóči si (se)	to recover
oponášam	oponášati	to imitate
oporékam	oporékati	to dispute
opozárjam	opozárjati	to warn
opozorím	opozoríti	to warn
opravíčim	opravíčiti	to excuse
opravičújem	opravičeváti	to excuse
oprávim	opráviti	to complete a task, to carry out
oprávljam	oprávljati	to be carrying out; to gossip
opredelím	opredelíti	to define, to determine
opredeljújem	opredeljeváti	to define, to determine
oprém	opréti	to support
oprémim	oprémiti	to equip
oprémljam	oprémljati	to equip
opŕham	opŕhati	to shower, to wash
oprímem se	oprijéti se	to cling
oprostím	oprostíti	to forgive
opróščam	opróščati	to forgive
opustím	opustíti	to abandon
organizíram	organizírati	to organize, to prepare
ôrjem/órjem	oráti	to plough

sedanjik the present tense	nedoločnik the infinitive	prevod nedoločnika translation of infinitive
orópam	orópati	to rob
osámim/osamím	osámiti/osamíti	to isolate
oskrbím	oskrbéti	to take care; to supply
oskrbújem	oskrbováti	to supply
oslabím	oslabéti	to weaken, to wither
oslabím	oslabíti	to weaken
oslínim	oslíniti	to wet with saliva, to lick (a stamp)
osredotóčim	osredotóčiti	to focus
ostájam	ostájati	to remain
ostánem	ostáti	to remain
ostarím	ostaréti	to grow old
ostrím	ostríti	to sharpen
ostrížem	ostríči	to cut (hair)
osúmim	osúmiti	to suspect
osvájam	osvájati	to conquer
osvetlím	osvetlíti	to illuminate
osvobájam	osvobájati	to liberate
osvobodím	osvobodíti	to liberate
osvojím	osvojíti	to conquer
oškodújem	oškodováti	to impair
oštêjem	oštéti	to rebuke
oštévam	oštévati	to scold
otájam	otájati	to thaw
otêčem	otêči	to swell
otékam	otékati	to swell
otépam	otépati	to beat, to shake
otežím	otežíti	to make difficult
otrésem	otrésti	to shake of, to shake down
otŕpnem	otŕpniti	to stiffen
ovádim	ováditi	to denounce
ovérim	ovériti	to witness, to verify
ovérjam	ovérjati	to witness, to verify
ovíjem	ovíti	to wrap
ovíram	ovírati	to hinder
ovrednôtim	ovrednôtiti	to evaluate
ovŕžem	ovréči	to refute, to doff
ozdravím	ozdravéti	to recover
ozdrávim	ozdráviti	to cure
ozíram se	ozírati se	to take into account
oznáčim	oznáčiti	to mark
označújem	označeváti	to mark
oznánim	oznániti/oznaníti	to announce
oznánjam	oznánjati	to be announcing
ozrèm se	ozréti se	to look at
ožámem	ožéti	to wring
ožémam	ožémati	to wring

sedanjik the present tense	nedoločnik the infinitive	prevod nedoločnika translation of infinitive
ožénim	oženíti	to marry
oživím	oživéti	to revive, to bring life to
oživím	oživíti	to resuscitate, to resurrect
ožmèm	ožéti	to wring
packám	packáti	to smear
páčim	páčiti	to contort
pádam	pádati	to fall
pádem	pásti	to fall
páhnem	páhniti/pahníti	to push
páram	párati	to unstitch
párim	páriti	to steam
parkíram	parkírati	to park
pásem	pásti	to pasture, to graze
pázim	páziti/pazíti	to watch, to pay attention to
pečám se	pečáti se	to deal with
pêčem	pêči	to bake, to roast
péljem	peljáti	to drive, to give a lift
pénim	péniti	to foam, to rage
pêrem	práti	to wash
péšam	péšati	to get tired
píčim	píčiti	to sting
píham	píhati	to blow
píhnem	píhniti	to blow
píjem	píti	to drink
píkam	píkati	to sting
pílim	políti	to file
píšem	písati/pisáti	to write
pláčam	pláčati/plačáti	to pay
plačújem	plačeváti	to be paying
plánem	plániti/planíti	to rush
plávam	plávati	to swim
pléskam	pléskati	to paint, to decorate
plesním	plesnéti	to mould
pléšem	plésati/plesáti	to dance
plêtem	plêsti	to knit
plévem	pléti	to weed
plézam	plézati	to climb
pljújem	pljúvati	to spit
pljúnem	pljúniti	to spit
pljúvam	pljúvati	to be spitting
plôskam	plôskati	to clap
plôvem	plúti	to sail
plújem	plúti	to sail
pnèm se	péti se	to mount
pobahám se	pobaháti se	to boast

218

sedanjik the present tense	nedoločnik the infinitive	prevod nedoločnika translation of infinitive
pobárvam	pobárvati	to paint
pobégnem	pobégniti	to escape
pobélim	pobéliti/pobelíti	to paint white
pobêrem	pobráti	to pick up
pobesním	pobesnéti	to become furious
pobíjam	pobíjati	to kill
pobíjem	pobíti	to kill
pobíram	pobírati	to collect
pobledím	pobledéti	to turn pale
pobóžam	pobóžati	to caress
pobríšem	pobrísati	to mop
pocedím	pocedíti	to make flow, to water (mouth)
pocením	poceníti	to drop prices
počákam	počákati	to wait, to hold on
počastím	počastíti	to honour
počečkám	počečkáti	to scribble
počénjam	počénjati	to do
počéšem	počesáti	to comb
póčim	póčiti	to explode, to crack
počístim	počístiti	to clean up
počívam	počívati	to rest
počnèm	počéti	to do
počútim se	počútiti se/počutíti se	to feel
podájam	podájati	to hand
podáljšam	podáljšati	to prolong
podám	podáti	to hand
podarím	podaríti	to give as a gift
podárjam	podárjati	to be giving as a gift
podcenjújem	podcenjeváti	to underestimate
podčŕtam	podčŕtati	to underline
podčrtávam	podčrtávati	to underline
podedújem	podedováti	to inherit
podelím	podelíti	to grant, to give
podeljújem	podeljeváti	to grant, to give
podím	podíti	to chase
podíram	podírati	to pull down
podkrepím	podkrepíti	to support
podkúpim	podkúpiti/podkupíti	to bribe
podkupújem	podkupováti	to bribe
podlágam	podlágati	to underlay
podléžem	podléči	to succumb
podpíram	podpírati	to support
podpisújem	podpisováti	to sign
podpíšem	podpísati/podpisáti	to sign
podprèm	podpréti	to support
podražím	podražíti	to rase prices

sedanjik the present tense	nedoločnik the infinitive	prevod nedoločnika translation of infinitive
podredím	podredíti	to subordinate
podrêjam	podrêjati	to subordinate
podrêm	podréti	to pull down
podŕgnem	podŕgniti	to rub
podŕsam	podŕsati	to scrape
podstávim	podstáviti	to put under
podstávljam	podstávljati	to put under
podtáknem	podtákniti/podtakníti	to foist
podvojím	podvojíti	to double
podvómim	podvómiti	to question
podvŕžem	podvréči	to subject
poenostávim	poenostáviti	to simplify
pogájam se	pogájati se	to negotiate
pogánjam	pogánjati	to drive, to propel
pogasím	pogasíti	to extinguish, to put out
pogínem	pogíniti	to perish, to die
poglábljam	poglábljati	to deepen
poglédam	poglédati	to look at
pogledújem	pogledováti	to be looking at
poglobím	poglobíti	to deepen
pogodím se	pogodíti se	to make a deal
pogojím	pogojíti	to condition
pogojújem	pogojeváti	to be conditioning
pogôltnem	pogôltniti	to swallow
pogorím	pogoréti	to be burnt down
pogostím	pogostíti	to treat
pogovárjam se	pogovárjati se	to talk
pogovorím se	pogovoríti se	to talk
pográbim	pográbiti/pograbíti	to grab
pogréšam	pogréšati	to miss
pogreším	pogrešíti	to make a mistake
pogrézam se	pogrézati se	to subside, to sink
pogréznem se	pogrézniti se	to sink
pohitím	pohitéti	to hurry up
pohválim	pohváliti/pohvalíti	to compliment
poimenújem	poimenováti	to name
poíščem	poiskáti	to look up
pojásnim	pojásniti/pojasníti	to explain
pojasnjújem	pojasnjeváti	to explain
pojávim se	pojáviti se	to appear
pojávljam se	pojávljati se	to appear
pojém	pojésti	to eat
pôjem	péti	to sing
pojmújem	pojmováti	to understand
pokadím	pokadíti	to smoke
pókam	pókati	to crack, to burst

220

sedanjik the present tense	nedoločnik the infinitive	prevod nedoločnika translation of infinitive
pokážem	pokázati/pokazáti	to show, to indicate
pokesám se	pokesáti se	to repent
pokímam	pokímati	to nod
poklíčem	poklícati	to call
poklónim	pokloníti	to give as a gift
pokončám	pokončáti	to exterminate, to finish off
pokopám	pokopáti	to bury
pokopávam	pokopávati	to be burying
pokópljem	pokopáti	to bury
pokosím	pokosíti	to mow down
pokósim	pokósiti	to finish lunch
pokríjem	pokríti	to cover, to tuck in
pokrívam	pokrívati	to be covering, to be tucking in
pokrížam se	pokrížati se	to make the sign of the cross
pokvárim	pokváriti	to spoil
polágam	polágati	to lay down
polépšam	polépšati	to make more beautiful
poletím	poletéti	to fly
poléžem	poléči	to lay
poležím	poležáti	to lie in
políjem	políti	to pour
polívam	polívati	to be pouring
polížem	polízati/polizáti	to lick
poljúbim	poljúbiti/poljubíti	to kiss
poljúbljam	poljúbljati	to be kissing
pôlnim	pôlniti/polníti	to fill
polómim	polomíti	to break up; to make a mistake
položím	položíti	to lay, to lay down
polzím	polzéti	to slip
pomágam	pomágati/pomagáti	to help
pomáham	pomáhati/pomaháti	to wave
pomáknem	pomákniti/pomakníti	to move
pomálicam	pomálicati	to finish a snack
pománjšam	pománjšati	to minimise
pomážem	pomázati	to besmear, to smear
poménlm	poméniti/pomeníti	to mean
poménim se	poméniti se/pomeníti se	to talk
pomérim	pomériti	to try on; to measure
pomérjam	pomérjati	to try on
pomèšam	poméšati	to mix, to confuse
pométam	pométati	to sweep
pométem	pomêsti	to sweep
pomígam	pomígati	to beckon
pomígnem	pomígniti	to beckon
pomíjem	pomíti	to wash up
pomíkam	pomíkati	to move

221

sedanjik the present tense	nedoločnik the infinitive	prevod nedoločnika translation of infinitive
pomirím	pomiríti	to calm down
pomíslim	pomísliti	to think
pomívam	pomívati	to wash
pomladím	pomladíti	to rejuvenate
pômnim	pômniti	to remember
pomóčim	pomočíti	to dip
pomólim	pomolíti	to hold out
pomôlzem	pomôlsti	to milk
ponaredím	ponaredíti	to forge
ponarêjam	ponarêjati	to counterfeit
ponášam se	ponášati se	to pride on
ponávljam	ponávljati	to repeat
ponazárjam	ponazárjati	to exemplify, to illustrate
ponazorím	ponazoríti	to exemplify, to illustrate
ponesréčim se	ponesréčiti se	to have an accident
ponížam	ponížati	to humiliate
ponižújem	poniževáti	to humiliate
ponočújem	ponočeváti	to stay out late
ponovím	ponovíti	to repeat
ponúdim	ponúditi/ponudíti	to offer
ponújam	ponújati	to offer
pooblastím	pooblastíti	to authorize
poobláščam	poobláščati	to authorize
poostrím	poostríti	to make stricter
popéljem	popeljáti	to take (into the world)
popestrím	popestríti	to diversify, to make more interesting
popíjem	popíti	to drink up
popíšem	popísati/popisáti	to make an inventory
popláčam	popláčati/poplačáti	to repay
poplávim	poplávíti	to flood
popráskam	popráskati	to scratch
poprávim	poprávíti	to repair
poprávljam	poprávljati	to be fixing
popustím	popustíti	to slacken
popúščam	popúščati	to indulge
porábim	porábiti/porabíti	to spend, to consume
porábljam	porábljati	to be spending, to consume
porájam	porájati	to bring forth
porásem	porásti	to grow up
porástem	porásti	to grow up
poravnám	poravnáti	to straighten, to even up
poravnávam	poravnávati	to compensate
porazdelím	porazdelíti	to divide
porázim	poráziti	to defeat
porínem	poríniti	to shove
porívam	porívati	to shove

222

sedanjik the present tense	nedoločnik the infinitive	prevod nedoločnika translation of infinitive
poróčam	poróčati	to report
poročím	poročíti	to marry
porodím	porodíti	to bring forth
porúšim	porúšiti/porušíti	to demolish
posadím	posadíti	to plant
posájam	posájati	to be planting
posédem	posésti	to seat
poségam	poségati	to intervene
posêjem	posejáti	to sow
posékam	posékati	to fell
posérjem	posráti	to make a mess, to shit all over something
poséžem	poséči	to intervene
posíjem	posijáti	to shine
poskóčim	poskočíti	to jump
poskrbím	poskrbéti	to take care
poskúsim	poskúsiti	to try, to attempt
poskúšam	poskúšati	to try, to attempt
poslábšam	poslábšati	to make worse
posladkám	posladkáti	to sweeten
poslávljam se	poslávljati se	to be taking leave
poslíkam	poslíkati	to paint
poslovím se	poslovíti se	to take leave
poslújem	poslováti	to trade
poslúšam	poslúšati	to listen
posmehújem se	posmehováti se	to mock
posnámem	posnéti	to record
posnémam	posnémati	to imitate
posódim	posóditi/posodíti	to lend
posodôbim	posodôbiti	to modernise
posójam	posójati	to lend
posolím	posolíti	to salt
pospéšim	pospéšiti	to accelerate
pospešújem	pospeševáti	to promote, to be accelerating
posprávim	pospráviti	to clean, to tidy up
posprávljam	posprávljati	to be cleaning, to tidying up
posprémim	posprémiti	to see (to the door)
posréčim se	posréčiti se	to succeed
posredújem	posredováti	to mediate
postájam	postájati	to become; to loaf (about)
postánem	postáti	to become
postáram	postárati	to age
postávim	postáviti	to put
postávljam	postávljati	to be putting
postéljem	postláti	to make the bed
postíljam	postíljati	to make the bed
postorím	postoríti	to do

sedanjik the present tense	nedoločnik the infinitive	prevod nedoločnika translation of infinitive
postréžem	postréči	to serve
posújem	posúti	to sprinkle, to powder
posúšim	posúšiti	to dry
posvarím	posvaríti	to warn
posvéčam	posvéčati	to pay (attention), to dedicate (time)
posvetím	posvetíti	to dedicate, to devote
posvétim	posvétiti/posvetíti	to light
posvetújem se	posvetováti se	to consult
posvojím	posvojíti	to adopt
pošálim se	pošáliti se	to make a joke
poščíjem	poscáti	to piss
poščím °	poscáti	to piss
pošíljam	pošíljati	to be sending
poškodújem	poškodováti	to damage
poškropím	poškropíti	to sprinkle
póšljem	posláti	to send
potápljam	potápljati	to sink, to submerge
potárem	potréti	to depress
potárnam	potárnati	to complain
potéčem	potéči	to expire
potégnem	potégniti/potegníti	to pull
potegújem se	potegováti se	to compete
potékam	potékati	to take place
potépam se	potépati se	to roam
potím se	potíti se	to sweat
potískam	potískati	to be pushing
potísnem	potísniti	to push
potláčim	potláčiti	to repress
potolážim	potolážiti	to comfort, to console
potôlčem	potôlči	to beat
potopím	potopíti	to immerse, to sink
potóžim	potóžiti/potožíti	to complain
potŕdim/potrdím	potŕditi/potrdíti	to confirm
potrebújem	potrebováti	to need
potrèm	potréti	to depress
potrésem	potrésti	to shake, to dust
potrjújem	potrjeváti	to confirm
potŕkam	potŕkati	to knock
potrpím	potrpéti	to bear with
potrúdim se	potrúditi se/potrudíti se	to try one's best
potújem	potováti	to travel
poučím	poučíti	to enlighten
poučújem	poučeváti	to teach
poudárim	poudáriti	to stress, to emphasise
poudárjam	poudárjati	to stress, to emphasise
povábim	povábiti/povabíti	to invite

224

sedanjik the present tense	nedoločnik the infinitive	prevod nedoločnika translation of infinitive
povaljam	povaljati	to roll
povečam	povečati	to enlarge, to magnify
povečerjam	povečerjati	to have and finish dinner
povečújem	povečeváti	to be enlarging/magnifying
povêdem	povêsti	to take
poveljújem	poveljeváti	to command
povém	povédati	to tell
povérim	povériti	to delegate
povérjam	povérjati	to be delegating
povezújem	povezováti	to associate, to link
povéžem	povézati/povezáti	to connect, to link, to bind
povíšam	povíšati	to raise
povléčem	povléči	to draw
povózim	povozíti	to run over
povprášam	povprášati/povprašáti	to inquire
povráčam	povráčati	to vomit
povŕnem	povŕniti/povrníti	to pay back
povzámem	povzéti	to summarise
povzdígnem	povzdígniti	to elevate, to raise
povzémam	povzémati	to summarise
povzpnêm se	povzpéti se	to climb
povzróčam	povzróčati	to be causing
povzročím	povzročíti	to cause
pozábim	pozabíti	to forget
pozábljam	pozábljati	to forget
pozajtrkújem	pozajtrkováti	to have and finish breakfast
pozanímam se	pozanímati se	to inquire
pozdrávim	pozdráviti	to greet; to cure
pozdrávljam	pozdrávljati	to greet
pozídam	pozídati	to fill with constructions
pozívam	pozívati	to call
poznám	poznáti	to know
pozóbam	pozóbati	to eat up by pecking
pozóbljem	pozóbati	to eat up by pecking
pozôvem	pozváti	to call on, to summon
pozvoním	pozvoníti	to ring
požánjcm	požéti	to reap
požênem	pognáti	to drive, to propel
požgèm	požgáti	to burn down
požíram	požírati	to be swallowing
požívím	požívíti	to enliven
požrèm	požréti	to swallow
práskam	práskati	to scratch, to claw
právim	práviti	to say, to tell
práznim	prázniti/prazníti	to empty
praznújem	praznováti	to celebrate

sedanjik the present tense	nedoločnik the infinitive	prevod nedoločnika translation of infinitive
prebávim	prebáviti	to digest
prebávljam	prebávljati	to digest
prebêrem	prebráti	to read, to read over/through
prebíčam	prebíčati	to lash
prebíjam	prebíjati	to work one's way trough
prebíjem	prebíti	to break through, to pierce
prebíram	prebírati	to be reading
prebívam	prebívati	to live, to dwell
prebôdem	prebôsti	to pierce
prebolévam	prebolévati	to be getting over
prebolím	preboléti	to get over
prebródim	prebrodíti	to weather
prebŕskam	prebŕskati	to ransack
prebudím	prebudíti	to awaken
prebújam	prebújati	to awaken
préčim	préčiti	to cross
préčkam	préčkati	to cross
predájam	predájati	to hand over
predám	predáti	to hand over; to surrender
predávam	predávati	to lecture
predélam	predélati	to process, to remake
predelújem	predelováti	to process, to remake
prêdem	prêsti	to spin; to purr
predêrem	predréti	to pierce
predlágam	predlágati	to suggest, to propose
predložím	predložíti	to submit
predpisújem	predpisováti	to prescribe
predpíšem	predpísati/predpisáti	to prescribe
predpostávim	predpostáviti	to presume, to suppose
predpostávljam	predpostávljati	to suppose
predrèm	predréti	to pierce
predsedújem	predsedováti	to chair, to preside
predstávim	predstáviti	to present, to introduce
predstávljam	predstávljati	to represent
predvájam	predvájati	to play
predvidévam	predvidévati	to anticipate, to foresee
predvídim	predvídeti	to anticipate, to foresee
pregánjam	pregánjati	to haunt, to persecute
preglédam	preglédati	to examine, to inspect
pregledújem	pregledováti	to examine, to inspect
pregovorím	pregovoríti	to persuade, to talk into
prehájam	prehájati	to pass to, to proceed
prehitévam	prehitévati	to be overtaking
prehitím	prehitéti	to overtake
prehladím se	prehladíti se	to catch cold
prehódim	prehodíti	to walk through

sedanjik the present tense	nedoločnik the infinitive	prevod nedoločnika translation of infinitive
prehránim	prehrániti/prehrániti	to nourish, to provide with food
preídem	preíti	to go over, to pass over
preimenújem	preimenováti	to rename
preiskújem	preiskováti	to investigate, to search
preíščem	preiskáti	to inspect, to search
preizkúsim	preizkúsiti	to try out, to test
preizkúšam	preizkúšati	to try, to test
prejémam	prejémati	to receive
prêjmem	prejéti	to receive
prekínem	prekíniti	to interrupt
prekínjam	prekínjati	to be interrupting
preklíčem	preklícati	to revoke, to cancel
preklínjam	preklínjati	to curse, to swear
prekôlnem	prekléti	to curse
prekoráčim	prekoráčiti	to exceed
prekríjem	prekríti	to cover
prekrívam	prekrívati	to cover
prekrížam	prekrížati	to cross, to fold
prekŕšim	prekŕšiti/prekŕšiti	to infringe
prekupčújem	prekupčeváti	to deal, to traffic
prelágam	prelágati	to adjourn, to postpone
prelámljam	prelámljati	to break
preletávam	preletávati	to fly over; to be skimming
preletím	preletéti	to fly over; to skim
prelevím se	prelevíti se	to slough
prelíjem	prelíti	to pour over
prelívam	prelívati	to pour over
prelómim	prelomíti	to break
preložím	preložíti	to adjourn, to postpone
premágam	premágati	to overcome, to defeat
premagújem	premagováti	to be overcoming, to defeat
premáknem	premákniti/premákniti	to move
premážem	premázati	to coat
premérim	premériti	to measure
premestím	premestíti	to transfer, to move
premešam	preméšati	to shuffle, to stir
preméščam	preméščati	to transfer, to move
premíkam	premíkati	to move
premíslim si (se)	premísliti si (se)	to change one's mind
premišljújem	premišljeváti	to contemplate, to ponder
premlátim	premlátiti/premlatíti	to batter, to beat
premóčim	premočíti	to soak
premostím	premostíti	to bridge
prenášam	prenášati	to carry, to tolerate
prenávljam	prenávljati	to renovate
prenéham	prenéhati	to cease, to stop

227

sedanjik the present tense	nedoločnik the infinitive	prevod nedoločnika translation of infinitive
prenêsem	prenêsti	to transmit
prenočím	prenočíti	to stay over night
prenočújem	prenočeváti	to sleep for one night
prenovím	prenovíti	to renovate
preobláčim	preobláčiti	to change (clothes)
preobléčem	preobléči	to change (clothes)
preoblikúj	preoblikováti	to reshape, to transform
preobrázim	preobráziti	to reshape, to transform
preostájam	preostájati	to remain
preostáne	preostáti	to remain
prepéljem	prepeljáti	to transport
prepévam	prepévati	to sing
prepíram se	prepírati se	to quarrel, to argue
prepisújem	prepisováti	to copy
prepíšem	prepísati/prepisáti	to copy
prepíšem se	prepísati se/prepisáti se	to change (university)
preplávam	preplávati	to swim
preplávim	prepláviti	to inundate, to flood
preplávljam	preplávljati	to inundate, to flood
prepléskam	prepléskati	to paint, to redecorate
preplétam	preplétati	to weave
preplêtem	preplêsti	to braid, to weave
preplézam	preplézati	to climb
prepotújem	prepotováti	to travel, to tour
prepovedújem	prepovedováti	to forbid
prepovém	prepovédati	to forbid
prepoznám	prepoznáti	to recognize
prepoznávam	prepoznávati	to recognize
prepréčim	prepréčiti	to prevent
preprečújem	preprečeváti	to be preventing
prepríčam	prepríčati	to convince, to persuade
prepričújem	prepričeváti	to convince, to persuade
prepustím	prepustíti	to leave, to let
prepúščam	prepúščati	to leave, to let
preračúnam	preračúnati	to calculate
preračunávam	preračunávati	to calculate
prerásem	prerásti	to outgrow
prerástem	prerásti	to outgrow
preráščam	preráščati	to outgrow
prerézem	prerézati	to cut through
prerokújem	prerokováti	to predict
presadím	presadíti	to transplant
presájam	presájati	to transplant
presédam	presédati	to move; to annoy
presédem	presésti	to move
preségam	preségati	to exceed

sedanjik the present tense	nedoločnik the infinitive	prevod nedoločnika translation of infinitive
presékam	presékati	to cut
presélim	preselíti	to relocate, to move
presenéčam	presenéčati	to surprise
presenétim	presenétiti	to surprise
preséžem	preséči	to exceed
preskakújem	preskakováti	to jump over
preskóčim	preskočíti	to jump, to skip
preskrbím	preskrbéti	to provide, to procure
preslíšim	preslíšati	to miss
presódim	presóditi/presodíti	to judge
presójam	presójati	to judge
prespím	prespáti	to sleep off
prestájam	prestájati	to undergo
prestánem	prestáti	to undergo
prestávim	prestáviti	to switch; to move
prestávljam	prestávljati	to switch; to move
prestópam	prestópati	to shift from one foot to another
prestópim	prestópiti/prestopíti	to change (trains)
prestrášim	prestrášiti	to frighten
preštéjem	preštéti	to count
preštévam	preštévati	to count
preštudíram	preštudírati	to study
pretákam	pretákati	to decant, to bottle
pretéhtam	pretéhtati	to consider, to ponder
pretépam	pretépati	to batter
pretêpem	pretêpsti	to beat
pretíram	pretírati	to exaggerate
pretirávam	pretirávati	to exaggerate
pretóčim	pretočíti	to decant, to bottle
pretrésam	pretrésati	to shake
pretrésem	pretrésti	to shake; to shock
pretŕgam	pretŕgati	to cut off, to tear
pretrpím	pretrpéti	to suffer
pretvárjam	pretvárjati	to transfigure, to transform
pretvárjam se	pretvárjati se	to pretend
pretvórim	pretvóriti	to transfigure, to transform
preučím	preučíti	to study
preučújem	preučeváti	to study
preudárim	preudáriti	to think over
preudárjam	preudárjati	to reflect
preuredím	preurediti	to rearrange, to reorganize
preurêjam	preurêjati	to rearrange, to reorganize
preusmérim	preusmériti	to divert
preusmérjam	preusmérjati	to divert
prevájam	prevájati	to translate
preváram	prevárati	to betray, to cheat

sedanjik the present tense	nedoločnik the infinitive	prevod nedoločnika translation of infinitive
prevážam	prevážati	to transport
prevêdem	prevêsti	to translate
prevérim	prevériti	to check, to verify
prevérjam	prevérjati	to check, to verify
prevládam	prevládati	to prevail
prevladújem	prevladováti	to dominate, to prevail
prevózim	prevozíti	to drive
prevráčam	prevráčati	to overturn
prevŕnem	prevŕniti/prevrníti	to turn over
prevzámem	prevzéti	to assume, to take over
prevzémam	prevzémati	to assume
prezíram	prezírati	to despise
prezrèm	prezréti	to ignore
prežênem	pregnáti	to banish, to chase
prežím	prežáti	to lurk
preživím	preživéti	to survive
preživljam	preživljati	to live
pŕham	pŕhati	to shower; to snort
pribíjem	pribíti	to nail; to add
priblížam	priblížati	to bring closer, to approach
približújem	približeváti	to bring closer
priborím	priboríti	to win, to obtain
pričákam	pričákati	to meet
pričakújem	pričakováti	to expect
príčam	príčati	to testify
pričáram	pričárati	to conjure
pričénjam	pričénjati	to begin, to commence
pričnèm	pričéti	to begin, to commence
pridélam	pridélati	to produce
pridelújem	pridelováti	to produce
prídem	príti	to come
prídigam	prídigati	to preach
pridobím	pridobíti	to gain, to acquire
pridobívam	pridobívati	to acquire, to gain
pridrúžim se	pridrúžiti se/pridružíti se	to join
pridružújem se	pridruževáti se	to join
pridržím	pridržáti	to keep, to retain
pridržújem	pridrževáti	to keep, to retain
prihájam	prihájati	to arrive, to come
prihitím	prihitéti	to come in haste
prihránim	prihrániti/prihraníti	to save
priígram	priígrati	to win
prijávim	prijáviti	to report
prijávljam	prijávljati	to report
prijémam	prijémati	to hold; to arrest
prijémljem	prijémati	to get hold of

sedanjik the present tense	nedoločnik the infinitive	prevod nedoločnika translation of infinitive
prikazújem	prikazováti	to show
prikážem	prikázati/prikazáti	to show, to illustrate
prikímam	prikímati	to nod
prikimávam	prikimávati	to nod
priklíčem	priklícati	to call
prikljúčim	prikljúčiti	to join, to annex
priključújem	priključeváti	to join, to annex
prikrájšam	prikrájšati	to deprive
prikríjem	prikríti	to hide, to cover up
prikrívam	prikrívati	to hide, to conceal
prilagájam	prilagájati	to accommodate
prilagodím	prilagodíti	to accommodate
prilastím si	prilastíti si	to appropriate
prilépim	prilépiti	to glue
priletím	priletéti	to come, to fly in
prilézem	prilésti	to creep up
prilíjem	prilíti	to add by pouring
prilívam	prilívati	to add by pouring
priljúbim	priljúbiti/priljubíti	to endear
priložím	priložíti	to enclose
primanjkúje	primanjkováti	to lack
prímem	prijéti	to hold; to arrest
priméri se	primériti se	to happen, to occur
primérjam	primérjati	to compare
priméšam	priméšati	to add, to mix in
prinášam	prinášati	to bring
prinêsem	prinêsti	to bring
pripádam	pripádati	to belong
pripádem	pripásti	to fall to someone's share
pripéljem	pripeljáti	to bring
pripénjam	pripénjati	to pin, to fasten
pripetí se	pripetíti se	to happen
pripisújem	pripisováti	to ascribe
pripíšem	pripísati/pripisáti	to make a note, to ascribe
priplávam	priplávati	to swim (to a destination)
priplôvem	priplúti	to sail
priplújem	priplúti	to sail (to a destination)
pripnèm	pripéti	to fasten
pripômnim	pripômniti	to observe, to remark
priporóčam	priporóčati	to recommend
priporočím	priporočíti	to recommend
pripotújem	pripotováti	to arrive
pripovedújem	pripovedováti	to narrate, to tell
priprávim	pripráviti	to prepare
priprávljam	priprávljati	to prepare
priprèm	pripréti	to detain; to leave open (a door)

sedanjik the present tense	nedoločnik the infinitive	prevod nedoločnika translation of infinitive
priredím	priredíti	to arrange, to adapt
prirêjam	prirêjati	to arrange, to give
priségam	priségati	to swear
prisêžem	prisêči	to swear
prisílim	prisíliti	to force
priskóčim	priskočíti	to jump, to come (to rescue)
priskrbím	priskrbéti	to get, to procure
prislúhnem	prislúhniti	to listen
prisluškújem	prisluškováti	to eavesdrop
prislúžim	prislúžiti/prislužíti	to earn
prisódim	prisóditi/prisodíti	to attribute
prispèm	prispéti	to arrive
prispévam	prispévati	to contribute
pristájam	pristájati	to land; to agree
pristánem	pristáti	to land; to agree
pristávim	pristáviti	to add
pristávljam	pristávljati	to add
pristópam	pristópati	to accede
pristópiti	pristópiti/pristopíti	to accede, to come closer
prištêjem	prištéti	to add
prištévam	prištévati	to add
pritêčem	pritêči	to arrive running (at a destination)
pritégnem	pritégniti/pritegníti	to attract
pritegújem	pritegováti	to attract
pritékam	pritékati	to flow in
pritískam	pritískati	to press
pritísnem	pritísniti	to press
pritóžim se	pritóžiti se/pritožíti se	to complain, to appeal
pritožújem se	pritoževáti se	to complain
pritŕdim/pritrdím	pritŕditi/pritrdíti	to agree; to attach, to secure
pritrjújem	pritrjeváti	to agree
privábim	privábiti/privabíti	to attract
privábljam	privábljati	to attract
privádim	priváditi	to adapt
privájam	privájati	to adapt
privarčújem	privarčeváti	to save
privêdem	privêsti	to lead (up) to
privéžem	privézati/privezáti	to tie, to fasten
privláčim	privláčiti	to attract
privólim	privolíti	to consent
privóščim	privóščiti/privoščíti	not to begrudge
privzámem	privzéti	to adopt
privzémam	privzémati	to adopt
prizadénem	prizadéti	to hurt, to inflict
prizadévam	prizadévati	to hurt, to inflict
prizadévam si	prizadévati si	to strive, to endeavour

sedanjik the present tense	nedoločnik the infinitive	prevod nedoločnika translation of infinitive
prizanášam	prizanášati	to spare
prizanêsem	prizanêsti	to spare
priznám	priznáti	to admit
priznávam	priznávati	to admit
prižgèm	prižgáti	to light, to turn on
prižígam	prižígati	to light, to turn on
prodájam	prodájati	to sell
prodám	prodáti	to sell
prodíram	prodírati	to penetrate
prodrèm	prodréti	to penetrate
proglasím	proglasíti	to proclaim
programíram	programírati	to programme
proizvájam	proizvájati	to produce, to generate
proizvêdem	proizvêsti	to produce, to generate
propádam	propádati	to decay
propádem	propásti	to collapse
prósim	prosíti	to ask
proslavím	proslavíti	to celebrate
proslávljam	proslávljati	to celebrate
protestíram	protestírati	to protest
proučím	proučíti	to study
proučújem	proučeváti	to study thoroughly
púlim	púliti/pulíti	to pull out
pustím	pustíti	to leave; to let
púščam	púščati	to leak
rábim	rábiti/rabíti	to use
računam	računati	to calculate
rájam	rájati	to dance
ránim	rániti/raníti	to wound, to hurt
rásem	rásti	to grow
rástem	rásti	to grow
ratificíram	ratificírati	to ratify
ravnám	ravnáti	to manage, to act
razbêrem	razbráti	to infer
razbíjam	razbíjati	to thump, to smash
razbíjem	razbíti	to break, to smash
razbremením	razbreméniti	to relieve
razbúrim	razbúriti	to agitate, to excite
razbúrjam	razbúrjati	to agitate, to excite
razcépim	razcépiti/razcepíti	to split
razčístim	razčístiti	to clarify
razčiščújem	razčiščeváti	to clarify
razdelím	razdelíti	to divide, to distribute
razdeljújem	razdeljeváti	to divide, to distribute
razdêrem	razdréti	to break, to dismantle

sedanjik the present tense	nedoločnik the infinitive	prevod nedoločnika translation of infinitive
razdíram	razdirati	to break, to destroy
razdrém	razdréti	to break, to dismantle
razgíbam	razgíbati	to animate
razglasím	razglasíti	to proclaim, to pronounce
razglášam	razglášati	to proclaim, to pronounce
razglédam se	razglédati se	to look around
razgledújem se	razgledováti se	to be looking around
razgrájam	razgrájati	to make noise
razgŕnem	razgŕniti/razgrníti	to spread, to unfold
razhájam se	razhájati se	to diverge
razídem se	razíti se	to break up, to split
raziskújem	raziskováti	to research, to look into
razíščem	raziskáti	to look into, to inquire
razjásnim	razjásniti/razjasníti	to clarify
razjezím	razjezíti	to make angry
razkazújem	razkazováti	to exhibit
razkážem	razkázati/razkazáti	to show, to exhibit
razkríjem	razkríti	to reveal
razkrívam	razkrívati	to reveal
razlágam	razlágati	to explain
razlikújem	razlikováti	to distinguish
razložím	razložíti	to explain
razméčem	razmetáti	to mess up
razmetávam	razmetávati	to mess up
razmíslim	razmísliti	to think over
razmíšljam	razmíšljati	to think
razmnožím	razmnožíti	to copy, to reproduce
razmnožújem	razmnoževáti	to reproduce
razočáram	razočárati	to disappoint
razodénem	razodéti	to reveal
razodévam	razodévati	to reveal
razpádam	razpádati	to decay, to disintegrate
razpádem	razpásti	to disintegrate
razpénjam	razpénjati	to span; to foam
razpisújem	razpisováti	to tender out
razpíšem	razpísati/razpisáti	to tender out
razpnèm	razpéti	to foam; to span
razpóčim se	razpóčiti se	to burst
razpókam	razpókati	to burst
razpolágam	razpolágati	to have at disposal
razporedím	razporedíti	to distribute, to assign
razporêjam	razporêjati	to distribute, to assign
razprávljam	razprávljati	to debate
razprodájam	razprodájati	to sell out
razprodám	razprodáti	to sell out
razprostíram	razprostírati	to spread out

sedanjik the present tense	nedoločnik the infinitive	prevod nedoločnika translation of infinitive
razprostrèm	razprostréti	to spread
razpustím	razpustíti	to dissolve
razréšim	razréšiti/razrešíti	to solve; to dismiss
razrešújem	razreševáti	to solve
razréžem	razrézati	to cut, to slice
razsódim	razsóditi/razsodíti	to arbitrate
razsójam	razsójati	to arbitrate, to make a judgment
razstávim	razstáviti	to exhibit; to dismantle
razstávljam	razstávljati	to exhibit; to dismantle
razsvetlím	razsvetlíti	to brighten, to illuminate
razsvetljújem	razsvetljeváti	to enlighten, to illuminate
razšírim	razšíriti	to amplify, to extend
razšírjam	razšírjati	to propagate
raztápljam	raztápljati	to dissolve
raztégnem	raztégniti/raztegníti	to spread, to stretch
raztegújem	raztegováti	to stretch, to spread
raztézam	raztézati	to extend, to stretch
raztopím	raztopíti	to dissolve
raztrésem	raztrésti	to scatter
raztŕgam	raztŕgati	to tear
razúmem	razuméti	to understand
razvádim	razváditi	to spoil
razvájam	razvájati	to spoil, to pamper
razvedrím	razvedríti	to cheer up
razveljávim	razveljáviti	to cancel, to invalidate
razveselím	razveselíti	to make happy, to cheer up
razveseljújem	razveseljeváti	to make happy
razvíjam	razvíjati	to develop
razvíjem	razvíti	to develop
razvrstím	razvrstíti	to arrange, to sort
razvŕščam	razvŕščati	to arrange, to sort
reagíram	reagírati	to react
realizíram	realizírati	to materialise
rêčem	rêči	to say
redím	redíti	to keep
registríram	registrírati	to register
rekonstruíram	rekonstruírati	to reconstruct
réšim	réšiti/rešíti	to solve; to save, to rescue
rešújem	reševáti	to solve; to save, to rescue
rezervíram	rezervírati	to book
réžem	rézati	to cut, to slice
režíram	režírati	to direct
ríjem	ríti	to grub, to dig
rímam	rímati	to make rhymes
rínem	ríniti	to push
ríšem	rísati	to draw

sedanjik the present tense	nedoločnik the infinitive	prevod nedoločnika translation of infinitive
rjôvem	rjúti	to roar
rjovím	rjovéti	to roar
rjújem	rjúti	to roar
rodím	rodíti	to give birth
rojévam	rojévati	to be giving birth
rómam	rómati	to go on a pilgrimage
rópam	rópati	to rob
rújem	rúvati	to root out
rumením	rumenéti	to yellow
rúšim	rúšiti/rušíti	to demolish, to destroy
rúvam	rúvati	to root out
sadím	sadíti	to plant
samévam	samévati	to live a solitary life
saníram	sanírati	to improve (sanitary conditions, a situation)
sánjam	sánjati	to dream
sanjárim	sanjáriti	to daydream, to dream
scvrèm	scvréti	to burn, to fry
sédam	sédati	to sit down
sédem	sésti	to sit down
sedím	sedéti	to sit
ségam	ségati	to extend, to reach to
segréjem	segréti	to warm
segrévam	segrévati	to warm
sêjem	sejáti	to sow
sékam	sékati	to fell, to chop
sekljám	sekljáti	to chop
sélim	selíti	to move
sèm	bíti	to be
sérjem	sráti	to shit, to excrete
sesám	sesáti	to hoover, to suck
sesekljám	sesekljáti	to chop, to mince
sestájam se	sestájati se	to meet regularly
sestánem se	sestáti se	to meet
sestávim	sestáviti	to compose, to assemble
sestávljam	sestávljati	to consist of
sesújem	sesúti	to smash
seštéjem	seštéti	to add
seštévam	seštévati	to add up
seznánim	seznániti/seznaníti	to introduce, to acquaint
seznánjam	seznánjati	to introduce, to acquaint
sezújem	sezúti	to take off shoes
séžem	séči	to reach
shránim	shrániti/shraníti	to store
shranjújem	shranjeváti	to store, to keep
shújšam	shújšati	to lose weight

sedanjik the present tense	nedoločnik the infinitive	prevod nedoločnika translation of infinitive
sijem	sijáti	to shine
sílim	síliti	to force
simbolíziram	simbolizírati	to symbolize
sivím	sivéti	to become gray
skáčem	skákati/skakáti	to bounce, to jump
skalím	skalíti	to ruin
skládam	skládati	to compose
sklánjam	sklánjati	to decline, to inflect
sklánjam se	sklánjati se	to bend (over)
sklénem	skleníti	to decide, to conclude
sklépam	sklépati	to infer
sklicújem	skliceváti	to convene
sklicújem se na	skliceváti se na	to appeal to
sklíčem	sklícati	to convene
sklónim	skloníti	to bend
skóčim	skočíti	to jump
skomígnem	skomígniti	to shrug
skópam	skópati	to bathe
skópljem	skópati	to bathe
skrájšam	skrájšati	to shorten
skrajšújem	skrajševáti	to shorten
skrbím	skrbéti	to care, to worry
skŕčim	skŕčiti	to contract
skríjem	skríti	to hide, to conceal
skritizíram	skritizírati	to pass a negative judgement
skrívam	skrívati	to hide, to conceal
skúham	skúhati	to cook, to prepare food
skúšam	skúšati	to try, to attempt
slabím	slabéti	to grow weak
slabím	slabíti	to weaken
slábšam	slábšati	to make worse, to worsen
sláčim	sláčiti	to undress
sladkám	sladkáti	to sweeten
slavím	slavíti	to celebrate
sléčem	sléči	to undress
sledím	sledíti	to follow
slepím	slepíti	to deceive
slíkam	slíkati	to paint
slínim	slíniti	to wet with saliva
slíšim	slíšati	to hear
sloním	slonéti	to base, to lean
slovénim	slovéniti	to make Slovene
slovím	slovéti	to be known for
slútim	slútiti/slutíti	to have a hunch
slúžim	slúžiti/služíti	to serve
smehljám se	smehljáti se	to smile

sedanjik the present tense	nedoločnik the infinitive	prevod nedoločnika translation of infinitive
smêjem se	smejáti se	to laugh
smejím se	smejáti se	to laugh
smém	sméti	to be allowed to
smílim se	smíliti se	to have pity on
smodím	smodíti	to singe
smrčím	smrčáti	to snore
smrdím	smrdéti	to stink
smúčam	smúčati	to ski
smúkam	smúkati	to strip off
smúknem	smúkniti	to slip
snámem	snéti	to take down, to detach
snémam	snémati	to film, to shoot
sneží	snežíti	to snow
snúbim	snúbiti/snubíti	to woo, to propose
sočustvújem	sočustvováti	to sympathise
sodelújem	sodelováti	to cooperate
sódim	sóditi/sodíti	to judge; to belong
soglášam	soglášati	to agree
solím	solíti	to salt
sónčim	sónčiti	to sunbathe
soóčam	soóčati	to confront, to face
soóčim	soóčiti	to confront, to face
sôpem	sôpsti	to wheeze
sopíham	sopíhati	to puff
sovrážim	sovrážiti/sovražíti	to hate
spádam	spádati	to belong
spájam	spájati	to join
specializíram	specializírati	to specialize
spêčem	spêči	to bake
spéljem	speljáti	to mislead; to route
spíjem	spíti	to drink up
spím	spáti	to sleep
splávam	splávati	to start swimming; to lose (a project)
splétam	splétati	to knit
splêtem	splêsti	to knit
splézam	splézati	to climb
splôščim	splôščiti	to flatten
spnèm	spéti	to clamp
spočíjem se	spočíti se	to rest, to take a rest
spočnèm	spočéti	to conceive
spodbudím	spodbudíti	to motivate, to encourage
spodbújam	spodbújati	to encourage
spodím	spodíti	to chase away
spodletím	spodletéti	to fail
spodóbi se	spodóbiti se	to befit
spoglédam se	spoglédati se	to look at each other

238

sedanjik the present tense	nedoločnik the infinitive	prevod nedoločnika translation of infinitive
spogledújem se	spogledováti se	to flirt
spojím	spojíti	to join
spomínjam se	spomínjati se	to remember
spômnim (se)	spômniti (se)	to remind, (to remember)
spopádam se	spopádati se	to face
spopádem se	spopásti se	to face
spoprijémam se	spoprijémati se	to deal with
spoprijémljem se	spoprijémati se	to deal with
spoprímem se	spoprijéti se	to deal with
sporazúmem se	sporazuméti se	to agree, to manage to communicate
sporazumévam se	sporazumévati se	to communicate
sporêčem se	sporêči se	to have an argument
sporóčam	sporóčati	to communicate
sporočím	sporočíti	to communicate
sposódim si	sposóditi si/sposodíti si	to borrow
sposójam si	sposójati si	to borrow
spoštújem	spoštováti	to respect
spotáknem	spotákniti/spotakníti	to stumble
spotíkam	spotíkati	to stumble
spotím	spotíti	to sweat
spovedújem se	spovedováti se	to confess
spovém se	spovédati se	to confess
spoznám	spoznáti	to realise; to meet
spoznám se na	spoznáti se na	to be familiar with
spoznávam	spoznávati	to get to know
sprašújem	spraševáti	to ask
správim	správiti	to put in place, to tidy up; to reconcile
správljam	správljati	to tidy up; to reconcile
spreglédam	spreglédati	to overlook
spregledújem	spregledováti	to overlook
spregovorím	spregovoríti	to speak out
sprehájam	sprehájati	to go for a walk
sprehódim	sprehodíti	to take for a walk
sprejémam	sprejémati	to accept
sprêjmem	sprejéti	to accept, to recieve
sprèm	spréti	to make quarrel
spremením	spremeníti	to change, to modify
sprémim	sprémiti	to accompany
spremínjam	spremínjati	to change, to modify
sprémljam	sprémljati	to accompany
sprijáznim se	sprijázniti se	to reconcile oneself
sprostím	sprostíti	to ease, to vent
spróščam	spróščati	to ease, to vent
spróžam	spróžati	to fire; to cause
spróžim	spróžiti/sprožíti	to fire; to cause
spustím	spustíti	to let loose, to let go

sedanjik the present tense	nedoločnik the infinitive	prevod nedoločnika translation of infinitive
spúščam	spúščati	to let loose, to let go
sramújem se	sramováti se	to be ashamed
srbí	srbéti	to itch
sréčam	sréčati	to meet
srečújem	srečeváti	to meet
sŕkam	sŕkati	to sip
sŕknem	sŕkniti	to take a sip
stáknem	stákniti/stakníti	to catch (a flu)
stalím	stalíti	to melt
stánem	státi	to cost
stánjšam	stánjšati	to thin, to reduce
stanújem	stanováti	to live
stáram	stárati	to age
stávim	stáviti	to bet
stávkam	stávkati	to strike
stêčem	stêči	to run
stéhtam	stéhtati	to weigh
stêpem	stêpsti	to beat, to fight
stíkam	stíkati	to raffle through
stískam	stískati	to squeeze
stísnem	stísniti	to squeeze
stkèm	stkáti	to weave
stláčim	stláčiti	to compress
stojím	státi	to stand
stókam	stókati	to moan
stôlčem	stôlči	to beat, to smash
stópam	stópati	to tread
stopím	stopíti	to melt
stópim	stópiti/stopíti	to step
stopnjújem	stopnjeváti	to intensify
storím	storíti	to do
strádam	strádati	to starve
straším	strašíti	to haunt
strážim	strážiti/stražíti	to guard
stŕdim/strdím	stŕditi/strdíti	to harden
stréljam	stréljati	to shoot
strèm	stréti	to crush
strésam	strésati	to shake
strésem	strésti	to shake
stréžem	stréči	to serve
stŕgam	stŕgati	to grate, to tear
strínjam se	strínjati se	to agree
strížem	stríči	to cut (hair)
strmím	strméti	to stare
strmoglávim	strmogláviti	to crash
stŕnem	stŕniti/strníti	to condense

240

sedanjik the present tense	nedoločnik the infinitive	prevod nedoločnika translation of infinitive
súčem	súkati	to twist
súkam	súkati	to twist
súmim	súmiti	to suspect
súnem	súniti	to thrust, to snatch
suším	sušíti	to dry, to cure
súvam	súvati	to thrust
svarím	svaríti	to warn, to caution
svétim	svétiti	to shine
svetújem	svetováti	to advise
šahíram	šahírati	to play chess
šálim se	šáliti se	to joke
sčíjem	scáti	to piss
sčim °	scáti	to piss
sčítim	sčítiti	to protect
šépam	šépati	to limp
šepéčem	šepetáti	to whisper
šepetám	šepetáti	to whisper
šépnem	šépniti	to whisper
šínem	šíniti	to flash, to whizz
šírim	šíriti	to spread
šívam	šívati	to sew
škódim	škóditi	to harm
škodújem	škodováti	to harm
škrípam	škrípati	to creak
škrípljem	škrípati	to creak
škropím	škropíti	to spray
šokíram	šokírati	to shock
šólam	šólati	to educate
štêjem	štéti	to count
štópam	štópati	to hitchhike
študíram	študírati	to study
šumím	šuméti	to fizz
tajam	tajati	to melt
tajím	tajíti	to conceal, to hide
tánjšam	tánjšati	to thin
tárem	tréti	to crack, to crush
tárnam	tárnati	to whine
têčem	têči	to run
téhtam	téhtati	to weigh
tékam	tékati	to run
tekmújem	tekmováti	to compete
telefonárim	telefonáriti	to phone
telefoníram	telefonírati	to phone
telovádim	telovásiti	to work out

sedanjik the present tense	nedoločnik the infinitive	prevod nedoločnika translation of infinitive
temeljím	temeljíti	to base upon
temním	temnéti	to darken
temním	temníti	to darken, to become dark
têpem	têpsti	to beat, to fight
térjam	térjati	to claim
tesním	tesníti	to washer
testíram	testírati	to test
težím	težíti	to gravitate; to bug
téžkam	téžkati	to weigh
tičím	tičáti	to be, to stick (in)
tíkam	tíkati	to be on first name terms
típam	típati	to touch
típkam	típkati	to type
tískam	tískati	to print
tiščím	tiščáti	to press, to squeeze
tkèm	tkáti	to weave
tláčim	tláčiti	to oppress
tóčim	točíti	to pour
tolážim	tolážiti/tolažíti	to console
tôlčem	tôlči	to beat
tónem	toníti	to sink
topím	topíti	to melt
tóžim	tóžiti/tožíti	to sue
trájam	trájati	to last
tŕčim	tŕčiti	to clash, to collide, to crash
tŕdim/trdím	tŕditi/trdíti	to claim
trèm	tréti	to crack, to crush
treníram	trenírati	to coach, to train
trepéčem	trepetáti	to tremble
trepetám	trepetáti	to tremble
trésem	trésti	to shake
tréščim	tréščiti	to crash
tŕgam	tŕgati	to tear, to pick
trgújem	trgováti	to trade
tŕkam	tŕkati	to knock
tróbim	tróbiti	to trumpet
trpím	trpéti	to suffer
trúdim se	trúditi se/trudíti se	to try, to strive
tvégam	tvégati	to risk
tvórim	tvóriti	to form
ubádam se	ubádati se	to deal with
ubêrem	ubráti	to take (a route)
ubíjam	ubíjati	to kill
ubíjem	ubíti	to kill
ublažím	ublažíti	to relieve

sedanjik the present tense	nedoločnik the infinitive	prevod nedoločnika translation of infinitive
ubógam	ubógati	to obey
ubránim	ubrániti/ubraníti	to defend
učím	učíti	to teach, to instruct
učím se	učíti se	to learn
učinkújem	učinkováti	to have an effect
udárim	udáriti	to strike
udárjam	udárjati	to hit
udeležím se	udeléžiti se	to attend, to participate
udeléžújem se	udeleževáti se	to attend, to participate
ugájam	ugájati	to please
ugánem	ugániti/uganíti	to guess
ugásnem	ugásniti	to turn off
ugášam	ugášati	to turn off
ugíbam	ugíbati	to guess
uglédam	uglédati	to catch sight
ugodím	ugodíti	to comply
ugotávljam	ugotávljati	to ascertain, to find
ugotovím	ugotovíti	to ascertain, to find out
ugovárjam	ugovárjati	to object, to protest
ugrábim	ugrábiti/ugrabíti	to kidnap
uhájam	uhájati	to leak
uídem	uíti	to escape
ujámem	ujéti	to catch
ujémam se	ujémati se	to get along
ukazújem	ukazováti	to command, to issue orders
ukážem	ukázati/ukazáti	to order
ukínem	ukíniti	to stop, to abolish
ukínjam	ukínjati	to stop, to abolish
ukrádem	ukrásti	to steal
ukrénem	ukreníti	to act, to take steps
ukrépam	ukrépati	to act, to take a step
ukvárjam se	ukvárjati se	to deal with, to do
uléžem se	uléči se	to lie down
ulovím	ulovíti	to catch
umáknem	umákniti/umakníti	to withdraw
umážem	umázati	to make dirty
umestím	umestíti	to insert, to instal
uméšam	uméšati	to mix
umíjem	umíti	to wash
umíkam	umíkati	to withdraw
umíram	umírati	to die
umirím	umiríti	to calm down
umívam	umívati	to wash
umorím	umoríti	to murder
umrèm	umréti	to die
uníčim	uníčiti	to destroy, to ruin

sedanjik the present tense	nedoločnik the infinitive	prevod nedoločnika translation of infinitive
uničújem	uničeváti	to destroy
upádam	upádati	to decline
upádem	upásti	to decline, to subside
úpam	úpati	to hope
upíram	upírati	to fix one's eyes on/gaze
upíram se	upírati se	to resist, to rebel
upočasním	upočasníti	to slow down
upodóbim	upodóbiti	to depict, to portray
upokojím	upokojíti	to retire
uporábim	uporábiti/uporabíti	to use
uporábljam	uporábljati	to use
upoštévam	upoštévati	to consider
upravíčim	upravíčiti	to entitle (to), to justify
uprávljam	uprávljati	to manage, to administer
uprèm se	upréti se	to rebel
uprizárjam	uprizárjati	to stage
uprizorím	uprizoríti	to stage
uravnávam	uravnávati	to regulate
uravnotéžim	uravnotéžim	to create a balance
uredím	uredíti	to sort out, to regulate
urêjam	urêjati	to edit; to take care
uresníčim	uresníčiti	to materialise, to carry out
uresničújem	uresničeváti	to realize, to carry out
úrim	úriti	to train, to exercise
usédam se	usédati se	to subside
usédem se	usésti se	to sit down
uskladím	uskladíti	to co-ordinate, to harmonise
usklajújem	usklajeváti	to co-ordinate, to harmonise
usmérim	usmériti	to direct
usmérjam	usmérjati	to direct
usmílim se	usmíliti se	to take pity on
usmrtím	usmrtíti	to execute
usódim	usóditi/usodíti	to dare
uspèm	uspéti	to succeed
uspévam	uspévati	to be successful, to thrive
usposóbim	usposóbiti	to prepare, to train
ustalím	ustalíti	to stabilise
ustanávljam	ustanávljati	to establish, to found
ustanovím	ustanovíti	to establish, to found
ustávim	ustáviti	to stop
ustávljam	ustávljati	to stop
ustrášim	ustrášiti	to frighten
ustrelím	ustrelíti	to shoot
ustrézam	ustrézati	to suit
ustréžem	ustréči	to oblige
ustvárim	ustváriti	to create

244

sedanjik the present tense	nedoločnik the infinitive	prevod nedoločnika translation of infinitive
ustvárjam	ustvárjati	to create
utégnem	utégniti/utegníti	to manage, to have time
utemeljím	utemeljíti	to justify, to base on
utemeljújem	utemeljeváti	to base on
utíhnem	utíhniti	to fall silent
utónem	utoníti	to drown
utŕdim/utrdím	utŕditi/utrdíti	to fortify, to make firm
utŕgam	utŕgati	to pick
utrípam	utrípati	to pulse
utrípljem	utrípati	to pulse
utrjújem	utrjeváti	to fortify, to make firm
utrpím	utrpéti	to suffer
utrúdim	utrúditi/utrudíti	to tire
utrújam	utrújati	to tire
uvájam	uvájati	to introduce
uvážam	uvážati	to import
uvêdem	uvêsti	to introduce
uveljávim	uveljáviti	to enforce
uveljávljam	uveljávljati	to enforce
uvídim	uvídeti	to realize
uvózim	uvozíti	to import
uvrstím	uvrstíti	to place, to insert
uvŕščam	uvŕščati	to place, to insert
uzakónim	uzakóniti	to legalize
užálim	užáliti/užalíti	to offend
užênem	ugnáti	to drive someone into a corner
užívam	užívati	to enjoy
vábim	vábiti/vabíti	to invite
vádim	váditi	to practise, to rehearse
valím	valíti	to incubate
váljam	váljati	to roll
valovím	valovíti	to undulate
váram	várati	to deceive, to cheat on
varčújem	varčeváti	to save
varújem	varováti	to protect
vdájam se	vdájati se	to indulge
vdám se	vdáti se	to surrender
vdíhnem	vdíhniti	to inhale
vdihújem	vdihováti	to inhale
vdíram	vdírati	to encroach, to break
vdrèm	vdréti	to invade, to break (into a house)
véčam	véčati	to increase, to magnify
večérjam	večérjati	to dine
vêdem se	vêsti se	to behave, to act
vedežújem	vedeževáti	to tell (someone's) fortune

245

sedanjik the present tense	nedoločnik the infinitive	prevod nedoločnika translation of infinitive
vêjem	véti	to blow
veljám	veljáti	to be known as; to be valid
vém	védeti	to know
verjámem	verjéti	to believe
verújem	verováti	to believe
veselím se	veselíti se	to be glad
veslám	vesláti	to row
vêzem	vêsti	to embroider
véžem	vézati/vezáti	to bind
vgradím	vgradíti	to build in
vídim	vídeti	to see
víham	víhati	to turn up
víjem	víti	to wring
víkam	víkati	to use the polite form
visím	viséti	to hang
víšam	víšati	to raise
vkljúčim	vkljúčiti	to include
vključújem	vključeváti	to include
vklópim	vklópiti	to engage, to switch on
vkŕcam se	vkŕcati se	to board
vkrcávam se	vkrcávati se	to board
vláčim	vláčiti	to drag
vládam	vládati	to govern, to rule
vlágam	vlágati	to invest
vléčem	vléči	to pull
vlíjem	vlíti	to pour into
vlívam	vlívati	to pour into
vlómim	vlomíti	to break into
vložím	vložíti	to invest, to deposit
vméšam	vméšati	to interfere
vméšam se	vméšati se	to intervene
vmešávam	vmešávati	to mix in, to add in
vmešávam se	vmešávati se	to interfere
vnámem	vnéti	to inflame
vnášam	vnášati	to enter, to insert
vnémam	vnémati	to inflame
vnêsem	vnêsti	to enter, to insert
vódim	vodíti	to lead
vólim	volíti	to vote
vónjam	vónjati	to smell
vóščim	vóščiti/voščíti	to congratulate
vózim	vozíti	to drive
vpéljem	vpeljáti	to introduce
vpíjem	vpíti	to shout
vpisújem	vpisováti	to record, to enroll, to inscribe
vpíšem	vpísati/vpisáti	to record, to enroll, to inscribe

sedanjik the present tense	nedoločnik the infinitive	prevod nedoločnika translation of infinitive
vplačam	vplačati/vplačáti	to pay in
vplétam	vplétati	to involve
vplêtem	vplêsti	to involve
vplívam	vplívati	to influence
vpnèm	vpéti	to fit in
vprášam	vprášati/vprašáti	to ask
vráčam	vráčati	to return, to reciprocate
vráčam se	vráčati se	to go back
vrèm	vréti	to boil
vŕnem	vŕniti/vrníti	to give back, to return
vŕnem se	vŕniti se/vrníti se	to come back
vróčam	vróčati	to hand in
vročím	vročíti	to hand in
vrstím	vrstíti	to put into a line
vŕtam	vŕtati	to drill
vrtím	vrtéti	to spin
vrvím	vrvéti	to bustle
vŕžem	vréči	to throw
vsadím	vsadíti	to implant
vsájam	vsájati	to implant
vsebújem	vsebováti	to contain
vselím se	vselíti se	to move in
vsílim	vsíliti	to impose
vsiljújem	vsiljeváti	to impose
vstájam	vstájati	to rise
vstánem	vstáti	to rise, to stand up
vstávim	vstáviti	to insert
vstávljam	vstávljati	to insert
vstópam	vstópati	to enter
vstópim	vstópiti/vstopíti	to enter
vsújem	vsúti	to pour in
vtáknem	vtákniti/vtakníti	to insert, to plug in
vtípkam	vtípkati	to type in
vtísnem	vtísniti	to impress
vzámem	vzéti	to take
vzbudím	vzbudíti	to arouse, to excite
vzbújam	vzbújati	to arouse, to excite
vzdíhnem	vzdíhniti	to sigh
vzdihújem	vzdihováti	to sigh
vzdržím	vzdržáti	to indure
vzdržújem	vzdrževáti	to maintain
vzgájam	vzgájati	to raise, to bring up
vzgojím	vzgojíti	to raise, to bring up
vzklíknem	vzklíkniti	to exclaim
vznemírim	vznemíriti	to alarm, to upset
vznemírjam	vznemírjati	to bug

sedanjik the present tense	nedoločnik the infinitive	prevod nedoločnika translation of infinitive
vzpénjam se	vzpénjati se	to ascend
vzpnèm se	vzpéti se	to ascend
vzpostávim	vzpostáviti	to establish
vzpostávljam	vzpostávljati	to establish
vztrájam	vztrájati	to insist, to persevere
vžgèm	vžgáti	to ignite; to start
vžígam	vžígati	to ignite; to start
zabávam	zabávati	to amuse
zabeléžim	zabeléžiti	to jot down, to note down
zabíjem	zabíti	to nail, to strike
zabríšem	zabrísati	to blur
zacvetím	zacvetéti	to flourish
zacvílim	zacvíliti	to squeak
začénjam	začénjati	to begin, to start
začínim	začíniti	to spice
začnèm	začéti	to begin, to start
začŕtam	začŕtati	to trace out
začúdim se	začúditi se/začudíti se	to be surprised, to wonder
začútim	začútiti/začutíti	to feel, to sense
zadám	zadáti	to inflict
zadávim	zadáviti	to strangle
zadélam	zadélati	to stop up
zadénem	zadéti	to hit, to strike
zadêrem se	zadréti se	to yell
zadévam	zadévati	to concern
zadíram se	zadírati se	to yell
zadolžím	zadolžíti	to appoint
zadolžím se	zadolžíti se	to run into debt, to incur debts
zadostím	zadostíti	to meet (criteria, standards)
zadostújem	zadostováti	to suffice
zadóščam	zadóščati	to suffice
zadovoljím	zadovoljíti	to satisfy
zadovoljújem	zadovoljeváti	to satisfy
zadrémam	zadrémati	to doze off, to nap
zadrémljem	zadrémati	to doze off, to nap
zadržím	zadržáti	to retain
zadržújem	zadrževáti	to keep back
zaduším	zadušíti	to suffocate, to smother
zaglédam	zaglédati	to catch sight of, to see
zagnúsim	zagnúsiti	to disgust
zagorím	zagoréti	to catch fire
zagotávljam	zagotávljati	to assure
zagotovím	zagotovíti	to assure
zagovárjam	zagovárjati	to advocate
zagrábim	zagrábiti/zagrabíti	to grasp

248

sedanjik the present tense	nedoločnik the infinitive	prevod nedoločnika translation of infinitive
zagrením	zagreníti	to embitter
zagréšim	zagréšiti	to commit, to perpetrate
zagrízem	zagrísti	to bite
zagrozím	zagrozíti	to threaten
zagúgam	zagúgati	to rock, to swing
zahájam	zahájati	to frequently go to
zahóče se	zahotéti se	to crave
zahrepením	zahrepenéti	to long
zahrôpem	zahrôpsti	to wheeze
zahtévam	zahtévati	to demand
zahválim se	zahváliti se/zahvalíti se	to thank
zahvaljújem se	zahvaljeváti se	to thank
zaídem	zaíti	to stray
zaigrám	zaigráti	to play
zainteresíram	zainteresírati	to arouse interest
zajáham	zajáhati	to mount
zajámem	zajéti	to encompass
zajecljám	zajecljáti	to stammer, to stutter
zajémam	zajémati	to ladle, to take
zajóčem	zajókati/zajokáti	to burst out crying, to start crying
zajókam	zajókati/zajokáti	to burst out crying, to start crying
zajtrkújem	zajtrkováti	to breakfast
zaklénem	zakleníti	to lock
zaklépam	zaklépati	to lock
zaklíčem	zaklícati	to call out
zakljúčim	zakljúčiti	to conclude
zaključújem	zaključeváti	to conclude
zakóljem	zakláti	to slaughter
zakôlnem	zakléti	to curse, to swear
zakopám	zakopáti	to bury
zakópljem	zakopáti	to bury
zakričím	zakričáti	to scream
zakríjem	zakríti	to cover, to cloak
zakrivím	zakrivíti	to commit
zalájam	zalájati	to bark
zalépim	zalépiti	to glue
zaletávam se	zaletávati se	to crash, to bump in
zaletím se	zaletéti se	to crash, to bump in
zaléžem	zaléči	to do, to weigh
zalíjem	zalíti	to water
zalívam	zalívati	to water
zaljúbim se	zaljúbiti se/zaljubíti se	to fall in love
zaljúbljam se	zaljúbljati se	to be falling in love
zalótim	zalótiti/zalotíti	to catch
založím	založíti	to lose; to stock
zamaším	zamašíti	to choke, to cork

249

sedanjik the present tense	nedoločnik the infinitive	prevod nedoločnika translation of infinitive
zaménjam	zaménjati	to change, to exchange
zamenjávam	zamenjávati	to change, to exchange
zamenjújem	zamenjeváti	to change, to exchange
zamérim	zamériti	to resent
zamíslim se	zamísliti se	to start thinking
zamíslim si	zamísliti si	to imagine
zamíšljam si	zamíšljati si	to imagine
zamolčím	zamolčáti	to suppress
zamrèm	zamréti	to die away
zamrmrám	zamrmráti	to mumble, to murmur
zamŕznem	zamŕzniti	to freeze
zamudím	zamudíti	to miss, to be late
zamújam	zamújati	to be late
zanášam	zanášati	to carry away
zanášam se na	zanášati se na	to rely on
zanemárim	zanemáriti	to neglect
zanemárjam	zanemárjati	to neglect
zanèsem	zanêsti	to carry away, to skid
zanèsem se na	zanêsti se na	to rely on
zaničújem	zaničeváti	to despise
zaníkam	zaníkati	to deny
zanímam	zanímati	to interest
zaokróžim	zaokróžiti	to round up
zaostájam	zaostájati	to lag behind
zaostánem	zaostáti	to lag behind
zaostrím	zaostríti	to sharpen; to become tense
zapádem	zapásti	to lapse
zapéljem	zapeljáti	to seduce; to drive into
zapíham	zapíhati	to blow
zapíram	zapírati	to close, to shut
zapisújem	zapisováti	to write down, to record
zapíšem	zapísati/zapisáti	to write down
zaplávam	zaplávati	to start swimming, to swim
zaplénim	zapléniti/zapleníti	to confiscate
zapléšem	zaplésati/zaplesáti	to dance
zaplétam	zaplétati	to complicate
zaplêtem se	zaplêsti se	to get intangled; to get involved
zapnèm	zapéti	to button, to fasten
zapôjem	zapéti	to sing
zapôlnim	zapôlniti/zapolníti	to fill
zapômnim si	zapômniti si	to remember
zaposlím	zaposlíti	to engage; to employ
zaposlújem	zaposlováti	to employ
zapovém	zapovédati	to tell, to order
zaprávim	zapráviti	to spend
zaprávljam	zaprávljati	to spend

sedanjik the present tense	nedoločnik the infinitive	prevod nedoločnika translation of infinitive
zaprèm	zapréti	to close, to shut
zapretím	zapretíti	to threaten
zaprósim	zaprosíti	to ask
zapustím	zapustíti	to leave, to abandon
zapúščam	zapúščati	to leave
zaračúnam	zaračúnati	to charge
zaréžem	zarézati	to cut
zarjóvem	zarjúti	to roar
zarjovím	zarjovéti	to roar
zarjújem	zarjúti	to roar
zasadím	zasadíti	to plant
zasédam	zasédati	to occupy
zasédem	zasésti	to occupy
zasedím se	zasedéti se	to remain sitting too long, to overstay
zasénčim	zasénčiti	to shade
zaséžem	zaséči	to confiscate
zasídram	zasídrati	to anchor
zaskrbí	zaskrbéti	to make worry
zasledím	zasledíti	to find out, to trace
zasledújem	zasledováti	to follow, to chase, to pursue
zaslíšim	zaslíšati	to hear; to interrogate
zaslišújem	zaslíševáti	to interrogate
zaslovím	zaslovéti	to become famous
zaslútim	zaslútiti/zaslutíti	to have a presentiment
zaslúžim	zaslúžiti/zaslužíti	to earn
zasmêjem se	zasmejáti se	to burst out laughing
zasmejím se	zasmejáti se	to burst out laughing
zasmílim se	zasmíliti se	to arouse pity
zasmrčím	zasmrčáti	to start snoring
zasnúbim	zasnúbiti/zasnubíti	to propose
zasnújem	zasnováti	to design, to plan
zaspím	zaspáti	to fall asleep
zasrbí	zasrbéti	to itch
zastánem	zastâtl	to halt to a standstill
zastarím	zastaréti	to become obsolete
zastávim	zastáviti	to pawn, to risk (one's reputation)
zastávljam	zastávljati	to pawn, to risk (one's reputation)
zastókam	zastókati	to moan
zastópam	zastópati	to represent
zasúčem	zasúkati	to roll up
zasújem	zasúti	to shower
zasúkam	zasúkati	to turn
zaščítim	zaščítiti	to protect
zašepéčem	zašepetáti	to whisper
zašepetám	zašepetáti	to whisper
zašíjem	zašíti	to sew up

sedanjik the present tense	nedoločnik the infinitive	prevod nedoločnika translation of infinitive
zaškrípam	zaškrípati	to creak, to make a creaking sound
zaškrípljem	zaškrípati	to creak, to make a creaking sound
zašumím	zašuméti	to rustle
zatajím	zatajíti	to conceal
zatáknem	zatákniti/zatakníti	to jam
zatêčem	zatêči	to find refuge
zatékam	zatékati	to find refuge
zatŕdim/zatrdím	zatŕditi/zatrdíti	to claim
zatrèm	zatréti	to suppress
zatrjújem	zatrjeváti	to claim
zatróbim	zatróbiti	to honk, to sound the trumpet
zaúpam	zaúpati	to trust, to confide
zaustávim	zaustáviti	to stop
zaužíjem	zaužíti	to consume
zavájam	zavájati	to lead on
zavarújem	zavarováti	to protect
zavédam se	zavédati se	to be aware of
zavêdem	zavêsti	to mislead
zavém se	zavédeti se	to come round, to come to
zaveslám	zavesláti	to row, to start rowing
zavezújem	zavezováti	to tie
zavéžem	zavézati/zavezáti	to tie; to bind to
zavídam	zavídati	to envy
zavíjam	zavíjati	to howl
zavíjem	zavíti	to wrap; to turn
zavíram	zavírati	to brake
zavládam	zavládati	to begin to rule
zavléčem	zavléči	to protract, to prolong
zavpíjem	zavpíti	to cry, to shout
zavráčam	zavráčati	to reject
zavrèm	zavréti	to boil
zavrèm	zavréti	to brake
zavŕnem	zavŕniti/zavrníti	to reject
zavrtím	zavrtéti	to turn round, to spin
zavŕžem	zavréči	to reject
zavzámem	zavzéti	to take over, to capture
zavzémam	zavzémati	to occupy
zavzémam se za	zavzémati se za	to advocate for
zazdím se	zazdéti se	to seem, to strike
zaznám	zaznáti	to perceive
zaznamújem	zaznamováti	to mark
zaznávam	zaznávati	to perceive
zazrèm	zazréti	to perceive
zazvoním	zazvoníti	to ring
zaželím si	zaželéti si	to wish for
zažênem	zagnáti	to toss

252

sedanjik the present tense	nedoločnik the infinitive	prevod nedoločnika translation of infinitive
zažgèm	zažgáti	to burn
zažvížgam	zažvížgati	to whistle
zbégam	zbégati	to confuse
zbêrem	zbráti	to collect
zbežím	zbežáti	to run away
zbíjem	zbíti	to beat down, to knock
zbíram	zbírati	to collect, to raise
zbojím se	zbáti se	to be afraid
zbolévam	zbolévati	to be falling ill
zbolím	zboléti	to fall ill
zbríšem	zbrísati	to erase, to cancel
zbudím	zbudíti	to wake
zbújam	zbújati	to rouse, to wake
zdélam	zdélati	to work over
zdím se	zdéti se	to seem
zdírjam	zdírjati	to run off
zdrávim	zdráviti	to treat
zdrobím	zdrobíti	to crush
zdŕsnem	zdŕsniti	to slip
zdrúžim	zdrúžiti/združíti	to combine, to merge
združújem	združeváti	to combine, to merge
zdržím	zdržáti	to hold on, to endure
zébe	zébsti	to make feel cold
zelením	zelenéti	to become green
zelením	zeleníti	to become green
zgánem	zgániti/zganíti	to fold
zglédam	zglédati	to seem
zgledújem se	zgledováti se	to follow (an example)
zgníjem	zgníti	to rot
zgodí se	zgodíti se	to happen, to occur
zgorím	zgoréti	to burn down
zgostím	zgostíti	to condense
zgrábim	zgrábiti/zgrabíti	to grasp
zgradím	zgradíti	to build, to construct
zgreším	zgrešíti	to miss
zgrozím se	zgrozíti se	to be shocked
zgúbam	zgúbati	to crease, to furrow
zgubím	zgubíti	to lose
zídam	zídati	to build
zjasní se	zjasníti se	to clear
zlágam	zlágati	to arrange in layers
zlatím	zlatíti	to gild
zlážem se	zlagáti se	to lie
zlézem	zlésti	to creep
zlíjem	zlíti	to amalgamate, to pour into
zlíkam	zlíkati	to iron

sedanjik the present tense	nedoločnik the infinitive	prevod nedoločnika translation of infinitive
zlómim	zlomíti	to break
zlorábim	zlorábiti	to abuse
zlorábljam	zlorábljati	to abuse
zlóžim	zložíti	to fold
zmágam	zmágati	to win
zmagújem	zmagováti	to win
zmájem	zmájati/zmajáti	to shake
zmánjka	zmánjkati	to run short
zmanjkúje	zmanjkováti	to run short
zmánjšam	zmánjšati	to reduce
zmanjšújem	zmanjševáti	to reduce
zméčem	zmetáti	to throw off
zmečkám	zmečkáti	to crush
zmêdem	zmêsti	to confuse
zméljem	zmléti	to grind up
zménim se	zméniti se/zmeníti se	to make an appointment
zméšam	zméšati	to mix
zmóčim	zmočíti	to wet
zmórem	zmôči	to manage, to be able to
zmótim	zmótiti/zmotíti	to intrude
znájdem se	znájti se	to manage; to get around
znám	znáti	to know, can, to be able to
znášam	znášati	to amount to
znášam se nad	znášati se nad	to take it out on someone
znebím se	znebíti se	to ditch, to get rid of
znêsem	znêsti	to amount to; to lay (an egg)
znêsem se nad	znêsti se nad	to take it out on someone
znížam	znížati	to lower, to reduce
znižújem	zniževáti	to reduce
znorím	znoréti	to flip out
zóbam	zóbati	to peck
zóbljem	zóbati	to peck
zorím	zoréti	to ripen, to mature
zôrjem/zórjem	zoráti	to plough up
zóžim	zóžiti	to narrow
zrásem	zrásti	to grow up
zrástem	zrásti	to grow up
zrcálim	zrcáliti	to mirror
zredím	zredíti	to make gain weight
zrèm	zréti	to look at
zréžem	zrézati	to cut in pieces
zrúšim	zrúšiti/zrušíti	to bring down, to demolish
zvéčam	zvéčati	to increase, to magnify
zvečújem	zvečeváti	to increase, to magnify
zvém	zvédeti	to learn
zvením	zvenéti	to sound

254

sedanjik the present tense	nedoločnik the infinitive	prevod nedoločnika translation of infinitive
zvéžem	zvézati/zvezáti	to bind, to put through
zvíjam	zvíjati	to roll
zvíjem	zvíti	to twist
zvíšam	zvíšati	to increase
zvišújem	zviševáti	to increase
zvoním	zvoníti	to chime, to ring
zvrstím	zvrstíti	to arrange
žágam	žágati	to saw
žálim	žáliti/žalíti	to insult
žalostím	žalostíti	to sadden
žalújem	žalováti	to mourn
žánjem	žéti	to reap
žarím	žaréti	to glow
želím	želéti	to wish
žênem	gnáti	to move, to drive
žénim	ženíti	to marry
žgèm	žgáti	to burn
živím	živéti	to live
žrèm	žréti	to devour
žrtvújem	žrtvováti	to sacrifice
žvéčim	žvéčiti	to chew
žvížgam	žvížgati	to whistle

255

NEPRAVILNI DELEŽNIK, NEDOLOČNIK
THE IRREGULAR PARTICIPLE, THE INFINITIVE

nepravilni deležnik the irregular participle	nedoločnik the infinitive	prevod nedoločnika translation of infinitive
blêdel, blêdla	blêsti	to be delirious
bôdel, bôdla	bôsti	to sting
brêdel, brêdla	brêsti	to wade
cvŕl, cvŕla	cvréti	to fry
dôlbel, dôlbla	dôlbsti	to chisel
doségel, doségla	doséči	to reach
dŕl se, dŕla se	dréti se	to yell
dŕl, dŕla	dréti	to rush; to skin
gnêtel, gnêtla	gnêsti	to knead
gódel, gódla	gósti	to play the violin
grízel, grízla	grísti	to bite
hrôpel, hrôpla	hrôpsti	to wheeze
izdŕl, izdŕla	izdréti	to extract, to pull out
iznášel, iznášla	iznájti	to invent
izpádel, izpádla	izpásti	to drop out, to turn out
izrékel, izrêkla	izrêči	to utter
izšèl, izšlà	izíti	to be published
iztékel, iztêkla	iztêči	to run out
izumŕl, izumŕla	izumréti	to die out, to become extinct
izvêdel, izvêdla	izvêsti	to carry out
izvêzel, izvêzla	izvêsti	to embroider
izvlékel, izvlékla	izvléči	to get out
jédel, jédla	jésti	to eat
krádel, krádla	krásti	to steal
légel, légla	léči	to lie down
lézel, lézla	lésti	to creep
mêdel, mêdla	mêsti	to churn, to fall heavily (snow)
mêtel, mêtla	mêsti	to churn, to fall heavily (snow)
môgel, môgla	môči	can, to be able to
môlzel, môlzla	môlsti	to milk
najédel se, najédla se	najésti se	to appease one's hunger
nanésel, nanêsla	nanêsti	to apply
napádel, napádla	napásti	to assault, to attack
narásel, narásla	narásti	to become bigger, larger, taller
narástel, narástla	narásti	to become bigger, larger, taller
nasédel, nasédla	nasésti	to strand
nášel, nášla	nájti	to find
navêdel, navêdla	navêsti	to quote
nésel, nêsla	nêsti	to carry
oblékel, oblékla	obléči	to get dressed
obnésel se, obnêsla se	obnêsti se	to be effective

nepravilni deležnik the irregular participle	nedoločnik the infinitive	prevod nedoločnika translation of infinitive
obrêdel, obrêdla	obrêsti	to tour, to visit
obsédel, obsédla	obsésti	to obsess
obségel, obségla	obséči	to encompass, to comprise
obšèl, obšlà	obíti	to bypass
ocvŕl, ocvŕla	ocvréti	to fry
odnésel, odnêsla	odnêsti	to carry (off, away, out)
odpádel, odpádla	odpásti	to fall away, to be cancelled
odpŕl, odpŕla	odpréti	to open
odrásel, odrásla	odrásti	to grow up
odrástel, odrástla	odrásti	to grow up
odrékel, odrêkla	odrêči	to give up
odšèl, odšlà	odíti	to go, to leave
odvŕgel, odvŕgla	odvréči	to throw away
opékel, opêkla	opêči	to burn
opomógel si (se), opomôgla si (se)	opomóči si (se)	to recover
opŕl, opŕla	opréti	to support
ostrígel, ostrígla	ostríči	to cut (hair)
otékel, otêkla	otêči	to swell
otrésel, otrésla	otrésti	to shake of, to shake down
ovŕgel, ovŕgla	ovréči	to refute, to doff
ozŕl se, ozŕla se	ozréti se	to look at
pádel, pádla	pásti	to fall
pásel, pásla	pásti	to pasture, to graze
pékel, pêkla	pêči	to bake, to roast
plêtel, plêtla	plêsti	to knit
podlégel, podlêgla	podléči	to succumb
podpŕl, podpŕla	podpréti	to support
podŕl, podŕla	podréti	to pull down
podvŕgel, podvŕgla	podvréči	to subject
pojédel, pojédla	pojésti	to eat up
polégel, polêgla	poléči	to lay
pomêtel, pomêtla	pomêsti	to sweep
pomôlzel, pomôlzla	pomôlsti	to milk
porásel, porásla	porásti	to grow up
porástel, porástla	porásti	to grow up
posédel, posédla	posésti	to seat
poségel, poségla	poséči	to intervene
postrégel, postrégla	postréči	to serve
potékel, potêkla	potêči	to expire
potôlkel, potôlkla	potôlči	to beat
potrésel, potrésla	potrésti	to shake, to dust
potŕl, potŕla	potréti	to depress
povédel, povédla	povêsti	to take
povlékel, povlékla	povléči	to draw
požŕl, požŕla	požréti	to swallow
prebôdel, prebôdla	prebôsti	to pierce

257

nepravilni deležnik the irregular participle	nedoločnik the infinitive	prevod nedoločnika translation of infinitive
prêdel, prêdla	prêsti	to spin; to purr
predŕl, predŕla	predréti	to pierce
prenésel, prenêsla	prenêsti	to transmit
preoblékel, preoblékla	preobléči	to change (clothes)
preplêtel, preplêtla	preplêsti	to braid, to weave
prerásel, prerásla	prerásti	to outgrow
prerástel, prerástla	prerásti	to outgrow
presédel, presédla	presésti	to move
preségel, preségla	preséči	to exceed
prešèl, prešlà	preíti	to go over, to pass over
pretépel, pretêpla	pretêpsti	to beat
pretrésel, pretrésla	pretrésti	to shake, to shock
prevêdel, prevêdla	prevêsti	to translate
prezŕl, prezŕla	prezréti	to ignore
prilézel, prilézla	prilésti	to creep up
prinésel, prinêsla	prinêsti	to bring
pripádel, pripádla	pripásti	to fall to someone's share
pripŕl, pripŕla	pripréti	to detain; to leave open (a door)
priségel, priségla	priséči	to swear
prišèl, prišlà	príti	to come
pritékel, pritêkla	pritêči	to arrive running (at a destination)
privêdel, privêdla	privêsti	to lead (up) to
prizanésel, prizanêsla	prizanêsti	to spare
prodŕl, prodŕla	prodréti	to penetrate
proizvêdel, proizvêdla	proizvêsti	to produce, to generate
propádel, propádla	propásti	to collapse
rásel, rásla	rásti	to grow
rástel, rástla	rásti	to grow
razdŕl, razdŕla	razdréti	to break, to dismantle
razpádel, razpádla	razpásti	to disintegrate
razprostŕl, razprostŕla	razprostréti	to spread
razšèl se, razšlà se	razíti se	to break up, to split
raztrésel, raztrésla	raztrésti	to scatter
rékel, rêkla	rêči	to say
scvŕl, scvŕla	scvréti	to burn, to fry
sédel, sédla	sésti	to sit down
ségel, ségla	séči	to reach
slékel, slékla	sléči	to undress
sôpel, sôpla	sôpsti	to wheeze
spékel, spêkla	spêči	to bake
splêtel, splêtla	splêsti	to knit
spopádel se, spopádla se	spopásti se	to face
sporékel se, sporêkla se	sporêči se	to have an argument
spŕl, spŕla	spréti	to make (have) quarrel
stékel, stêkla	stêči	to run
stépel, stêpla	stêpsti	to beat, to fight

nepravilni deležnik the irregular participle	nedoločnik the infinitive	prevod nedoločnika translation of infinitive
stôlkel, stôlkla	stôlči	to beat, to smash
strégel, strégla	stréči	to serve
strésel, strésla	strésti	to shake
strígel, strígla	stríči	to cut (hair)
stŕl, stŕla	stréti	to crush
šèl, šlà	iti	to go
tékel, têkla	têči	to run
tépel, têpla	têpsti	to beat, to fight
tôlkel, tôlkla	tôlči	to beat
trésel, trésla	trésti	to shake
tŕl, tŕla	tréti	to crack, to crush
ukrádel, ukrádla	ukrásti	to steal
ulégel se, ulêgla se	ulêči se	to lie down
umŕl, umŕla	umréti	to die
upádel, upádla	upásti	to decline, to subside
upŕl se, upŕla se	upréti se	to rebel
usédel se, usédla se	usésti se	to sit down
ustrégel, ustrégla	ustréči	to oblige
ušèl, ušlà	uíti	to escape
uvêdel, uvêdla	uvêsti	to introduce
vdŕl, vdŕla	vdréti	to invade, to break (into a house)
vêdel se, vêdla se	vêsti se	to behave, to act
vêzel, vêzla	vêsti	to embroider
vlékel, vlékla	vléči	to pull
vnésel, vnêsla	vnêsti	to enter, to insert
vplêtel, vplêtla	vplêsti	to involve
vŕgel, vŕgla	vréči	to throw
zadŕl se, zadŕla se	zadréti se	to yell
zagrízel, zagrízla	zagrísti	to bite
zahrôpel, zahrôpla	zahrôpsti	to wheeze
zalégel, zalégla	zaléči	to do, to weigh
zamŕl, zamŕla	zamréti	to die away
zanésel, zanêsla	zanêsti	to carry away, to skid
zanésel se, zanêsla se	zanêsti se	to rely on
zapádel, zapádla	zapásti	to lapse
zaplêtel se, zaplêtla se	zaplêsti se	to get intangled; to get involved
zapŕl, zapŕla	zapréti	to close, to shut
zasédel, zasédla	zasésti	to occupy
zaségel, zaségla	zaséči	to confiscate
zašèl, zašlà	zaíti	to stray
zatékel, zatêkla	zatêči	to find refuge
zatŕl, zatŕla	zatréti	to suppress
zavêdel, zavêdla	zavêsti	to mislead
zavlékel, zavlékla	zavléči	to protract, to prolong
zavŕgel, zavŕgla	zavréči	to reject
zavŕl, zavŕla	zavréti	to brake

nepravilni deležnik the irregular participle	nedoločnik the infinitive	prevod nedoločnika translation of infinitive
zazŕl, zazŕla	zazréti	to perceive
zéblo	zébsti	to make feel cold
zlézel, zlézla	zlésti	to creep
zmêdel, zmêdla	zmêsti	to confuse
zmógel, zmôgla	zmôči	to manage, to be able to
znášel se, znášla se	znájti se	to manage; to get around
znésel se nad, znêsla se nad	znêsti se nad	to take it out on someone
znésel, znêsla	znêsti	to amount to; to lay (an egg)
zrásel, zrásla	zrásti	to grow up
zrástel, zrástla	zrásti	to grow up
zŕl, zŕla	zréti	to look at
žŕl, žŕla	žréti	to devour

bíti ***	to be
boríti se **	to fight, to struggle
bràniti/braníti **	to defend
bráti ***	to read
čákati ***	to wait
čútiti/čutíti ***	to feel
dájati/dajáti ***	to give
dáti ***	to give
dejáti ***	to say, to tell
délati ***	to work, to do
delíti **	to divide; to share
delováti ***	to act, to work
déti ***	to say; to put
dobíti ***	to get
dobívati **	to get on several occasions
dodáti ***	to add
dogájati se ***	to happen
dogovoríti se **	to agree on
dokázati/dokazáti **	to prove
dokazováti **	to prove, to evidence
dolóčati ***	to define, to determine
dolóčiti/določíti ***	to define, to determine
doséči ***	to reach
dovolíti **	to allow
doživéti ***	to experience
držáti ***	to hold
dvígniti ***	to lift, to raise
glasíti se **	to be called
glasováti **	to vote
glédati ***	to look, to watch
govoríti ***	to speak
gradíti **	to build, to construct
hodíti ***	to walk
hotéti ***	to want
hrániti/hraníti **	to nourish; to keep
gráti ***	to play (a violin); to act/ perform
menováti ***	to name
méti ***	to have

iskáti ***	to look for, to search, to seek
iti ***	to go
izbóljšati **	to improve
izbráti ***	to choose
izdáti ***	to publish; to betray, to give away
izdélati ***	to make out, to produce
izgíniti **	to disappear, to vanish
izgubíti ***	to lose
izhájati **	to be published; to come from
izíti **	to be published
izjáviti **	to give a statement
izkázati se/ izkazáti se ***	to turn out, to prove oneself
izkorístiti **	to use to one's advantage
izógniti se **	to avoid
izpôlniti/izpolníti **	to fulfil, to complete (a form), to carry out
izpolnjeváti **	to fulfil, to complete (a form)
izráziti **	to express
izrêči **	to utter
izvájati ***	to perform, to carry out
izvédeti ***	to find out, to learn
izvêsti **	to carry out
izvírati **	to originate; to spring
jemáti **	to take
jésti ***	to eat
kázati/kazáti ***	to show, to indicate
klícati **	to call
klíkniti ***	to click
končáti ***	to finish
kúpiti/kupíti ***	to buy, to purchase
kupováti **	to buy, to purchase
ležáti ***	to lie
ljúbiti/ljubíti **	to love
lóčiti/ločíti **	to separate, to distinguish
lótiti se/lotíti se ***	to start working, to start dealing with

mánjkati **	to lack
méniti/meníti ***	to believe, to think
miníti **	to pass
mísliti ***	to think
môči ***	can, to be able to
mórati ***	must, to have to
mótiti se/motíti se **	to be wrong
načrtováti **	to plan
nadaljeváti ***	to continue, to go on
nadomestíti **	to replace
nájti ***	to find
naletéti **	to come across
naméniti **	to allocate, to intend for
namerávati ***	to intend, to mean to
nanášati se na **	to refer to
napásti **	to assault, to attack
napísati/napisáti ***	to write (down)
napovédati **	to announce, to predict
napovedováti **	to announce, to predict
napráviti **	to do, to make
narediti ***	to do, to make
naročíti **	to order, to commission
nasprotováti **	to oppose
nastájati **	to be taking shape, to be in the process of creation
nastáti ***	to be formed, to be created
nastópati **	to appear (in public)
nastópiti/nastopíti ***	to set in, to arise, to appear (in public)
naučíti se **	to learn
navájati **	to quote
navêsti **	to quote
nósiti ***	to wear, to carry
núditi/nudíti **	to offer, to provide
obiskáti ***	to visit
objáviti ***	to publish, to make public
oblikováti ***	to mould, to shape, to design
obravnávati ***	to deal with, to treat
obŕniti/obrníti ***	to turn, to reverse
obségati **	to encompass, to comprise
obstájati ***	to exist
obvestíti **	to inform
océniti/oceníti **	to assess, to evaluate
ocenjeváti **	to assess, to evaluate
očítati **	to reproach
odgovárjati **	to answer

odgovoríti ***	to answer
odíti ***	to go, to leave
odkríti ***	to discover, to find out
odlóčati ***	to decide
odlóčiti/odločíti ***	to decide, to take a decision
odnêsti **	to carry (off, away, out)
odpeljáti ***	to take off, to drive off
odpírati **	to open
odpovédati **	to cancel
odpráviti ***	to abolish
odpréti ***	to open
odstópiti/odstopíti **	to withdraw, to resign
odstrániti/odstraníti **	to remove
oglédati si (se) ***	to look around, to inspect, to visit
ohrániti/ohraníti ***	to preserve, to keep
oméniti/omeníti ***	to mention
oménjati **	to mention
omogóčati ***	to enable
omogóčiti ***	to enable
opáziti/opazíti ***	to notice
opazováti **	to observe
opísati/opisáti **	to describe
opisováti **	to describe, to portray
opozárjati ***	to warn
opozoríti ***	to warn
opráviti ***	to complete a task, to carry out
oprávljati ***	to be carrying out; to gossip
organizírati ***	to organize, to prepare
ostájati ***	to remain
ostáti ***	to remain
osvojíti **	to conquer
označíti **	to mark
pásti ***	to fall
páziti/pazíti **	to watch, to pay attention to
peljáti **	to drive, to give a lift
péti **	to sing
písati/pisáti ***	to write
pláčati/plačáti ***	to pay
plačeváti **	to be paying
počákati **	to wait, to hold on
počéti ***	to do
počútiti se/počutíti se **	to feel
podáti **	to hand
podelíti **	to grant, to give
podpírati ***	to support
podpísati/podpisáti ***	to sign

podpréti **	to support	poznáti ***	to know
poglédati ***	to look at	práviti ***	to say, to tell
pogovárjati se ***	to talk	prebráti **	to read, to read over/ through
poiskáti **	to look up		
pojásniti/pojasníti ***	to explain	predáti **	to hand over; to surrender
pojáviti se ***	to appear	predlágati ***	to suggest, to propose
pojávljati se **	to appear	predstáviti ***	to present, to introduce
pokázati/pokazáti ***	to show, to indicate	predstávljati ***	to represent
poklícati ***	to call	predvidévati **	to anticipate, to foresee
položíti **	to lay, to lay down	prejéti ***	to receive
pomágati/		premágati **	to overcome, to defeat
pomagáti ***	to help	prenášati **	to carry, to tolerate
poméniti/		prenéhati **	to cease, to stop
pomeníti ***	to mean	prenêsti **	to transmit
pomísliti **	to think	prepréčiti **	to prevent
ponávljati **	to repeat	prepríčati **	to convince, to persuade
ponovíti **	to repeat	preségati **	to exceed
ponúditi/ponudíti ***	to offer	preselíti **	to relocate, to move
ponújati ***	to offer	presenétiti **	to surprise
popráviti **	to repair	prevériti **	to check, to verify
porábiti/porabíti **	to spend, to consume	prevzéti ***	to assume, to take over
poróčati **	to report	preživéti ***	to survive
poskrbéti ***	to take care	priblížati **	to bring closer
poskúsiti **	to try, to attempt	pričakováti ***	to expect
poskúšati ***	to try, to attempt	pričéti ***	to begin, to commence
posláti ***	to send	pridobíti ***	to gain, to acquire
poslúšati/		prihájati ***	to arrive, to come
poslušáti ***	to listen	priígrati **	to win
posredováti **	to mediate	prijáviti **	to report
postájati **	to become; to loaf (about)	prijéti **	to hold; to arrest
postáti ***	to become	prikázati/prikazáti ***	to show, to illustrate
postáviti ***	to put	prikazováti **	to show
posvetíti **	to dedicate, to devote	primérjati **	to compare
poškodováti **	to damage	prinášati **	to bring
potégniti/potegníti **	to pull	prinêsti ***	to bring
potékati ***	to take place	pripádati **	to belong
potováti **	to travel	pripeljáti ***	to bring
potrdíti ***	to confirm	pripovedováti **	to narrate, to tell
potrebováti ***	to need	pripráviti ***	to prepare
poudáriti ***	to stress, to emphasise	priprávljati ***	to prepare
poudárjati **	to stress, to emphasise	prispéti **	to arrive
povábiti/povabíti **	to invite	prispévati ***	to contribute
povéčati ***	to enlarge, to magnify	pristáti **	to land; to agree
povédati ***	to tell	príti ***	to come
povézati/povezáti **	to connect, to link, to bind	pritísniti **	to press
povezováti **	to associate, to link	privóščiti/privoščíti **	not to begrudge
povzróčati **	to be causing	prizadévati si **	to strive, to endeavour
povzročíti ***	to cause	priznáti ***	to admit
pozábiti/pozabíti ***	to forget	prodájati **	to sell

prodáti ***	to sell	sprejémati **	to accept
prosíti ***	to ask	sprejéti ***	to accept, to receive
pustíti ***	to leave; to let	špremeníti ***	to change, to modify
		spremínjati ***	to change, to modify
račúnati **	to calculate	sprémljati ***	to accompany
rásti **	to grow	spróžiti/sprožíti **	to fire; to cause
ravnáti **	to manage, to act	spustíti **	to let loose, to let go
razdelíti **	to divide, to distribute	sréčati **	to meet
razlikováti **	to distinguish	státi **	to cost
razložíti **	to explain	státi ***	to stand
razmíšljati ***	to think	stêči **	to run
razprávljati **	to debate	stópiti/stopíti ***	to step
razšíriti **	to amplify, to extend	storíti ***	to do
razuméti ***	to understand	strínjati se ***	to agree
razvíjati **	to develop		
razvíti ***	to develop	šíriti **	to spread
rêči ***	to say	štéti ***	to count
reševáti **	to solve; to save, to rescue		
réšiti/rešíti ***	to solve; to save, to rescue	têči ***	to run
		temeljiti **	to base upon
sedéti ***	to sit	trájati ***	to last
ségati **	to extend, to reach to	tŕditi/trdíti ***	to claim
sestáti se **	to meet		
sestávljati **	to consist of	ubíti ***	to kill
sésti **	to sit down	udeležíti se **	to attend, to participate
seznániti/seznaníti **	to introduce, to acquaint	ugotávljati ***	to ascertain, to find
skleníti ***	to decide, to conclude	ugotovíti ***	to ascertain, to find out
sklépati **	to infer	ujéti **	to catch
skrbéti **	to care, to worry	ukvárjati se ***	to deal with, to do
skrívati **	to hide, to conceal	umákniti/umakníti **	to withdraw
skúšati ***	to try, to attempt	umréti ***	to die
sledíti ***	to follow	uníčiti **	to destroy, to ruin
slíšati ***	to hear	úpati ***	to hope
slúžiti/služíti **	to serve	uporábiti/	
sméti ***	to be allowed to	uporabíti ***	to use
sodelováti ***	to co-operate	uporábljati ***	to use
sóditi/sodíti ***	to judge; to belong	upoštévati ***	to consider
spádati **	to belong	urêjati **	to edit; to take care
spáti **	to sleep	uresníčiti **	to materialise, to carry out
spodbújati **	to encourage	uspéti ***	to succeed
spomínjati se ***	to remember	ustanovíti ***	to establish, to found
spômniti (se) ***	to remind, (to remember)	ustáviti ***	to stop
sporočíti ***	to communicate	ustrézati **	to suit
spoštováti **	to respect	ustváriti ***	to create
spoznáti ***	to realise; to meet	ustvárjati **	to create
spraševáti ***	to ask	utégniti/utegníti **	to manage, to have time
správiti ***	to put in place, to tidy up, to reconcile	uveljáviti **	to enforce
		uvêsti **	to introduce
spregovoríti **	to speak out	uvrstíti **	to place, to insert

264

užívati **	to enjoy	zagotoviti ***	to assure
		zahtévati ***	to demand
varováti **	to protect	zakljúčiti **	to conclude
védeti ***	to know	zaménjati ***	to change, to exchange
veljáti ***	to be known as; to be valid	zanímati ***	to interest
verjéti ***	to believe	zapísati/zapisáti ***	to write down
veselíti se **	to be glad	zapréti ***	to close, to shut
vídeti ***	to see	zapustíti ***	to leave, to abandon
vključeváti **	to include	zaslúžiti/zaslužíti **	to earn
vkljúčiti **	to include	zaúpati **	to trust, to confide
vládati ***	to govern, to rule	zavédati se ***	to be aware of
vložíti ***	to invest, to deposit	zavŕniti/zavrníti **	to reject
vodíti ***	to lead	zavzémati **	to occupy
vpísati/vpisáti **	to record, to enroll,	zavzémati se za **	to advocate for
	to inscribe	zbírati **	to collect, to raise
vplívati ***	to influence	zbráti ***	to collect
vprášati/vprašáti ***	to ask	zdéti se ***	to seem
vráčati **	to return, to reciprocate	zdráviti ***	to treat
vráčati se **	to go back	zdrúžiti/združíti **	to combine, to merge
vréči **	to throw	zgodíti se ***	to happen, to occur
vrníti se ***	to come back	zgradíti **	to build, to construct
vsebováti ***	to contain	zmágati ***	to win
vstópiti/vstopíti **	to enter	zmánjšati ***	to reduce
vzéti ***	to take	zmôči **	to manage, to be able to
vzpostáviti **	to establish	znájti se ***	to manage; to get around
vztrájati **	to insist, to persevere	znášati ***	to amount to
		znáti ***	to know, can, to be able to
začéti ***	to begin, to start	zvédeti **	to learn
zadéti **	to hit, to strike		
zaglédati **	to catch sight of, to see	želéti ***	to wish
zagotávljati ***	to assure	živéti ***	to live

VIRI IN LITERATURA
SOURCES AND LITERATURE

Domača literatura:
Slovene literature:

BAJEC, A., KOLARIČ, R., RUPEL, M., 1956: *Slovenska slovnica.* Ljubljana: Državna založba Slovenije.

BAJEC, A., 1959: *Besedotvorje slovenskega jezika IV: Predlogi in predpone.* Ljubljana: SAZU.

BEZLAJ, F., 1948: Doneski k poznavanju glagolskega aspekta. *Časopis za literarno zgodovino in jezik I.* Ljubljana.

BOLTA, M., 1975/76: O funkciji glagolov z oslabljenim pomenom tipa biti. *Jezik in slovstvo XXI/3.*

DOLGAN, M., 1998: *Pravilni in nepravilni glagoli v slovenščini.* Ljubljana: Samozaložba

DULAR, J., 1978: Nova slovenska slovnica. *Slavistična revija XXVI/1.*

JAKOPIN, F., 1966: K tipologiji slovenskega in ruskega glagola. *Jezik in slovstvo XI/6.*

KOROŠEC, T., 1972: Nekateri slovenski nedovršni glagoli v dovršni funkciji. *VIII. seminar slovenskega jezika, literature in kulture.* Ljubljana.

KRŽIŠNIK, E., 1994: *Slovenski glagolski frazemi (ob primeru frazemov govorjenja).* Doktorska disertacija. Ljubljana.

MERŠE, M., 1995: *Vid in vrstnost glagola v slovenskem knjižnem jeziku 16. stoletja.* Ljubljana: SAZU.

OREŠNIK, J., 1994: *Slovenski glagolski vid in univerzalna slovnica.* Ljubljana: SAZU.

POGORELEC, B., 1985: Izhodišče in teoretske osnove slovenskega jezika. *Slavistično društvo Slovenije.*

RIGLER, J., 1970: Akcentske variante. *Slavistična revija XVIII/1-2.*

TOPORIŠIČ, J., 1965-1970: *Slovenski knjižni jezik I-IV.* Maribor: Obzorja.

- 1965: Naglasni tipi slovenskega knjižnega jezika. *Jezik in slovstvo X/2-3.*

- 1967: Besede z dvema naglasoma. *Jezikovni pogovori II.*

- 1967: Poizkus modernejše obravnave glagolskih kategorij. *Jezik in slovstvo XII.*

- 1976: *Slovenska slovnica (SS).* Maribor: Obzorja.

- 1979: Poskus slovenske slovnice C. Vincenota. *Slavistična revija XXVII/2, XXVII/3-4.*

- 2000: *Slovenska slovnica (SS).* Četrta prenovljena in razširjena izdaja. Maribor: Obzorja.

- 2003: *Oblikoslovne razprave.* Ljubljana: Založba ZRC, ZRC SAZU.

VIDOVIČ MUHA, A., 1985: Primeri tvorbenih vzorcev glagola. *XXI. seminar slovenskega jezika, literature in kulture.* Ljubljana.

ZUPAN, J., 1999: Problemi in nekaj rešitev računalniških obdelav slovenskih besedil. *Slavistična revija XLVII/3.*

ŽAGAR, I. Ž., 1996: Glagolski vid in perfomativnost v slovenščini. V zagovor doktorske hipoteze. *Jezik in čas.*

ŽELE, A., 1995: Kako SSKJ izkazuje glagole s prostimi morfemi. *Jezikoslovni zapiski 2.*

ŽELE, A., 2003: *Glagolska vezljivost: Iz teorije v slovar.* Ljubljana: Založba ZRC, ZRC SAZU.

Tuja literatura:
Foreign literature:

APRESJAN, Ju. D., 1965: Opyt opisanija značenij glagolov po ih sintaksičeskim priznakam (tipam upravlenija). *Voprosy jazykoznanija XIV/5.*

BARIĆ, E. idr., 1990: *Gramatika hrvatskoga književnog jezika.* Zagreb.

BRINKMANN, H., [2]1962: *Die deutsche Sprache. Gestalt und Leistung.* Düsseldorf: Pädagogischer Verlag Schwann.

DIK, S. C., 1978: *Functional Grammar.* New York: North-Holland Publishing Company.

HALLIDAY, M. A. K., 1970: Language Structure and Language Function. *New Horizons in Linguistics I*. New York.

- ¹1973: *Explorations in the Functions of Language*. New York.

- 1989: *Spoken and written language*. Oxford: University Press.

HALLIDAY, M. A. K., HASAN, R., 1989: *Language, context, and text: aspects of language in a social-semiotic perspective*. Oxford.

- ²1994: *An Introduction to Functional Grammar*. London: Edward Arnold.

HELBIG, G., BUSCHA, J., 1984: *Deutsche Grammatik. Ein Handbuch für den Ausländerunterricht*. Leipzig: VEB Verlag Enzyklopädie.

HERINGER, H. J., 1967: Wertigkeiten und nullwertige Verben im Deutschen. *Zeitschrift für deutsche Sprache 23*.

KRJUČKOVA, M. L., 1979: *Osobennosti glagol'nogo nemotivirannogo upravlenija v sovremennom russkom jazyke*. Moskva: Russkij jazyk.

MRÁZEK, R., 1964: Sintaksičeskaja distribucija glagolov i ih klassy. *Voprosy jazykoznanija XIII/3*.

PADUČEVA, E. V., ROZINA, R. I., 1993: Semantičeskij klass glagolov polnogo ohvata: tolkovanie i leksiko-sintaksičeskie svojstva. *Voprosy jazykoznanja XLII/6*.

PAULINY, E., 1943: Štruktúra slovenského slovesa (Štúdia lexikálno-syntaktická). *Spisy Slovenskej akadémie vied a umení 2*. Bratislava.

PROKOPOVIČ, N. N. idr., 1981: Imennoe i glagol'noe upravlenie v sovremennom russkom jazyke. Moskva: *Russkij jazyk*.

QUIRK, R. idr., 1973, ²⁷1993: *A University Grammar of English*. Hong Kong.

- 1985, ²⁰1994: *A Comprehensive Grammar of the English Language*. New York.

ŠVEDOVA, N. Ju., 1980: *Russkaja grammatika II. (Sintaksis)*. Moskva: Nauka.

- 1989: *Slovo i grammatičeskie zakony jazyka (Glagol)*. Moskva: Nauka.

VINCENOT, C., 1975: *Essai de Grammaire Slovène*. Ljubljana: MK.

VINOGRADOV, V. V., 1947: *Russkij jazyk (grammatičeskoe učenie o slove)*. Moskva, Leningrad.

ŽIC FUCHS, M., 1991: *Znanje o jeziku i znanje o svijetu (Semantička analiza glagola kretanja u engleskom jeziku)*. Zagreb.

Slovarji, leksikoni, enciklopedije:
Dictionaries, glossaries, encyclopaedias:

AGOŠKOVA, V. A. idr., 1973: *Slovar' glagol'no-imennyh slovosočetanij obščenaučnoj reči*. Moskva: Nauka.

BEZLAJ, F., 1976: *Etimološki slovar slovenskega jezika A - J*. Ljubljana.

GRAD, A., 1982: *Veliki slovensko-angleški slovar*. Ljubljana.

HAUSMAN, F. J., REICHMAN, O. idr., 1989: *Wörterbucher - Dictionaries - Dictionnaires*. 1. delni zvezek Berlin - New York: Walter de Gruyter (HSK 5.1). 1000-1010.

KRASNYH, V. I. idr., 1973: *Slovar' glagol'no-imennyh slovosočetanij obščenaučnoj reči (posobie dlja inostrancev, izučajuščih russkij jazyk)*. Moskva: Nauka.

OŽEGOV, S. I., 1973: *Slovar' russkogo jazyka*. Moskva.

SKOK, P., 1971: *Etimologijski rječnik hrvatskoga i srpskoga jezika*. Zagreb.

Slovar slovenskega knjižnega jezika (SSKJ) I-V, 1970, 1975, 1979, 1985, 1991. Ljubljana: DZS.

Slovenski pravopis, 2001. Ljubljana: Založba ZRC, ZRC SAZU.

SPEARS, A. R., ²1995: *Dictionary of Grammar Terminology*. Lincolnwood: NTC Publishing Group.

TOPORIŠIČ, J., 1992: *Enciklopedija slovenskega jezika (ESJ)*. Ljubljana: Cankarjeva založba.